中国软科学研究丛书

丛书主编：张来武

"十一五"国家重点图书出版规划项目
国家软科学研究计划资助出版项目

中国经济区

经济区空间演化机理

及持续发展路径研究

陈金祥　著

科学出版社
北京

内 容 简 介

在经济全球化背景下，国际上对经济区发展日益重视，中国的经济区战略布局全面铺开。蓬勃发展的经济区实践呼唤经济区理论创新。本书将"经济区"作为一个以经济集聚为核心机理、以外部性问题内部化为特性的空间经济组织，在国内外已有研究成果的基础上，对长期以来被混淆的"经济区"与"经济区域"的概念进行了辨析，并对经济区的性质类型、空间结构、演化机理、持续发展路径等进行了研究探讨，具有重要的理论和现实意义。

本书可供城市和区域研究的相关人员，高等院校经济管理类专业的师生，以及党政机关的经济管理人员阅读参考，并可为政府相关职能部门进行区域开发提供决策参考。

图书在版编目(CIP)数据

中国经济区：经济区空间演化机理及持续发展路径研究/陈金祥著.
—北京：科学出版社，2010.6
　（中国软科学研究丛书）
　ISBN 978-7-03-027502-8

I. ①中⋯　II. ①陈⋯　III. ①地区经济-经济发展-研究-中国
IV. ①F127

中国版本图书馆 CIP 数据核字（2010）第 082939 号

丛书策划：林　鹏　胡升华　侯俊琳
责任编辑：侯俊琳　陈　超　王昌凤/责任校对：鲁　素
责任印制：赵德静/封面设计：黄华斌

编辑部电话：010-64035853
E-mail：houjunlin@mail.sciencep.com

科 学 出 版 社 出版
北京东黄城根北街 16 号
邮政编码：100717
http://www.sciencep.com

中国科学院印刷厂 印刷
科学出版社发行　各地新华书店经销

*

2010 年 6 月第　一　版　　开本：B5（720×1000）
2010 年 6 月第一次印刷　印张：13
印数：1—2500　　　　字数：229 000

定价：42.00 元
（如有印装质量问题，我社负责调换〈科印〉）

总 序

软科学是综合运用现代各学科理论、方法，研究政治、经济、科技及社会发展中的各种复杂问题，为决策科学化、民主化服务的科学。软科学研究是以实现决策科学化和管理现代化为宗旨，以推动经济、科技、社会的持续协调发展为目标，针对决策和管理实践中提出的复杂性、系统性课题，综合运用自然科学、社会科学和工程技术的多门类多学科知识，运用定性和定量相结合的系统分析和论证手段，进行的一种跨学科、多层次的科研活动。

1986年7月，全国软科学研究工作座谈会首次在北京召开，开启了我国软科学勃兴的动力阀门。从此，中国软科学积极参与到改革开放和现代化建设的大潮之中。为加强对软科学研究的指导，国家于1988年和1994年分别成立国家软科学指导委员会和中国软科学研究会。随后，国家软科学研究计划正式启动，对软科学事业的稳定发展发挥了重要的作用。

20多年来，我国软科学事业发展紧紧围绕重大决策问题，开展了多学科、多领域、多层次的研究工作，取得了一大批优秀成果。京九铁路、三峡工程、南水北调、青藏铁路乃至国家中长期科学和技术发展规划战略研究，软科学都功不可没。从总体上看，我国软科学研究已经进入各级政府的决策中，成为决策和政策制定的重要依据，发挥了战略性、前瞻性的作用，为解决经济社会发展的重大决策问题作出了重要贡献，为科学把握宏观形势、明确发展战略方向发挥了重要作用。

20 多年来，我国软科学事业凝聚优秀人才，形成了一支具有一定实力、知识结构较为合理、学科体系比较完整的优秀研究队伍。据不完全统计，目前我国已有软科学研究机构 2000 多家，研究人员近 4 万人，每年开展软科学研究项目 1 万多项。

为了进一步发挥国家软科学研究计划在我国软科学事业发展中的导向作用，促进软科学研究成果的推广应用，科学技术部决定从 2007 年起，在国家软科学研究计划框架下启动软科学优秀研究成果出版资助工作，形成"中国软科学研究丛书"。

"中国软科学研究丛书"因其良好的学术价值和社会价值，已被列入国家新闻出版总署"'十一五'国家重点图书出版规划项目"。我希望并相信，丛书出版对于软科学研究优秀成果的推广应用将起到很大的推动作用，对于提升软科学研究的社会影响力、促进软科学事业的蓬勃发展意义重大。

科技部副部长

2008 年 12 月

着力推进经济区规划与建设的理论探索

经济区，概而言之，是以劳动地域为基础的紧密联系、富有特色的地域经济单元。一般地，具有直接内在经济联系，具备开展一体化经济活动基础的地理区域，都可以规划设立为经济区。经济区与市场经济相伴而生，并随着生产的社会化和经济的一体化而发展。经济区的规划与建设是非常重要的，有利于优化资源要素配置，提高经济的效益与效率；有利于发挥地区比较优势，发展特色经济，促进区域协调发展；有利于培育新的增长极，拓展经济成长的潜力；有利于推进发展方式的改善和经济质量的提升，实现经济社会的全面、协调、可持续发展。自然而然，关于经济区问题的理论探索也是十分重要的。

经济区理论是区域经济学的重要组成部分。关于经济区的理论探索，总体来说处于不充分状态。国际上，经济区的系统研究起步较晚，德国经济学家廖什在冯·杜能和韦伯等的相关理论基础上于 1940 年提出来的经济区理论，可以看做一个开端。经济区理论乃至区域经济学研究迄今也不足百年，与古典经济学向现代经济学发展演化的漫长历程相比，这一理论还相当年轻，远不能说到了成熟的阶段。比之于制度经济学等的研究与发展，这方面的研究也不够活跃和深入。而我国关于经济区的理论研究起步更晚，学科发展的历程就更短，尽管在 1955 年有孙敬之的《论经济区划》这样的不乏见地的经济区论著出现，但真正意义上的经济区理论研究只是在发展社会主义市场经济后才出现的，而系统的、深入的理论研究迄今为止并不多见。

相对于迅速发展的经济区建设实践来说，经济区理论研究显得较为滞后。不可否认，已有的经济区理论研究及建树对经济区的规划与建设起到了一定程度的引导和推动作用。但从世界范围看，经济区的规划与建设更多是受经济全球化和市场一体化驱动开展的，而在我国，它是服从于特定的经济社会发展需要，依靠特殊的方式而开展的。关于经济区的理论研究更多的是对实践探索的归纳、评述和总结。

应该说，经济区的规划与建设在新中国成立后一直被摆放在重要位置，并取得了长足的进步。在这方面，即使放在世界范围内比较也毫不逊色。改革开放前，经济区的规划与建设主要基于当时的环境与特殊需要，借助计划经济体制进行，在具体划分上则充分考虑了地理区位。在总结"一五"时期调整沿海与内地工业布局结构的基础上，1958 年，中共中央做出了将全国划分为东北、华北、华东、华中、华南、西南、西北七个协作区的决定，要求各个协作区根据资源等条件，依照全国统一规划，尽快地分别建立大型的工业骨干企业和经济中心，形成若干个具有比较完整的工业体系的经济区域。基于国际关系的变化，20 世纪六七十年代又划分为一、二、三线地区，并按照这一区域格局来调整投资与建设重点。改革开放后，经济区的规划与建设基于促进区域协调发展和经济又好又快增长的要求，借助政府和市场双重力量继续向前推进。20 世纪80 年代，在强调优先发展东部沿海地区，"充分发挥它们的特长"的基础上，把全国划分为东部、中部、西部三大战略地域，明确了按照东部—中部—西部的顺序进行建设，即东部沿海要"加速发展"、中部要"有重点地发展"、西部要"做好进一步开发的准备"。90 年代，又进一步做出了长江三角洲及沿江地区、环渤海地区、东南沿海地区、西南和华南部分省区、东北地区、中部五省地区、西部地区七大经济区域的划分。基于缩小地区差距，促进区域协调发展的需要，从 20 世纪90 年代末期开始，中央陆续提出了推进西部大开发、振兴东北地区等老工业基地、促进中部地区崛起的区域发展战略。到 2006 年，形成了东、中、西、东北四大地域板块的体现不同发展重点和操作思路的促进区域协调发展的总体战略。近几年来，遵循这一总体战略的要求，国家陆续规划和建设了一批经济区，如北部湾经济区、海峡西岸经济区、黄河三角洲高效生态经济区、鄱阳湖生态经济区、皖江城市带承接产业转移示范区等。这一重大举措，不仅有力促进了区域发展总体战略的深化、细化和实化，大大增强了区域发展的针对性和有效性，而且把经济区的建设沿着科学轨道大大向前推进了一步：从更多地基于地理区位转向更多地考虑经济特点和地区间的经济联系；从主要是取决于行政偏好转向主要是服从于区域协调发展和经济一体化基础；从一味地服务于国家全局转向同时兼顾地方的实际需要和充分发挥区域比较优势；从单靠行政推动转向在政府引导下充分发挥市场机制的基础性作用。新中国成立60 年来的实践表明，我国经济区的规划与建设一步步走向规范和科学，对促进区域协调发展，实现经济又好又快发展发挥了十分重要的作用。

我国经济区规划与建设不断走向深入的实践进程，一方面，使相关的理论研究显得力不从心、亦步亦趋，处于整体滞后状态；另一方面，也急切期盼后来居上，超越实践步伐，解决实践难题，引领实践进一步走向深入。在当前经济区规划建设的实践中，特别需要经济区理论在理顺如下一些方面的关系上作深入的探索，提出既符合经济全球化和市场一体化要求，又符合中国国情的思路。

一是经济区和行政区的关系。行政区是组织开展经济活动的基本载体与支撑，而经济区则是行政区高水平、快进度和可持续发展的重要条件。这就是说，行政区的发展有赖于经济区的发展，而经济区的发展又取决于行政区的合理作为；经济区的发展需要倚重行政区这个基础，但又必须突破行政区的限制。理顺这一关系的出路，在于推进行政区和经济区的一体化发展，其关键在于打破行政区的垄断和封锁。而做到这一点，关键又在于组成经济区的不同层次的行政区之间的良性互动。当前，影响行政区之间良性互动的因素是多方面的，从浅层看涉及政企职责分开、政府绩效评价体系调整、不适宜法规的清理与废止等，从深层看则涉及干部选拔任用制度改革、基本经济制度完善、公共财政体系建设等。对这些因素，不仅要做个体上的考量，而且要基于综合配套进行分析，还要放置在根本制度框架内和特殊的发展阶段上权衡。因此，其理论探讨是复杂和艰难的，需要下很大工夫。

二是推进一体化与实现合理分工的关系。经济区的意义与效益都在于推进一体化发展。通过推进一体化发展，拓展经济发展的空间，也更多和更有效地运用经济区的各种资源和要素。对于经济区来说，同样重要的是实现合理分工，发挥比较优势。这样既能充分调动经济区内各行政区的积极性，实现优势互补，并使区内资源要素等在最佳状态上实现整合和配置，又能有效防止发达地区利用优越位势挤压侵蚀落后地区，促进区域协调发展。但在实践中，推进一体化容易搞"一刀切"，往往导致地区结构趋同，而强调合理分工又容易"画地为牢"，往往造成相互封闭。我们需要深化理论研究，形成把一体化和合理分工、发挥各自优势有机结合起来的路径与保障。

三是行政推动与市场主导的关系。在市场经济条件下建设经济区，必须遵循市场规则，运用市场方式推进。而行政推进是我国制度的一大特色，并在很多场合体现出优越性。借助行政推动，有利于高标准、快进度地推进经济区建设，但不适当的行政行为又会使经济区的规划与建设脱离经济发展的内在逻辑和经济规划的客观要求，或者偏离体现国家战略意图和地方实际需要有机统一的要求。在政府处于经济社会生活的强势位置的情况下，不适当的行政行为往往相伴而生。在市场主导和行政推动之间寻求适宜的结合点，并建立有效的保障机制，是经济区理论研究需要着力解决的一个难题。

四是开放发展和合理约束的关系。经济区突破了一定层次的行政区的限制，通过资源要素更大范围的流动与配置，通过不同行政区间在分工基础上的优势互补，拓展了经济区内各行政区的发展能量与空间，这似乎表明，经济区的地域范围越大越好。但形成经济区是有条件的，如相互毗邻的地理区位、经济发展的内在联系、适宜的劳动地域分工、大体处于同一阶段的经济发展水平等。不断扩大的经济区是与经济发展的阶段与水平的提升相适应的，也需要以经济区建设的必要水平为前提。如果考虑到比较利益原则——这在跨境经济区规划与建设中尤其需要重视，则经济区的地域范围就并非是越大越好。这就是说，经济区的开放发展是必要的，但建立在必要规划下的合理约束也是不可或缺的。关于经济区建设与开放的基本条件，相应地包括法律手段在内的约束条件的科学设立及其完善，是经济区发展实践所需要的，也是经济区理论研究应该高度重视并要抓紧开展的。

经济全球化、市场一体化的深入发展和经济区建设实践的蓬勃展开，不仅给相关理论研究提出了更高、更迫切的要求，也为其大发展、大突破提供了难得的机遇和生动的素材。可喜的是，越来越多的理论工作者投入到经济区理论的研究之中，体现时代要求的有价值的思想见解也陆续显现。本书可以看做是一个代表。本书从介绍分析经济区的基本理论和发展实践入手，对于经济区建设与发展的一系列重要问题进行了系统研究，不乏有识之见。关于经济区空间经济组织属性以及具体表现形式的分析，关于经济区初级、中级和高级阶段的划分及标准界定，关于不同层次经济区发展路径的阐述等，都体现了作者的独到与睿智，读来给人启发，引人思考。尽管本书的理论创新观点不一定都准确、完善，但这种独立思考、开拓创新的精神是值得称道的。还应指出的是，本书作者陈金祥同志供职于国家机关，承负琐碎事务，身处喧闹之境，却自觉担当参与研究中国经济理论问题的责任，排难静心探索学问，实属难能可贵。我们期待他再接再厉，继续拓展理论研究成果，也期待我们的社会涌现出更多这样勤于学习、长于思考、勇于创新的学者型干部。

范恒山

2010 年 4 月

　　随着我国"经济区"日益成型，"经济区"已成为我国区域经济发展
的热点问题，对其进行系统研究，作出区域经济学的新解读，具有重要的
理论意义和现实意义。这也是区域经济研究的新视野。20世纪90年代以
来，我国逐渐形成的长江三角洲、珠江三角洲、环渤海和闽东南等经济区
成为区域发展的发动机。2009年，国务院先后批准了海峡西岸经济区、江
苏沿海地区、珠海横琴岛（珠江三角洲内）、关中-天水经济区、辽宁沿海
经济带、图们江区域合作开发、中部地区崛起、黄河三角洲高效生态经济
区、鄱阳湖生态经济区和海南国际旅游岛等10个区域发展规划，动作之
大可谓史无前例。以成渝经济区、广西北部湾经济区、武汉城市圈和长株
潭城市群、鄱阳湖生态经济区等为代表的中西部新兴经济区异军突起，成
为领衔中国经济发展的强大动力和有力支撑。从东到西、从南到北，从胡
锦涛总书记倡导的山东半岛蓝色经济区，到温家宝总理强调的海峡西岸经
济区，再到李克强副总理勾画的辽宁沿海"五点一线"经济带，中国经济
区战略布局全面展开，新的区域经济版图逐渐成型。我国区域发展形成了
以产业集聚为基础、以经济区发展为核心的新的战略格局。《中国经济
区——经济区空间演化机理及持续发展路径研究》一书的出版正是应运而
生，非常及时。

　　经济要素的分布是不均质的，经济制度和政策安排是有差异的，经济
区的经济集聚机制有差异成为世界发展的普遍现象，从经济地理角度上看
"世界是不平的"。世界银行的《2009年世界发展报告：重塑世界经济地
理》，以经济集中下的不平衡发展为核心重新构建了关于城市化、区域发
展和区域一体化的政策辩论框架。报告提出，遵循经济地理的密度、距离
和分割三大特征推进地理变迁，将使发展中国家或地区走向繁荣：城市的
增长提高了密度；工人和企业向密度区的迁移缩短了距离；国家模糊其经
济边界，进入世界市场，从而能够发挥规模经济和专业化的作用，减少了

市场分割问题。因此，对于提高密度、缩短距离、减少分割的不平衡发展机制将促进经济一体化，实现快速和共享的增长。经济集中与生活水平趋同并行不悖，不平衡的经济增长与和谐性发展相辅相成。在空间上，均衡分配经济活动的意图只会阻碍经济的增长。趋同之前必然有一个分化过程，而且趋同并不是市场机制的"自然结果"，而是市场机制和政府干预共同作用所致。

尽管国内外对经济集聚机制下的区域发展异常关注，但是国内区域经济理论对这一现象的研究似乎心有余而力不足。出现困境的根源在于传统区域经济理论局限于对经济区的静态描述及对经济区划方案的探讨，难以对我国蓬勃发展的经济区实践提供有效的理论指导，亟待学术界在经济区理论研究上进行突破和创新。基于此，本书将"经济区"作为一个以经济集聚机制为核心，具有特定空间结构的空间经济组织，在国内外已有研究成果的基础上，对长期以来被混淆的"经济区"与"经济区域"的概念进行了辨析，并对经济区的本质、经济区的空间结构、经济区的形成和演化机理、经济区的持续发展路径以及"行政区经济"向"经济区经济"进行转型的路径等方面进行了深入探讨。

本书提出，经济区是通过建立在区位因素基础上的经济集聚机制，将市场失灵导致的外部性问题内部化的空间经济组织。这种外部性的内部化体现在节约空间交易成本，产生集聚经济效益，从而实现规模收益递增。经济区以存在于企业和市场之间的中间性组织——经济网络作为存在和发展的本质。经济区是区域（城市）经济、部门（行业）经济、集团经济的综合体。经济区具有从非均衡的单中心的初级阶段，向多中心的中级阶段，并向中心-外围趋向均衡的高级阶段自组织演化的特征，其阶段划分是以产业发展推动的空间结构演进特征为标准的。经济集聚及其形成的集聚经济是经济区形成演化的核心机理，分工网络、规模报酬递增以及循环累积因果效应是经济集聚的根源，要素禀赋与市场潜力是经济集聚的条件，经济集聚的关键环节是形成经济功能区（即传统所说的工业区、金融区、资源区等部门经济）。不同类型的经济区适宜采取不同开发模式的持续发展路径，包括基于增长极开发模式的初级经济区"点化"或"极化"战略，基于点轴开发模式的中级经济区"线化"或"带化"战略，以及基于网络开发模式的高级经济区"面化"或"一体化"战略。在以市场力量为主导、政府替代为引导进行经济区开发整合的过程中，为解决由于市场失灵和政府失效问题内在要求建立区域合作协调机制，可沿着区域行政和区域治理两个方向进行合作协调制度创新，积极推动行政区经济向经济区经济的空间经济组织转型。

总之，本书是符合区域经济研究的发展方向和规范要求的。据可查资料，近年来国内对长江三角洲、珠江三角洲、成渝、海峡西岸等经济区的个案研究较多，但尚无对"经济区"一般理论作综合性研究的专著。本书在国家软科学研究计划资助支持下得以付梓成册，可以说是及时弥补了经济区综合性研究的"空白"，对当下的区域经济学发展和区域经济实践必将起到重要的指导作用。

伍新木

2010 年 2 月 1 日于武昌珞珈山

　　经济区是在市场经济主导和政府政策引导共同推动下形成的一种地域经济集聚体，是以专业化地区经济为基础、以中心城市为核心、以经济网络为纽带、以经济腹地为依托，具有一定结构的空间经济组织。经济区的出现，从客观上说，缘于不同地区在自然条件、资源禀赋、人文环境、发展基础等方面的差异，在本质上则是市场经济极化效应在区域层面上的客观反映。自 20 世纪 90 年代以来，我国逐渐形成的长江三角洲、珠江三角洲、环渤海和闽东南等经济区成为区域发展的发动机，在全国经济发展中发挥了主力军作用。我国区域发展形成了以产业集聚为基础、以经济区发展为核心的新的战略格局。基于此，本书将经济区作为一个以经济集聚为核心机理，以自组织为主、以被组织为辅，具有特定空间结构的动态演化系统，结合经济区发展的丰富实际，对经济区的形成演化机理及持续发展路径进行了系统研究。

　　第一章总论部分，主要是介绍本研究的背景和意义，对有关基本概念进行界定，对国内外的相关研究进展和理论成果进行综述介绍。核心是对长期以来被混淆的经济区与经济区域概念进行了辨析，指出了它们在内涵、产生条件、发展演化、区划结果以及英语翻译上的明显差异，并强调两者差别的根本在于是否以区位因素为基础，是否包含地理上的经济利益差别。本章还对经济区的性质及其与城市群、都市圈、经济圈的区别和联系进行了分析，这为本研究奠定了理论基石。

　　第二章对经济区及其形成与演进机理进行分析，指出经济区是基于区位因素的地域分工和比较优势效应共同作用的结果。经济区的形成是区域经济由点状、条带到域面的一体化连续动态过程，并呈现极核式、点轴式和网络式的空间结构；聚集作用与扩散作用是经济区形成演化的基本动力机制，政府干预会对其作用效果产生重要影响。本章还对经济区形成演化的经济集聚机制进行了阐述，对经济区的台阶式自组织演化进程予以分析，描述了从单中心的初级阶段到多中心的中级阶段，再到核心-外围趋向均衡的高级阶段的经济区演进过程，并对经济区空间结构转换特征与基本规律进行了论述，提出了经济区开发的理论可行性和基本要点。

第三章、第四章、第五章是从三种不同类型经济区的空间结构转换出发，探讨了经济区持续发展的三条路径：一是基于增长极开发模式的初级经济区"点化"或"极化"战略；二是基于点轴开发模式的中级经济区的"线化"或"带化"战略；三是基于网络开发模式的高级经济区的"面化"或"一体化"战略。在对三种开发模式的内涵、作用机理和适用条件进行综述的基础上，对沿这三条路径开发经济区进行了理论分析，指出三条路径的理论基础分别是基于空间集聚、空间扩散的不平衡发展理论和基于空间趋同的平衡发展理论，其战略核心分别是中心城镇开发、联系通道的构筑和社会经济网络建设，其动力机制分别是大规模"推动型"产业发展、城市空间相互作用和区域经济一体化，其空间结构分别是核心-外围二元结构、城市等级规模体系结构和多层次嵌套网络结构。在此基础上，本书有针对性地提出了实行分类开发的基本思路和措施要点，强调要分别重点发展园区经济、通道经济和循环经济，实现经济区空间结构的拓展、优化和整合；文中还对西部经济区的增长极开发、中部及东北经济区的点轴开发、东部经济区的网络开发作了实证研究。

第六章对从"行政区经济"到"经济区经济"转变的路径进行分析，从"行政区经济"与"经济区经济"的理论与实践出发，描述了我国区域经济合作的历程及特征，分析了"行政区经济"阻碍经济区发展的制度性矛盾，阐述了区域空间经济转型的内在动力机制。在此基础上，提出在以市场力量为主导、政府替代为引导进行经济区整合的过程中，由于市场失灵和政府失效问题内在要求建立区域协调机制，可沿着区域行政和区域治理两个方向进行协调制度创新。同时，对构建我国的区域协调机制进行了探讨，总结分析了我国区域合作协调机制的发展情况和存在的主要问题，提出了大力推进我国区域治理的制度创新设想，积极推动区域从行政区经济走向经济区经济。

第七章是长江三角洲经济区一体化实践的案例分析。长江三角洲地区是我国众多经济区中历史悠久、发展迅速、形态典型的经济区。本章对长三角经济区的形成条件、产业集聚和空间结构进行了分析，指出长三角经济区在以上海为龙头、以南京和杭州为次中心的城市群带动下，经济区空间结构呈"宝塔形"特点，城市发展轴线特征显著，次级城市呈圈层分布。长三角经济区发展经历了增长极开发、点轴开发和网络开发三个阶段，分别以20世纪80年代初组建"上海经济区办公室"、90年代初浦东开发开放，以及进入21世纪江浙主动接轨上海战略的实施为标志。本章最后对长三角区域合作进行了阐述，总结了在市场与政府双向推动下的经济合作进程及取得的成效，提出了沿区域治理方向推动长三角区域合作创新的设想，以加快长三角经济一体化的进程。

目 录 CONTENTS

| 第一章 | 总 论 |

第一节　经济区实践发展呼唤经济区理论创新

一　国内外经济区实践的蓬勃发展

经济区（economic district）是在市场经济主导和政府政策引导共同推动下形成的一种地域经济集聚体，是以专业化地区经济为基础、以中心城市为核心、以经济网络为纽带、以经济腹地为依托的，具有一定结构的空间经济组织。经济区的出现，客观上缘于不同地区在自然条件、资源禀赋、人文环境、发展基础等方面的差异，本质上则是市场经济极化效应在区域层面上的客观反映。在经济全球化背景下，区域成了真正意义上的经济利益主体，国与国、省与省、市与市之间的竞争已经上升为由多国、多省、多市自发组织的区域联盟之间的经济区竞争。空间经济集聚条件正在成为资本和要素流动考虑的首要因素和政府策略性思考的主要指向。20 世纪 90 年代以来，从国际到国内，从中央到地方，对经济区发展问题的重视程度与日俱增。

从国际上看，随着区域统一市场的形成和全球经济一体化步伐的加快，欧洲经济区和美洲经济区逐渐成型，并成为当今世界两个最大的自由贸易区，左右着世界经济的发展。欧洲经济区由欧洲共同体 12 国和欧洲自由贸易联盟 7 国中的奥地利、芬兰、冰岛、挪威和瑞典 5 国组成，最初于 1984 年提出建立设想，历经 8 年谈判后于 1992 年 5 月正式签署协定，并于 1994 年 1 月 1 日正式成立。欧洲经济区的建立使欧洲自由贸易联盟的成员国无须加入欧盟也能参与欧洲的单一市场，从而实现货物、人员、服务及资金在经济区内自由流动。美洲经济区主要是在美国推动下发展起来的。1990 年 6 月，在与加拿大、墨西哥达成发动北美自由贸易谈判的协议后，美国就提出旨在西半球全美洲建立自由贸易区的"美洲倡议"，目的在于利用拉美的资源和市场共同对付西欧、日本的经济挑战。1994 年 12 月，以美国为首的 34 个国家召开了规模空前的美洲国家首脑会议，确定建立一个包括货物与服务贸易、投资自由化以及知识产权保护等领域的美洲自由贸易区。另外，最近 20 多年来，亚太地区成为世界经济中迅速发展、持续增长的地区。按照亚太经济合作组织（APEC）的经济合作时间表，在2020 年前，亚太将实现包括东亚、拉美太平洋国家甚至南亚诸国和俄罗斯在内的环太平洋自由贸易区。世界经济将出现以欧洲经济区、美洲经济区和亚太经济区为中心的"三分天下"的格局。

中国经济区问题与改革开放进程相伴相随。20 世纪 80 年代以来，伴随着"沿海地区优先发展、部分地区先富起来"不平衡发展战略的实施，全国各地的各种生产要素不断向东南沿海聚集，省际、区际差异日益显现，中国的区域经济格局发生了前所未有的历史性大变动。1986 年，国民经济和社会发展"七五"计划首次把我国的经济区域划分成了三大地带，即东部沿海地带、中部地带和西部地带，并以此确定全国的产业布局；同时，提出要大力推进经济区网络建设，"进一步推动上海经济区、东北经济区、以山西为中心的能源基地、京津唐地区、西南'四省（区）五方'地区等全国一级经济区网络的形成和发展"。党的十六大以来，中央作出了实施西部大开发、振兴东北等老工业基地、促进中部地区崛起、鼓励东部地区率先发展的战略决策，统筹区域发展的"四轮驱动"逐渐形成，中国经济格局逐渐从省份经济走向区域经济。在此大背景下，长江三角洲（以下简称长三角）、珠江三角洲（以下简称珠三角）、环渤海、闽东南和成渝等几大经济区逐渐形成，并成为区域经济发展的驱动力和增长极，在全国经济发展中发挥了主力军作用。统计资料表明，2007 年，长三角、珠三角和环渤海"两江一海"经济区地区生产总值分别达到 46 672.1 亿元、25 606.9 亿元和 70 214.7 亿元，分别以占全国 2.2%、1.9%和 17.5%的土地，创造了全国GDP 的 18.9%、10.4%和 28.5%，三地平均增幅达 15.5%左右，高出全国平均水平 4 个百分点，成为我国最负盛名也最具活力的区域。这意味着中国经济的发展已打破行政区划的界限，正从行政区竞争转变为跨行政区的经济区竞争，以产业、要素等互动为基础的经济一体化竞争格局日益凸显。

同时，在经济全球化背景下，国内外都逐渐认识到，区域经济发展与本地化的产业集聚（industrial agglomeration）相辅相成，一个区域特别是经济区的竞争力之关键往往由集聚形成的产业集群（industry cluster）所支撑。产业集聚是指某个或某几个产业及其在价值链上、物质流中相关的支撑企业在一定地域内高密度地集中乃至聚合的过程。通过产业集聚形成的具有持续竞争优势的经济群落就是产业集群。[①] 世界版图由于大量的集群存在，形成了色彩斑斓、块状明显的"经济马赛克"，世界的财富大都是在这些块状区域内创造的。在美国"硅谷"，一条 48 公里长、10 公里宽的狭小地域集聚了 8000 多家电子科技企

---

① 冯薇 .2008. 产业集聚、循环经济与区域经济发展 . 北京：经济科学出版社 .21

业。"在意大利，一种产业上百家厂商齐聚同一城镇的现象是很常见的。"[①] 印度的计算机软件集聚于班加罗尔，芬兰的通信和电子产业集聚于赫尔辛基，爱尔兰的软件业 73% 集聚于都柏林，产业集聚现象可谓形成了国际化潮流。改革开放以来，我国产业集群也得到了蓬勃发展，长三角、珠三角和环渤海等经济区形成了大量具有竞争优势的产业集群。据不完全统计，全国已形成了 1300 多个各种各样的产业集群，东部沿海省市产业集群已占到本区域工业产出的 50% 以上。截至 2004 年，浙江省共有年产值亿元以上的工业区块 601 个，其中 10 亿元以上的 285 个，100 亿元以上的 37 个，块状经济实现工业总产值占到全省的 64% 左右[②]；至 2008 年，10 亿元以上的块状经济增加到 312 个，全省 90 个县（市、区）中有 82 个拥有销售收入超过 10 亿元的块状经济。近年来，我国中西部地区产业集群发展迅速，东北地区装备制造业集群优势也开始显现。从经验上看，产业集聚显著的地区，无一不是经济最具活力、发展最快的经济区。中国经济区成为产业集聚的空间依托和条件支撑，产业集聚成为经济区发展壮大的坚实基础和核心竞争力的源泉。

2008 年以来，在全球金融危机影响下，中国出口外部环境严重恶化，东南沿海地区经济受到明显冲击，中西部地区内需拉动乏力，使中国的经济结构调整和区域协调发展要求更为迫切。在此背景下，我国进一步加大了对经济区发展的规划和支持，由以往重视产业布局转向重视空间布局优化，调动中央和地方两个积极性。2009 年，国务院先后批准了海峡西岸经济区、江苏沿海地区、珠海横琴岛、关中-天水经济区、辽宁沿海经济带、中部地区崛起、图们江区域合作开发、黄河三角洲高效生态经济区、鄱阳湖生态经济区和海南国际旅游岛等 10 个国家战略性区域发展规划，获批数量是前 5 年的总和，动作之大、速度之快可谓史无前例。同时，各地新提出的区域经济规划如雨后春笋，安徽皖江城市带承接产业转移示范区规划、海南国际旅游岛规划在 2010 年初获国务院批准出台，重庆两江新区获国家批准设立，成渝经济区规划已上报审批，淮海经济区时隔 20 多年后再被提起，"西三角经济圈"（成渝与关中城市群共同组成）概念被首次提出。以海峡西岸经济区、广西北部湾经济区、成渝经济区、武汉城市圈和长株潭城市群等为代表的新兴经济区异军突起，成为领衔中国经济发展的强大动力和有力支撑。2009 年上半年，广西北部湾经济区以 16.3% 的经济增长幅度一马当先，海峡西岸经济区主体所在的福建省增长 8.5%，成渝经济区所在的四川、重庆分别增长 13.5%、12.6%，江苏沿海经济带增长 11.2%，长株潭城市群增长 13.6% 左右。这些地区的经济增速不仅超过全国平均水平，也高于昔日

① 〔美〕迈克尔·波特.2002.国家竞争优势.李明轩，邱如美译.北京：华夏出版社.419
② 潘家玮等.2006-6-2.块状经济：浙江再创新形势.浙江日报

的龙头长三角和珠三角两大经济圈。

综上所述，我国区域发展已形成了以产业集聚为基础、以经济区发展为核心的新的战略格局。从东到西、从南到北，中国经济区战略布局全面铺开，我国新的区域经济版图逐渐成型，使以往的外向型增长结构转变为"外需、内需共同发展"。正如中国区域经济学会副会长陈栋生所说，从珠三角、长三角、北部湾经济区、海峡西岸经济区、江苏沿海经济带，到包括辽宁沿海区域和天津滨海新区在内的环渤海区域，加上黄三角和山东半岛"蓝色经济区"，全国沿海将连成一串漂亮的"金项链"，到 2020 年我国全面进入小康社会时，沿海的整体经济框架将全面形成，但是，我们必须看到，国内对经济区的认识还非常粗浅，局限于对经济区的静态描述以及对经济区划方案的探讨，难以从理论上回答"经济区是怎么形成的，又是如何发展演化的，经济区与产业集聚是什么关系"等问题，与国际上对"产业空间"的探讨以及从区位论到空间经济学的勃兴浪潮相比，经济区理论乃至区域经济学都有所滞后，也很难为我国蓬勃发展的经济区实践提供有效的理论指导，亟待学术界在经济区理论研究上进行突破和创新。

二 经济区理论创新具有重要的现实意义

经济区是一种客观存在，不是人们主观随意划定的，而是在市场经济条件下按照经济活动的内在联系形成的、相对完整的、内部具有很强经济集聚性的空间经济组织。经济区理论是进行区域规划和产业布局的重要依据。本书在国内外已有研究成果的基础上，结合经济区和产业集群发展的实践，对经济区与产业集聚的互动机理及发展路径进行了系统研究，具有重要的现实和理论意义。

第一，为实行分类指导的差异化区域发展政策提供新思路。改革开放以来，国家先后制定了一系列促进东、中、西部及东北地区快速协调发展的区域经济政策。但四大区域范围划分仍然很大，国家政策"一刀切"和重点不突出的问题仍然存在，在区域协调机制不健全的情况下，作为"领头羊"的区域主体缺位，缺乏明确的目标和有针对性的举措，严重困扰区域政策的规划和实施。实践证明，长三角、珠三角、环渤海等经济区的成长壮大是区域经济发展的窗口和引擎，是实现又好又快发展的有效途径。在新一轮改革开放背景下，以经济区规划建设为重点的区域经济协调发展是一个重大问题，是丰富和完善宏观调控体系的有效手段，是加快国民经济结构战略性调整和缩小区域发展差距的重要举措。要把经济区作为落实区域政策的抓手和促进区域协调发展的平台，从各个地方的实际出发，根据资源禀赋、地理区位、经济基础等各方面差异来制定有针对性的政策措施，充分发挥各地的特色优势，并通过培育更多的增长极来带动区域经济向更加均衡的方向发展。

第二，为经济区综合配套改革和一体化实践提供理论基础。2007 年 12 月，国务院继批准上海浦东新区、天津滨海新区和成渝经济区作为综合配套改革试验区后，又批准武汉城市圈和长株潭城市群为"两型社会"建设综合配套改革试验区。2008 年以来，国务院又先后出台了进一步推进长江三角洲地区、珠江三角洲地区改革发展和加快建设海峡西岸经济区等的政策措施。这表明中国经济空间格局经历了近 30 年的地方政府主导型经济发展模式之后，逐步向市场主导型的区域经济发展模式转换，目的在于突破以行政区划塑造地方经济结构的封锁，促使行政区经济走向经济区经济，推动新的分工格局在更大范围内形成和展开。通过产业化与城市化的互动发展，实现生产—生活—生态"三位一体"，促进空间布局优化和生态环境保护，达到人与自然、经济与社会的协调发展。以经济区先行先试为突破口的区域经济整合成为推动新一轮改革开放的重要推动力，也亟待理论界突破传统经济区划的计划观念局限，通过创新提供有效的基于市场经济的经济区发展理论指导。这正是本书研究的出发点所在。

第三，有利于深化落实以发展产业集群带动区域开发的战略意图。中国是一个进入工业化中期阶段的国家。工业化中期的一个重要特点是产业部门的细化和产品的多样化。在这样的条件下，区域竞争力之关键往往由集聚而形成的产业集群所支撑。国家"十一五"规划纲要首次提出要推进形成主体功能区的区域协调发展思路，并明确指出重点开发区域"要充实基础设施，改善投资创业环境，促进产业集群发展"，强调要"按照引导产业集群发展、减少资源跨区域大规模调动的原则优化产业布局"。各地区要通过区域的规划设计，在全局中定位自身的特色与功能，积极发展符合自身资源禀赋和区位优势的产业集群，在明确区域分工格局基础上实现优势互补、协调发展。为此，各个地区如何培育一大批富有竞争力的产业集群，政府应该为此创造什么条件，是摆在各地区面前的重大问题，也是区域经济学在理论上需要进一步研究的新问题。本书研究经济区与产业集聚的关系，找出两者相互作用的空间规律，对认识和推动区域开发无疑十分重要。

第四，以空间经济学范式的研究丰富和完善了区域经济学理论。空间经济学是当代经济学中最激动人心的领域。它研究的是空间的经济现象和规律，研究生产要素的空间布局和经济活动的空间区位。领军人物是美国普林斯顿大学的保罗·克鲁格曼（Paul Krugman），他以新贸易论和新经济地理学等理论贡献荣获 2008 年度诺贝尔经济学奖。本书就是借鉴空间经济学的报酬递增和不完全竞争导致集聚等基本理论观点，结合中国经济区（城市群和经济圈）改革发展的丰富实践经验，探讨经济区空间结构演化机理，研究经济区的中心城市、经济腹地、经济网络等基本要素的形成机制，以及经济区空间结构转换与产业结构演变的互动影响等。本书通过吸收空间经济学的最新研究成果，阐释了经济区空间成长演化的基本规律，突破了传统经济区划研究的静态理论束缚，填补了经济区动态演化理论的空白，对丰富和完善我国区域经济学理论具有重要意义。

第二节　经济区的空间经济组织属性与经济区域

一　经济区概念内涵与特征

"经济区"的概念最早是由德国学者廖什（A. Loseh）于 1940 年发表的《区位经济学》中以中心地理论为基础提出的，是指区位系统中与工业区和市场区相并列的"经济景观"概念。廖什将经济景观视作市场区网络按照经济法则排列而成的经济分布空间的等级序列，在自然条件相同、人口分布均匀的情况下是可以有规律地扩展的，形成三角形的工业聚落和城市分布以及六边形的市场区。经济景观就是一个发育成熟的经济区，区内既有最大的中心城市，又有规模不等的较低级中心城市，城市之间既有分工，又有协作，高级中心地提供的产品与服务种类最多，低级中心地提供的产品和服务种类最少，级别越低可提供的种类越少。廖什的中心地理论为经济区的形成和演变、经济区的地域结构及区划方法研究奠定了理论基础。[①]

在我国，虽然 20 世纪五六十年代研究经济区划时就已普遍使用"经济区"概念，但真正意义上的经济区是在 1982 年国务院《关于第六个五年计划的报告》中正式提出的，即"要以经济比较发达的城市为中心，带动周围农村，统一组织生产和流通，逐步形成以城市为依托的各种规模和各种类型的经济区"。1984 年党的十二届三中全会通过的《中共中央关于经济体制改革的决定》中又强调："要充分发挥城市的中心作用，逐步形成以城市特别是大、中城市为依托的，不同规模的，开放型、网络型的经济区。"我国较早系统研究经济区理论的区域经济学家丁任重提出："经济区是以城市为中心、以经济联系为基础，以经济网络系统为连接神经、有一定的以半径来表示的范围规模和区界的区域经济综合体。"[②] 中国人民大学区域经济学教材把经济区定义为"以劳动地域分工为基础客观形成的不同层次、各具特色的经济地域……是以中心城市为核心、以区域交通通信网络为脉络，上下级城市紧密联系，城市与乡村相互结合的区域

① 张秀生，卫鹏鹏 . 2005. 区域经济理论 . 武汉：武汉大学出版社 . 23
② 丁任重 . 1988. 经济区的理论与实践 . 西安：陕西人民出版社 . 58

整体"①。清华大学城市经济学教科书把经济区定义为"商品经济发展到一定阶段以后，由于地理环境、自然资源、产业结构、经济布局等诸方面的内在联系，自然形成的地域经济综合体"，基本结构一般包含"强大的经济中心、一定面积的地域范围、业已形成的经济网络、畅达的流通渠道和便捷的交往条件"②。尽管学术界对"经济区"的概念表述有所不同，但关于经济区的几个构成要素认识是一致的，即包含"中心城市、经济网络和经济腹地"三要素，并具有客观存在性、发展阶段性、空间过渡性、经济开放性、区内同质性与群体性、增长非均衡性和地域经济综合性等特点。③

从实践上看，经济区是要素禀赋差异和劳动地域分工的必然结果，是区域经济运行的基本格局。经济区就是人们经济活动所造就的、围绕经济中心而客观存在的、具有特定地域构成要素的地域经济集聚体，地理环境、区位特点、自然资源、历史渊源、人文环境、技术条件等多种因素汇集，使其具有综合性的客观基础。经济区与行政区是既相互联系又有明显差别的概念。"经济区是客观存在的经济活动区域，是以中心城市为核心，以历史、文化渊源为基础，以广泛的内外经济联系为纽带的开放型经济地域，具有中心相对稳定、边界模糊、对外开放、对内联系紧密的特征。行政区是国家实施政治控制和社会管理的特定地域单元，具有比较稳定的地理界限和刚性的法律约束。"④ 经济区与行政区的本质区别，在于区内各区块之间联系的紧密程度，体现在相互间的人流、物流、信息流和经济社会组织关系上。

二 区域、经济区域与经济区

研究经济区的发展演化问题需要明确"区域"、"经济区域"和"经济区"等概念的区别。目前经济学中关于这三个概念至今尚未有统一明确的定义，时常替代使用，从而造成了一些理论上的混乱和困境。

区域是一个抽象的、理论上的空间概念，往往没有严格的范围和边界以及确切的方位，但又有其内部结构和外部环境，是由地形、地貌、资源、经济、社会和政治等诸要素构成的综合体，区域内外始终进行着物质、能量和信息的交流。不同学科有不同的区域概念定义。最早从经济学角度对区域概念进行界定的是 1922 年全俄经济区划问题委员会，提出"所谓区域应该是国家的一个特殊的经济上尽可能完整的地区，这种地区由于自然特点、以往的文化积累和居

---

① 孙久文，叶裕民. 2003. 区域经济学教程. 北京：中国人民大学出版社. 278, 279
② 谢文惠，邓卫. 2008. 城市经济学. 第二版. 北京：清华大学出版社. 79, 81
③ 叶飞. 2008. 海峡经济区：中国经济新增长极战略构想. 北京：北京大学出版社. 79, 80
④ 汪阳红. 2009. 正确处理行政区与经济区的关系. 中国发展观察，(2)：24

民及其生产活动能力的结合而成为国民经济总链条中的一个环节"①。目前在学术界影响最大的一种定义是由美国著名区域经济学家艾德加·胡佛（Edgar M. Hoover）于 1970 年给出的。他认为"区域是基于描述、分析、管理、计划或制定政策等目的而作为一个应用性整体加以考察的一片地区。它可以按照内部的同质性或功能一体化原则加以划分"②。我国区域经济学教材把区域定义为"拥有多种类型资源、可以进行多种生产性和非生产性社会经济活动的一片相对较大的空间范围"③。因此，作为区域经济学研究对象的区域，既不是以自然特征为标准划分的自然区，也不是纯粹的国家行政管理区，而是在考虑行政区划基础上的经济区域。所谓"经济区域"就是按照经济活动的内在联系形成的、相对完整的地域经济单元。依据《中国百科大辞典》的解释，经济区域是根据社会劳动地域分工对地理的区域划分，在生产社会化发展到一定阶段以后，是经济一体化的地域表现。"区域经济"中的"区域"指的就是经济区域。经济区域与区域经济是研究区域经济运行的两个基本范畴。经济区域的立足点在于人类经济活动的地域空间载体，研究区域经济则关注一定地域空间上的人类经济活动。

在区域经济学中，"区域"与"经济区域"指的是同一个概念，而"经济区域"与"经济区"却是两个具有本质差别的概念。两者的差别可以在胡佛关于"区域"的有关论述中找到答案。胡佛在对"区域"概念作出定义后进一步指出：按区域内部的同质性和功能同一性原则可把区域划分成同质区域和功能区域两种不同的类型；结节区域（nodal region）是一种特定类型的功能区域，其结构类似于生物细胞或原子结构，有一个核心及一个相补充的周围地区。④ 按照这一论述，"经济区域"可以划分出同质区域和功能区域两种类型。"经济区"实际上是经济区域中的一种特定类型的功能区域——结节区域，"每一个标本的地区必须包括至少一个'中心城市'构成的核心"⑤。具体来说，经济区域与经济区的差别表现在以下几个方面。

第一是内涵上的差别。经济区域指的是进行社会经济活动的地理单元和空间范围，而经济区则是有着一个或多个大的中心城市作为发展极或增长点的地域经济集聚体，是存在分层结构、自组织能力、分工协作网络的空间经济组织。

第二是产生条件的差别。经济区域古已有之，只要有人类经济生产活动的

① 全俄经济区划问题委员会.1961.苏联经济区划问题论文集.王守礼译.北京：商务印书馆.82
② 〔美〕艾德加·胡佛，弗兰克·杰莱塔尼.1992.区域经济学导论.郭万清译.上海：上海远东出版社.239
③ 孙久文，叶裕文.2003.区域经济学教程.北京：中国人民大学出版社.2
④ 〔美〕艾德加·胡佛，弗兰克·杰莱塔尼.1992.区域经济学导论.郭万清译.上海：上海远东出版社.246
⑤ 〔美〕艾德加·胡佛，弗兰克·杰莱塔尼.1992.区域经济学导论.郭万清译.上海：上海远东出版社.223

地方，就有这一地域空间载体，而无论是计划经济还是市场经济。经济区不是从来就有的，而是商品经济或市场经济发展到一定阶段，按照市场经济规律自发形成的有着内在紧密经济联系和分工的区域。在计划经济体制下并不存在真正意义上的经济区。

第三是发展演化上的差别。经济区域的空间范围是相对稳定的，如划定的东部、中部、西部和东北地区的经济地带范围是基本稳定的。而经济区则是伴随着区域经济的发展而成长，是区域经济的市场化程度发展到一定阶段的产物，要经历萌芽、增长核的形成、成型到成熟的成长阶段。经济区范围一般从狭义的核心区，发展到广义的影响区以及核心区辐射的泛经济区。

第四是进行经济区划分的结果不同。经济区域既可以按照区域同质性划分出以东、南、西、北、中等地理方位标示的经济地带，也可以按功能同一性划分出长三角、珠三角、环渤海、成渝、武汉城市圈、长株潭城市群等经济区。而经济区划分的结果只能是后者，并且可以根据中心城市在区内空间结构中的层次划分出一级、二级、三级等不同层级的经济区。如环渤海经济区包括京津唐、辽东半岛和山东半岛三个经济圈，山东半岛经济圈内还包含黄河三角洲经济区。

第五是英语翻译也有所不同。"经济区域"是 economic region，"经济区"是 economic district。按照牛津英语大词典的解释，译成"区域"的 region 是指可有可无边缘或特征的空间部分，而同样被译成"区域"的 district 则是指具有特质的国家或城市的部分。前面已经说过，经济区是区域（region）中具有结节（nodal）特质的一种特定类型的功能区域。

总之，从本质上讲，经济区与经济区域的差别在于是否以区位因素为基础。区位与区域的差别在于"区位既是空间的位置，也是各种经济性要素的有机结合体"[①]。经济区域强调的是经济活动的地理空间范围，经济区位则更多强调由地理坐标和空间位置所标志的经济利益差别。经济区域可以是单一性质的经济功能区，即"由同类的经济活动在空间上的高度聚集，连片分布而成的空间区域"[②]，如工业区、农业区、市场区、金融区、资源区等；也可以是综合性质的经济区，如经济协作区、经济特区等，更可能是地理方位上的区块型地域。在传统意义上将经济区分为部门经济区与综合经济区的提法是理论层面的，在现实生活中作为综合性的经济区才是经济地理意义上的完整空间经济组织，工业区、资源区等部门经济区只是作为一个经济功能区而存在的，是构成经济区空间经济组织的一个或数个细胞。

---

① 郝寿义.2007.区域经济学原理.上海：上海人民出版社.75
② 郝寿义.2007.区域经济学原理.上海：上海人民出版社.124

三 经济区与城市群、都市圈、经济圈

一个成熟"经济区"在某一阶段上表现为城市圈、都市圈、城市群、经济圈等多种空间组织形式。城市圈、都市圈、城市群、经济圈等都是经济区空间经济组织在不同阶段的具体表现形式，表征经济区内城市间的相互作用越来越强大、相互联系越来越紧密、产业分工协作越来越合理。经济区的形成发展是一个历史演化过程。首先是城市作为某区域的中心，通过极化效应集中了大量的产业和人口，获得快速的发展，随着规模的扩大、实力的增强，对周边区域产生辐射带动效应，形成一个又一个城市圈或都市圈。城市圈是指以大城市为核心，周边城市共同参与分工合作而实现一体化的圈域经济现象。伴随着城市规模的扩大和城际之间交通条件的改善，尤其是高速公路的完善，相邻城市辐射的区域不断接近并有部分重合，城市之间的经济联系越来越密切，相互影响越来越大，就可以认为形成了城市群。由多个城市群或单个大的城市群即可构成经济圈。

城市群是指以中心城市为核心向周围辐射构成城市的集合，是在特定的区域范围内云集相当数量的不同性质、类型和等级规模的城市，以一个或两个特大城市为中心，依托一定的自然环境和交通条件，城市之间的内在联系不断加强，共同构成一个相对完整的城市集合体。"城市群"在我国是 20 世纪 90 年代以来日益频繁使用的概念，之前常直接借用日文"都市圈"（metropolitan coordinating region/metropolitan area），中文译为"大都会"或"都会区"，概念上和"都市圈"、"城市圈"意义相同或相近。至今学者们对城市群概念的表述并不一致，但认识在渐趋一致，即城市群是有很多城市组成的，彼此的联系越来越紧密，共同对区域发展产生影响。

与城市群相关的概念有都市连绵区、城市带、都市圈等。这些概念存在着一定的共性，有时会被混用。其实，城市群与都市圈的概念是有区别的，城市带与都市连绵区也各有定义。都市圈属于同一城市影响力所及的作用范围，一般是根据一个或两个大都市辐射的半径为边界并以该城市命名。根据日本的经验，都市圈一般由一个或两个人口在 200 万以上的特大城市作为中心城市，中心城市的国内生产总值一般可占到圈内的 1/3 到一半以上，都市圈内的大中小城市环绕中心城市基本呈圈层状结构布局，各城市间的分工合作非常密切。每个城市群都有一个或多个都市圈。都市连绵区是城市群的一种具体形态，指以若干个数十万以至百万人口以上的大城市为核心，与周围地区保持强烈交互作用和密切社会经济联系，沿一条或多条交通干线大小城镇连续分布的巨型城市一体化地区，概念上强调以都市区为基本单元。城市带和都市连绵区的含义基

本相同，都是指在一条交通轴线上分布有很多个城市。城市带所强调的是城市分布的形态，但城市之间不一定存在密切联系，而城市群强调城市之间的经济联系及相互影响。

经济圈又称大城市群、城市群集合、大都市区或都会区集合，是经济区的高级空间组织形式，大多是由若干层级经济区子系统组成某种具有内在联系的复合型经济区大系统，其与外界具有相对明确的组织和地域界限。大地域的经济圈一般都有原材料生产区、能源生产区、加工区和农业基地，从而构成一种综合产业圈。如果经济圈的圈层分布变为都市连绵区的带状分布，则称为经济带。一般认为中国的城市群、经济圈（经济带）正处在发展和形成过程中。我国有京津冀、长三角、珠三角、山东半岛、辽中南、中原、长江中游、海峡西岸、成渝和关中等十大城市群，并逐渐形成了珠三角、长三角、环渤海三大经济圈。近年来，专家提出了新的"西三角经济圈"概念，是以重庆为中心的成渝城市群和以西安为中心的关中城市群、以兰州为中心的西兰银城市群为核心的西部地区大经济实体，总面积为 38 万平方公里，经济总量达 2 万多亿元，约占西部经济总量的 40%。

四 经济区的性质

经济区是在市场经济主导和政府政策引导共同推动下形成的一种地域经济集聚体，是以专业化地区经济为基础、以中心城市为核心、以经济网络为纽带、以经济腹地为依托，具有一定结构的空间经济组织。经济区是一种客观存在物，不同于西方经济学基本上接受的主观实用性的区域概念。经济区具有以下性质。

（一）经济区是一种市场经济组织

经济组织是指按一定方式组织生产要素进行生产、经营活动的单位，是一定的社会集团为了保证经济循环系统的正常运行，通过权责分配和相应层次结构所构成的一个完整有机整体，包括企业、市场和其他中间组织形态（hybrid）。市场是利用价格机制进行生产要素的配置以及商品交换的组织；企业是通过各种手段把市场交易内部化从而节约交易成本的组织。经济区则是通过建立在区位因素基础上的经济集聚机制，将市场失灵导致的外部性进行内部化的组织制度。外部性主要包括范围经济、规模经济、公共设施供给、生态环境治理、降低运输成本、技术溢出、信息共享、创新扩散等。经济区通过将这些外部性内部化，既节约空间交易成本，又产生集聚经济效益，从而打破经济学经典理论的规模收益递减规律，实现规模收益递增。

经济区运行的关键是经济网络，以中心城市为核心覆盖整个区域范围的经济网络是经济区存在和发展的本质。经济网络就是制度经济学理论提出并探索的存在于企业和市场之间的一种中间性质的组织。网络组织是一些经过筛选的、独立的企业通过正式契约和隐含契约所构成的互相依赖、同担风险的长期合作的交易模式，是一种在其成员间建立有强弱不等的各种各样联系纽带的组织集合，是处理系统创新事宜时所需要的一种新的制度安排。它比市场组织稳定，比层级组织灵活，是一种介于市场组织和企业层级组织之间的新的组织形式。经济网络使不同企业、不同部门以及不同城市区域通过长期的相互联系和相互作用而形成一种相对比较稳定的合作结构形态，从而产生集企业集团、产业集群、产业区和城市群于一体的经济区组织。

（二）经济区是一种空间经济形态

空间问题一直是区域经济研究的核心问题，空间分析也是中外区域经济学的核心分析方法特征，在欧美国家区域经济学有时也被称为"空间经济学"。空间经济的核心问题是地理空间中经济活动的集聚现象，实质上就是经济体的空间组织问题。区域经济的空间组织是指在一定约束条件下，对区域内或区域之间经济发展的资源和要素进行空间优化配置的过程，是区域经济的一种重要组织形式。任何经济区都具有由点、线、网络和域面四个基本要素构成的空间结构。稳定的空间结构是经济区形成的一个重要标志，反映了区域经济客体在空间中的相互作用及相互关系，以及这种关系的客体和现象的空间状态和集聚程度。在经济区的形成过程中，地区间经济关系发生的深刻变化导致地区经济结构适应性调整，最终在更大区域范围内形成新的空间结构关系，从而维持整体经济的持续增长。经济区经济超越了地区经济增长模式，是地区经济增长达到更大规模后引致的空间扩展和空间融合，从而形成经济空间结构上的根本转变。① 目前中国经济的空间组织形式正由行政区经济向经济区经济转变，而且具有不断增强的趋势。

经济区发展演化的价值目标是不断提高基于市场经济的空间组织化程度，如《2009年世界发展报告——重塑世界经济地理》一文中所说的提高经济密度、缩短经济距离、减少分割即增强一体化发展程度。区域经济空间组织化是区域经济发展中的资源要素进行空间优化配置的过程，其实体由资源、经济要素和经济活动主体等三个基本要素构成。区域经济空间组织化程度就是通过点—线—面的空间结构优化和城市产业分工协作，实现地理空间中的资源、经济要素和经济活动主体按照相互间的经济、技术联系和空间关系实现结合的程度。这种结果的出现可以是计划经济的手段，也可以是市场经济的手段。计划经济

---

① 张毓峰，胡雯.2009.体制改革、空间组织转换与中国经济增长.财经科学，（8）：40

体制下的生产力布局就是为了提高空间经济组织化程度，但显然不是我们当下的取向。而且，提高空间经济组织化程度不是越快越好或越高越好，而是要由市场经济的自身演化进展和需要来主导，政府政策应该顺势而为地推动和提高。

（三）经济区是一种中观经济现象

中观经济是相对于宏观经济和微观经济来说的，宏观经济研究的是国民经济的总体状况，以国民经济总量为考察对象；微观经济研究的是单个经济单位的经济行为，以经济个量为考察对象。中观经济研究的是区域（城市）经济、部门（行业）经济、集团经济等。它是国民经济活动在某一特定地域或部门行业的展开，构成自成体系的国民经济重要子系统。20 世纪 70 年代中叶，德国爱登堡大学的国民经济学教授汉斯·鲁道夫·彼得斯博士首次提出"中观经济"（meso-economy）这一区别于传统宏观经济和微观经济的新范畴。20 世纪 80 年代中期，中国学者王慎之所著的《中观经济学》一书，是中国第一部中观经济学专著。[①] 从目前的研究看，国内外有关专家认为"中观经济学理论范围是：经济结构理论、部门与地区发展理论、基础设施理论、环境保护理论、集团与协会理论等。政策范围是：部门结构政策、部门结构计划、研究与工艺政策、部门原料供应政策、地区结构政策"等。经济区是区域（城市）经济、部门（行业）经济、集团经济的综合体，是中观经济学的典型范畴，在宏观经济与微观经济中起到承上启下的作用。这是由作为经济区本质的经济网络的中间性组织特征所决定的。

经济区作为一种典型形态的中观经济现象，具有宏观经济和微观经济所不能比拟的重要作用。一是具有创新和突破功能，可以为宏观经济起到"试验田"作用。改革开放以来的深圳特区建设、浦东新区开发开放，以及近年来天津滨海新区、成渝经济区、武汉城市圈和长株潭城市群等实行的综合配套改革试验，对宏观经济发展具有重要的示范和推动作用。二是能发挥"稳定器"和"减压阀"作用，有效削弱宏观经济的过度震荡。当宏观经济出现通货膨胀、市场疲软或能源紧缺等大的震荡时，中观经济区可发挥区域系统的相对独立性和主观能动性，通过区域、行业和企业集团等中观管理层的及时干预和逐层"吸收"，弥补宏观层鞭长莫及之缺陷，将影响降到最低限度。三是能完善国民经济控制系统，分散集中控制的风险。宏观集中控制的单中心结构具有高度刚性，"一刀切"现象难以避免，一旦调控中发生失误，各子系统都难以预防和纠正，从而使整个社会经济系统的状态恶化。而实行多中心分级控制的中观经济运行机制，由中央规划调控经济区，由经济区牵引调节部门或企业集团经济层，就可以在

---

① 王慎之. 1988. 中观经济学. 上海：上海人民出版社

很大程度上克服集中控制的弱点，使每个层次具有自主应变的功能。①

（四）经济区是一种优先开发功能区

国家"十一五"规划纲要明确提出要根据环境承载能力和开发适宜度（开发密度和发展潜力）推进形成优化开发区、重点开发区、限制开发区和禁止开发区四大主体功能区，促进区域协调发展。主体功能区是在"三大地带、四大版块"基础上区域规划理论的突破和创新，标志我国从单一考虑经济功能向多种区域功能过渡，是实现可持续发展、优化空间开发结构、规范空间开发秩序的一项根本性制度建设。但主体功能区的划分在具体操作中仍然存在很多争议，需要在实践中解决。经济区理论和实践则提供了一条可供探索的途径。主体功能区是对经济功能区的发展和完善，对发展经济区增加了资源环境承载能力和开发适宜度的考察维度。经济区就是在优化开发区、重点开发区乃至部分限制开发区内，以市场为基础、企业主导、政府引导、多方参与而开发形成的经济功能区集合。经济区与主体功能区是相互联系、相互依存、相互包含的，经济区的规划开发也必须按照主体功能区的要求进行，充分考虑区内不同区块的环境承载能力和开发适宜度，在江河湖海和森林草原等生态脆弱区限制开发或禁止开发，必要时须按照循环经济的生态治理理念进行保护性开发。正在规划建设的黄河三角洲高效生态经济区和正在推动的鄱阳湖生态经济区，就是贯彻主体功能区规划目标进行的分类开发尝试，从而实现经济效益、社会效益和生态效益的良性统一。

第三节　国内外经济区相关理论研究进展

一　国内关于经济区的研究动态

经济区的研究动态与区域经济学的研究进展息息相关。我国对区域经济学的研究起步较晚，计划经济时期的区域经济学主要研究区域规划、区域生产力的平衡布局等问题。改革开放以来，地方经济自主性不断加强，经济发展的区域性特征逐步明显，人们开始从区域经济发展战略、区域经济的平衡开发、园区经济等方面来研究区域经济问题。这大致可分为三类：一是经济地理类的研究，主要进行区域规划和生产力布局研究，注重综合与分异，实践性很强，以中国科学院地理科学与资源研究所陆大道和中国社会科学院陈栋生为代表，以

---

① 摘引自"互动百科网"中的"中观经济"词条内容．www. hudong. com

中国区域经济学会为平台。二是经济学出身的研究者，主要进行区域经济学的理论、方法和政策研究，侧重翻译外国著作、编著学科教材，以中国人民大学的陈秀山和南开大学的郝寿义、安虎森为代表，以中国区域经济学科建设年会为平台。三是介于中间的由地理出身而后来以数理为研究手段的研究者，注重对西方区域经济学的主流理论进行借鉴和研究，以北京大学的杨开忠、中国社会科学院的魏后凯为代表，以中国区域科学协会为平台。

上述三类区域经济学的研究著述对经济区都有所涉及，并形成了内容侧重点不同、研究方法相异的经济区理论。国内真正意义上的经济区概念是 20 世纪 80 年代初首先从政策应用层面提出来的，它虽然是个特定的崭新概念，但并没有多少人意识到它与经济区域概念有什么不同，也几乎无人从理论上严格区分两者的异同并深入探讨两者的关系。因此，经济区被视为经济区域的简称相互通用。由于经济区域问题从 20 世纪五六十年代的经济协作区等大区划分就已众所皆知，而且 1985 年中央从宏观经济格局的高度提出东部、中部、西部三大地带的说法，学术界普遍把研究焦点放在了经济区域划分上，对经济区的一般理论探讨屈指可数。

（一）关于经济区的一般理论探讨

早在 1984 年初陆俊华向中国系统工程学会第二届年会提交了论文《我国城市经济区的系统研究》。[①] 文章提出城市经济区是在社会劳动地域分工不断发展变化的基础上，城市群或城市体系初具规模的条件下形成的，存在着一个自然区域上相关联的、由历史形成的、与若干中心城市和广大农村紧密相连的经济网络。城市经济区是一个多级、多层、多段的特大系统，呈现多重状态空间的递阶结构。文章还从系统理论出发，探讨了城市经济区的开放性、经济网络组建、系统结构构建、促进要素流动、形成科学联系等问题。文章所提的观点是超前性的，对当前经济区的建设和发展仍具有一定的指导意义。

1984 年刘佑成在《关于经济区的几个理论问题》一文中提出，经济区是一个经济整体，但它不是"大而全"的封闭体，而是具有一定专业化方向的开放型经济综合体，这一定的专业化方向具体表现为经济区的主导部门的发展，这实际上是条条管理的空间化。同时，经济区又是一个区域经济综合体，可以对本区内的各部门、各企业统一进行管理和组织，形成经济群体，加强经济区的内聚力，提高聚集经济效益。总之，经济区对外具有"条条"的职能，对内保留着"块块"的职能，可以把条块有机地结合起来。

1988 年丁任重的专著《经济区的理论与实践》，首次系统论述了经济区的结

---

① 陆俊华 . 2008. 产业经济相关问题研究 . 北京：中国财政经济出版社 . 9～18

构、功能、层次、类型、构成要素、区划原则、发展战略等问题，提出经济区具有协调区内各组成部分共生互补并呈现整体效应的内聚功能，以及在地域分工基础上与其他地区进行协作交往的扩散功能，同时作为宏观经济和微观经济结合部的中观经济，具有承上启下、沟通协调的中枢功能。他还提出了产业部门分成主导层、相关层、基础层"三层式"经济区结构模式的理论。

1991年顾朝林的专著《城市经济区理论与应用》[①]，论述了城市经济区的概念、构成要素、运行机制，城市经济影响区界确定，中心城市实力指数综合评价方法等。顾朝林提出，区域经济是以中心城市为轴心辐射并带动周边地区共同发展的。城市经济区具有客观存在、镶嵌结构、开放系统和稳中有变四个基本属性，包括中心城市、城镇网络、联系通道、空间梯度和经济腹地等构成要素，由国家九大城市经济区、二级城市经济区和三级城镇群结合构成多层次的区域经济体系。其实，这里所谓的"城市经济区"就是经济区的概念，作者应该是认识到了经济区与经济区域的区别并有意予以区分的。

由谢文蕙、邓卫所著于1996年出版并于2007年修订的《城市经济学》，较为全面地阐述了经济区形成的地域分工和比较成本理论依据，由经济中心、地域范围和经济网络等组成的基本结构与运行机制，以及经济区的划分原则与组织布局等。书中指出，经济区是商品经济发展到一定阶段以后自然形成的，是与行政区性质迥然相异的概念，具有地域上的客观性、经济上的协作性、组织上的系统性等特征，可以大体分为省际经济区、跨省经济区、省内经济区、沿交通干线组成的经济协作区等类型。

2007年廖元和在其论文《经济区与区域经济成长阶段论》[②] 中指出，经济区是按照市场经济规律自发形成的有着内在紧密联系和分工的区域，它并不是从来就有的，而是区域经济的市场化程度发展到一定阶段的产物。区域经济的成长分为经济区的萌芽、增长核的形成、成型和成熟四个阶段。目前，除长三角经济区和珠三角经济区已经成型外，中国内地广大地区的区域经济基本处于第二阶段。我国应根据区域经济成长的阶段来确定和划分经济区并制定相应的区域经济政策。

近年来，受新经济地理和空间经济学研究热潮的影响，从空间结构角度研究个案经济区的城市体系结构问题日趋活跃。孙继琼、张协奎、石正方、张虎、王良健等根据分形理论或引力模型，分别对成渝经济区、北部湾经济区、海峡西岸经济区、淮海经济区、长株潭城市群等城市体系结构进行了实证性分析，提出了优化城市体系空间结构的建议。2008年，朱舜、高丽娜等根据区域经济

---

① 顾朝林.1991.城市经济区理论与应用.长春：吉林科学技术出版社
② 廖元和.2008.经济区与区域经济成长阶段论.载：罗布江村，陈达云，陈栋生.区域发展创新论.北京：经济科学出版社.129

空间结构演化理论完成的《泛长三角经济区空间结构研究》，揭示了泛长三角经济区"一极两带"的形成机制，对泛长三角经济区空间结构优化及其一体化运行机制进行了创新性研究，具有研究范式上的突破性。[①]

（二）关于经济区划分的应用性研究

20世纪80年代以前，对经济区划的研究以孙敬之先生的《论经济区划》为代表，孙先生对经济区划的意义、原则进行了探讨，并把全国划分为东北区、华北区、华东区等十大经济区。[②] 该方案是新中国较早的较为系统和具体的经济区划方案。总体来看，1949～1980年，中国经济区研究在理论和实践两方面均有发展，但也存在一些不足，受苏联经济区划的影响较深。

自改革开放以来，关于经济区划，理论界形成了两大派别——地理学派和经济学派。地理学派依据劳动地域分工理论，借鉴苏联划分不同类型经济区的经验，提出经济区有确定的边界，强调按照自然条件的相似性和行政单元的完整性进行经济区划，阐述经济区是有着内在经济联系的生产地域综合体的概念。20世纪80年代初的中国经济地理将中国的经济区划分为东北区、华北区、华东区、中南区、西南区和西北区等六大经济区就是这一理论的集中表现，突出了省级行政单元在经济区的地位与作用。

随着中国经济体制从计划经济向市场经济改革转变，以蒋一苇、林凌为代表的经济学家于1983年提出了"中心城市论"，提出了以中心城市为核心建设经济区的构想，认为经济区是中心城市的经济辐射和集聚的结果，中心城市的辐射力和集聚力在不断变化，因而经济区的边界也在不断变化，没有固定的边界，经济区的范围是可以相互重叠、交叉的。这一观点虽然对打破计划经济体制下的区域分割、发挥中心城市的作用有积极意义，但由于它认为没有固定边界，实践中很难在确定的空间内进行产业和国土规划。

自20世纪80年代中期以来，中国的区域经济学家们相继对全国的一级综合经济区提出了众多的区划方案，作出了开拓性的创新研究。代表性的经济区划先后有刘再兴、陈栋生、杨树珍、顾朝林、杨吾扬、胡序威等和"九五计划"提出的方案，基本上把全国划分为六至十大经济区（实际上大部分与经济区域混合）。与改革开放前的区划方案有所不同的是：一是研究者不再坚持经济区是"具有全国规模专门化的生产地域综合体"，已经认为经济区是在地域差异和地域联系的基础上形成的经济活动的地域单元，开始融入一些西方经济区划的理论；二是经济区划的原则和形式趋于多样化。过去公认的"地区专门化与综合

---

① 朱舜，高丽娜等．2007．泛长三角经济区空间结构研究．成都：西南财经大学出版社
② 孙敬之．1955．论经济区划．教学与研究，（11）：12～17

发展相结合"、"经济中心和吸引范围相结合"、"经济现状和远景发展相结合"、"经济区划与行政区划相结合"等区划原则逐渐被突破，经济内在联系、基础设施建设、开放口岸作用、省区经济协作和市场经济规律等都成为经济区划的重要依据。[①] 省区界线被打破，重叠型、非全覆盖的经济区开始出现。

目前，独树一帜的划分方案系李忠民、张子珍于 2007 年提出的以资源禀赋理论和区位理论为基础，按照同质性与聚集性原则相结合的区域划分方法。[②] 其将全国划分为以亚欧大陆桥中国经济区为躯干，以大东北经济区、环渤海经济区分别为右前翅和右后翅，以泛珠三角经济区、泛长三角经济区分别为左前翅和左后翅，呈"蝴蝶"形状的经济区域划分模型。其中，泛长三角经济区又细化为长三角经济区（含上海、江苏、安徽和浙江）、中部经济区（含湖北、湖南和江西）、闽台经济区。这是学术界首次提出的五分法观点。

可以说，改革开放以来中国的经济区划进入了一个百家争鸣、百花齐放的时期。这种局面的形成，一方面得益于中国区域经济的繁荣发展和学术界对经济区的关注，另一方面也源于"经济区"与"经济区域"两者概念上的混淆及由此导致的经济区一般理论探讨的严重欠缺。特别是，随着近些年来长三角、珠三角、环渤海、海峡西岸和成渝等现实经济区的迅猛发展和综合配套改革试验，经济区的建设发展问题日益引起社会关注，经济区一般理论的研究滞后问题亟待解决。

二 国外与经济区相关理论的研究进展

近年来，国外区域经济学研究成果丰硕，在传统区域分析的基本单元基础上，将市场区位、城市区域、园区经济纳入区域分析的范畴，大大扩展了区域经济研究的要素构成，特别是将空间均衡分析纳入区域分析之中，使区域经济学研究的数理方法日益先进，在研究内容方面形成了产业集群、区域创新、空间集聚等研究热点，在空间经济系统的结构及演化方面取得了巨大进展。以克鲁格曼、藤田等为代表的新经济地理学派，在收益递增、不完全竞争和运输成本"冰山"理论基础上研究地理集聚和经济增长问题，所取得的研究成果令世人瞩目。

尽管国外区域经济学研究取得很大进展，欧洲经济区也是迄今为止全球最为成熟的跨国界经济区，但理论上对经济区的研究却相当薄弱。德国学者廖什于 1940 年最早提出了经济区的概念，但此后西方学者很少以"经济区"作为研

---

① 张莉. 2001. 中国经济区研究述评. 地理学与国土研究，17（2）：43

② 李忠民，张子珍. 2007. 全球经济失衡下的中国经济区域重构. 山西财经大学学报，（5）：38～43

究对象，其原因可能正如保罗·克鲁格曼所认为的，"主流经济学之所以对空间问题置之不理，并不是因为区位问题在我们的生活中不重要；相反，它很重要，只是因为经济学家们没有掌握必要的研究工具"①。即便如此，与经济区相关的区位理论虽不占主流却拥有长久的历史，自 20 世纪 70 年代以来对"新产业区"的关注激起了对产业集聚理论的研究热潮；近年来，经济活动的空间区位对经济发展和国际经济关系的重要作用在国际学术界异乎寻常地引起人们的高度重视，成为当代经济学的研究热点和焦点。

（一）区位理论

"区位"一般指企业或厂商从事生产经营活动的地理位置。区位理论（location theory）的核心问题是企业的最优区位基于什么原则和因素来确定。西方区位理论主要由经济学家杜能奠基，经过韦伯较为系统的研究，形成最小成本决定的区位理论；其后，克里斯塔勒和廖什等创立发展了以取得最大限度利润为原则、以市场为中心的区位理论。区位理论从 19 世纪初到 20 世纪上半期逐步形成完整体系。

一是德国学者冯·杜能为研究农业经营模式和产业化问题，于 1826 年撰写了巨著《孤立国同农业和国民经济的关系》（简称《孤立国》），提出了"农业区位论"——农业生产布局围绕消费中心形成一系列向外扩展的圈层。杜能最早注意到运费因素，他提出距离以城市为代表的消费市场的远近，对农作物的布局有重大影响。

二是近代工业区位理论的奠基人德国经济学家韦伯在《论工业区位》（1909年）中提出了"工业区位论"——运用运费差异和原材料失重特性两个指标，论证了不同类型企业选择的最优区位。韦伯继承了杜能的思想，认为运输费用决定着工业区位的基本方向，并进一步提出运费是重量与运距的函数。韦伯在运费之外还增加了劳动费用和集聚因素作为对工业区位选择的"两次修正"，把运费、劳动费用和集聚效益三个因素综合决定的最小生产成本作为企业最优区位选择的标准。

三是克里斯塔勒在《德国南部的中心地》（1932 年）中提出了"城市区位论"——基于厂商需要考虑商品需求界限和市场范围的定位原则，就会形成商品市场的地理分布范围，形成若干大小不同的"中心地"即城市，并且将城市的规模与等级的关系概括为正六边形模型，提出了中心地系统与服务业最优布局模式。克里斯塔勒首创了以城市聚落为中心进行市场面与网络分析的理论，

---

① 藤田昌久，保罗·克鲁格曼，安东尼·J. 维纳布尔斯. 2005. 空间经济学——城市、区域与国际贸易. 梁琦主译. 北京：中国人民大学出版社. 5

因而受到理论界的重视。中心地理论被认为是一个静态的新古典构架。

四是德国学者廖什在《区位经济学》（1940年）一书中，以最概括性的描述将一般均衡理论应用于空间，提出了"市场区位论"——把工业区位和市场范围结合起来，研究市场规模和市场需求结构对区位选择和产业配置的影响，探讨工业及其市场区最优分布问题。廖什从利润最大原则出发分析区位问题，不仅使区位分析由生产扩展到市场，而且开始从以单个厂商为主体扩展到整个产业。这一理论通过对市场-价格的分析，揭示出影响区位选择的决定性因素是利润最大化，使区位论从微观化走向宏观化。

艾萨德（W. Isard）的 *Location and pace—Economy*（1956年）一书，将杜能、韦伯、克里斯塔勒、廖什等人的模型整合为一个统一的易驾驭的框架，开创性地把区位问题重新表述为一个标准的替代问题：与厂商作出其他任何成本最小化或利润最大化的决策一样，区位选择可以被看做是在权衡运输成本与生产成本。合理的区位选择和产业配置必然受多种要素的影响，必须对多种要素特别是成本-市场要素进行综合分析，进而发展成为综合的整体性的区位理论-空间结构理论，把地域空间变量纳入主流经济学研究视野。但他的空间模型没有考虑规模经济和不完全竞争，他也没有对此进行深入研究，而是开创了一个折中的应用领域——区域科学。艾萨德定义区域科学为研究"确定可在某一区域有效地从事生产并获取利润的单个或集团产业；改善区域内居民的福利；如何提高区域内人均收入水平，改善收入分配，更有效地衡量收入等；区域内产业的集聚和分散，获得区域内资源的最有效的利用"。

到了20世纪60年代，消费者区位问题的系统研究奠定了现代区位理论的基础。在与传统学科的融合上，区位论与国际贸易理论的互补发展是一个典型的成功案例。美国经济学家保罗·克鲁格曼利用区位论与区位均衡的思想，革新了传统的国际贸易理论。1991年和1995年，麻省理工学院连续出版了他的新著《地理和贸易》、《发展、地理和经济理论》。克鲁格曼定义的经济地理，是指"生产的空间区位"，主要研究经济活动发生在何处且为什么发生在此处。他的中心-外围区域模型（core-periphery model）把国际贸易理论从完全竞争的理想结构推向不完全竞争的现实格局之中。克鲁格曼引导了经济地理学和空间经济学的复兴，经济活动的空间区位对经济发展和国际经济关系的重要作用重新引起了人们的高度重视。

（二）产业集群理论

产业集群理论随经济增长理论、创新理论、社会经济学理论等的发展而不断完善，经历了从产业集聚理论、新竞争经济理论到新产业区理论的演进过程。

英国经济学家马歇尔被公认为是产业集群研究的先驱，他早在19世纪末就提出了以外部经济与规模经济为聚集动因的企业集群理论。在其划时代巨著《经济学原理》中，他将相关部门的企业在特定地区形成的集群称为"产业区"，并首次提出"外部经济"（eternal economies）概念，认为外部经济"往往能因许多性质相似的小型企业集中在特定的地方而获得"。这种外部经济主要体现在三个方面：一是高度专业化的地方性劳动力市场；二是大量廉价而又容易获得的专业生产的中间产品；三是相关产业产品的聚集导致技术和信息获取的便利性。马歇尔的外部经济理论通常被认为是分析产业集群发展内在机制的理论，注重从生产要素获取的角度解释产业集聚的原因。

1909 年韦伯的《工业区位论》标志着集聚经济理论的创立。韦伯把影响工业区位的因素分为区域因素和集聚因素。他把集聚分为两个阶段：第一阶段是企业自身规模的扩大而产生集聚优势；第二阶段是各个企业通过相互联系的组织而集中形成高级集聚阶段，这就是所谓的企业集群。韦伯从微观企业的区位选择角度出发，阐明了企业集聚的收益与成本的对比。韦伯集聚理论的缺陷是仅从运输成本和工资成本方面考察企业区位的选择问题，社会因素和需求因素没有被纳入研究视野。

克鲁格曼是新经济地理学的创立者之一，创造性地构建起了经济地理的产业集群新理论框架。该理论的核心假定是报酬递增，以垄断竞争分析框架为基础，加入空间因素，建立了描述产业聚集的"中心-外围"模型。在该模型中，处于中心或核心的是制造业地区，外围是农业地区，这种模型的形成及其效率取决于运输成本、规模经济和制造业的聚集程度。较大的制造业份额意味着较大的前向关联和后向关联（关联效应产生的是金融外部性，即由经济活动主体间通过市场网络和价格体系产生的相互间积极的影响；而由经济活动主体间交往中产生的知识、技术、经验溢出为技术外部性），它们是最大的集聚力，并强调历史偶然事件及其规模收益递增在产业集聚中的重要作用。

战略管理学家波特的著作《国家竞争优势》推广了产业集群概念，他认为产业集群是区域经济的一个显著特征。他提出，由生产要素条件、需求条件、相关支撑产业及企业结构、战略与竞争四要素，加上政府与机遇的影响形成的菱形构架系统——"钻石模型"基本决定了一个国家或区域的产业竞争优势。波特认为，产业的发展要依靠在国内几个区域内形成有竞争力的产业集群。若能在特定的地域达成钻石模型所提及的多数条件，具有竞争力的产业及企业将在该地域构成水平或垂直型的竞合关系，进而形成集群。

自 20 世纪 70 年代以来，对"新产业区"的研究逐渐成为产业集群研究的一个重要前沿。新产业区除了具有共享基础设施、降低空间成本和生产成本、技术溢出、信息共享等传统意义上的好处外，更强调是因企业聚集而形成的一种共同体组织，是全部或部分生产系统在地理上的聚集和柔性专业化，是"孕育创新过程的区域组织"，是本地化的一种网络结构。1984 年，意大利经济学家皮埃尔（Piore）和赛博（Sabel）认为，"第三意大利"[①] 地区及欧美其他国家的新产业区是西方发达国家的制造业由"大规模生产"时代进入到"柔性专业化"（弹性专精）时代的产物。美国经济学家艾伦·斯科特沿袭了"柔性专业化"导致劳动社会分工加强的观点，并运用交易费用分析方法，以"新产业空间理论"解释产业集群的形成机理，认为产业集群是企业垂直分离的空间经济结果。[②] 此后，创新理论、发展经济理论及创新地理学的发展，进一步推动了产业集群研究的深入，它们更关注地方制度等"区域创新环境"。

（三）城市化的空间理论

城市化的空间理论主要是基于不同规模的城市之间、城市与其所处区域之间（主要是城乡之间）的视角来研究城市化现象。在关于空间理论的诸多论述中，非均衡发展模式逐渐被大多数人所接受，并被许多国家和地区应用到经济社会发展战略实践中。

最为典型的莫如法国经济学家 E. 佩鲁和布代维尔提出的"增长极理论"。1955 年，佩鲁在《增长极概念的解释》一文中正式提出"增长极"（growth pole）的概念；1966 年，布代维尔重新界定了经济空间的概念，拓展了佩鲁的增长极理论。其认为：经济增长并非同时出现在所有地方，它以不同的强度首先出现在一些"增长极"上。先是由具有创新能力的企业形成增长极，在其特定产业处于支配地位，并在其"经济聚集效应"的作用下，吸引更多的相关企业汇聚在一起，构筑主导型的产业群；逐渐完善的产业群所在的城市则进一步发展成为更为宏观意义上的区域性增长极，并通过其吸引功能促进自身不断成长，同时借助其扩散效应带动其腹地的发展。

瑞典经济学家缪尔达尔和美国发展经济学家赫希曼则分别于《经济理论和不发达地区》（1957 年）和《经济发展战略》（1958 年）的专著中，创设了内容大致相当的"扩散效应"、"回流效应"和"极化效应"、"涓流效应"，用以解释区域之间尤其是城乡之间的发展不平衡现象。所谓"回流效应"或"极化效应"，是指某些地区的经济发展会引起另一些地区的经济衰落；"扩散效应"或"涓流效应"，是说某些地区的经济发展后，会逐渐形成经济中心，同此促进该地区及周围地区的经济发展。后来的研究者以实证方式论证了在工业化初期，

---

①　"第三意大利"现象由意大利学者 Bagnasco 在 1977 年出版的《意大利》一书中提出。意大利西北部地区由都灵、米兰、热那亚等组成的"金三角"工业基础最好，被称为"第一意大利"；南部地区是以农业为主的欠发达地区，被称为"第二意大利"；东北部和中部地区起初也是欠发达的农业区域，但 20 世纪 70 年代以来，该地区发展速度惊人，被称为"第三意大利"

②　宁越敏. 1995. 从劳动分工到城市形态——评艾伦·斯科特的区位论. 城市问题，（2）：18～21

"回流效应"或"极化效应"对区域负作用会逐渐增大而产生发展失衡，导致地区间差异扩大，出现两极化境地。而后，随着区域的综合协调发展，"回流效应"或"极化效应"的影响强度不断减弱，增长极逐渐为整个区域所兼容，"扩散效应"或"涓流效应"开始显性化，最终使区域经济发展达成均衡，整个经济发展过程呈现出倒"U"形趋势。

在此基础上，美国城市规划学家约翰·弗里德曼在 1966 年出版的《区域发展政策——委内瑞拉案例研究》一书中进一步提出了"中心-边缘理论"，并于次年发表《极化发展的一般理论》进行了完善。他指出：在整个空间经济结构中，城市是核心地区，处于支配地位，聚集了资本、知识、信息等各种要素，而小城镇和乡村等边缘地区则不断地输出了各种资源，逐渐走向衰退或相对停滞状态，形成明显的"马太效应"；但是，当工业化发展到一定阶段日趋成熟时，上述过程会出现逆转，即由处于中心地位的城市向边缘地带扩散，从而逐步达到平衡发展，实现区域经济一体化。

1999 年，藤田昌久、保罗·克鲁格曼、安东尼·J. 维纳伯尔斯合作出版《空间经济学：城市、区域与国际贸易》一书。书中构建了描述城市产生及城市层级体系演化机制的"城市模型"。该模型以冯·杜能的"孤立国"为起点，定义城市为制造业的集聚地，四周被农业腹地包围；然后逐渐增加经济的人口，由于聚集力与分散力的力量对比，农业腹地的边缘与中心的距离逐渐增加，当达到一定程度时，某些制造业会向城市外迁移，导致新城市的形成。人口的进一步增长又会生成更多的城市，然后继续向下发展。一旦城市的数量足够多，城市的规模和城市间的距离在离心力和向心力的相对强度下将在某一固定水平上稳定下来。如果经济中有大量规模各异和运输成本不同的行业，经济将形成层级结构。这种城市结构的未来趋势取决于"市场潜力"。市场潜力决定经济活动的区位，而区位的变化进而重新描绘了市场潜力。但一旦中心形成，它通过自我强化不断发展形成扩大规模，集聚的自我维持优势比起初的区位优势具有更重要的影响力，这就是空间经济的自组织作用。

城市化的空间理论关于"增长极"和相关效应及模型的描述，为区域经济发展的科学规划提供了有益启示：通过构建产业群、城市圈、经济带等经济区途径，集中优势资源实现产业升级和结构优化，进而借助其扩散效应实现以点带面，带动周边区域协调共同发展。这已经成为许多发展中国家空间规划理论和实践的主导思想。

在上述国内外学者已有的研究成果基础上，本书结合中国经济区的丰富实践，以经济区的动态发展演化为主线，借鉴产业集群理论和空间经济学的最新成果，围绕回答"经济区是什么"、"经济区是怎么形成和演化的"、"怎么样才能推动经济区持续发展"、"如何推动行政区经济向经济区经济转变"等问题来展开研究，目的在于揭示经济区的内在成长演化规律，并探讨基于推进空间结构优化的经济区发展路径，探索区域合作协调机制创新，形成解释和指导经济区发展改革实践的新的理论框架。研究的具体思路和结构安排如图 1.1 所示。

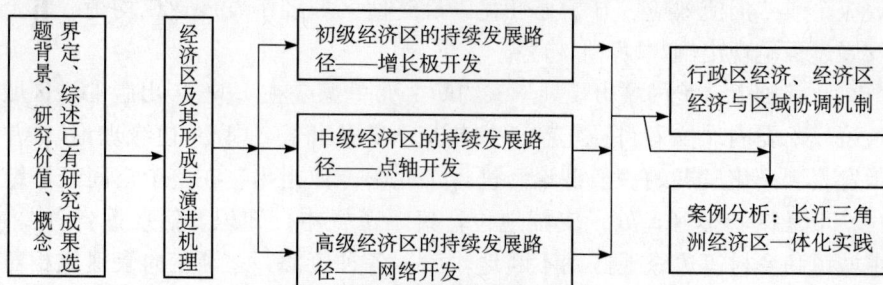

图 1.1 研究思路和结构安排

经济区及其形成与演进机理

第二章

经济区是在市场经济主导和政府政策引导共同推动下形成的一种地域经济集聚体，是以专业化地区经济为基础、以中心城市为核心、以经济网络为纽带、以经济腹地为依托，具有一定结构的空间经济组织。从市场主导角度看，经济区也是一个具有内在演化动力的空间经济自组织系统。经济区的形成演化是从初期的增长点、增长极到城镇密集带、城市经济中心、中心城市集合，最终通过区域要素整合达到区域经济一体化，形成产业密集带、人口密集带和城镇密集带的过程。

第一节　经济区的形成过程与结构类型

一　经济区形成的影响因素

经济区是由经济中心、经济腹地和联系网络构成的地域经济综合体。经济区的形成发展是在商品经济发展到一定阶段，由地理环境、自然资源、产业结构、经济布局等多因素相互影响、综合作用的结果。经济区的出现已有半个多世纪的历史。1957 年 3 月，法国、意大利以及其后的英国等 12 个国家共同组成了以国家为单位的区域联盟——"欧洲经济共同体"，成为欧洲经济区的雏形。我国明清时代，由于商品经济的发展，地区产业差异日益明显，形成了所谓的"江南地区"，开始了长三角经济区的萌芽，范围大致界定为苏、松、常、镇、宁、杭、嘉、湖、太共八府一州。①

经济区的形成受地理环境、自然资源、历史渊源、人口人文、交通运输、经贸联系等多种因素的影响，这些因素相互作用、相互促进，推动了经济区的形成。要素禀赋的不同使不同地方的资源存在差异，而资源的地区差异是引致一个地区社会劳动地域分工的要因，各地方资源的丰度、质量、结构、蕴藏条件以及开发利用程度不尽相同，使这些地方有可能联合起来进行资源互补的整合开发利用，提高使用效率，这是形成经济区的基本前提。而距离市场的远近、

---

① 李伯重 . 1991. 简论"江南地区"的界定 . 中国社会经济史研究，(1)：100

人口规模、交通运输成本、资本赢利多寡等因素是影响经济区形成的区位选择因素。从微观层面来看，企业组织规模扩张、活动地域拓展以及多企业的空间聚集等一系列扩张行为作为基础力量，从根本上推动了经济区的形成和发展。这一过程大致可分为企业的有机组合、企业（产业）群的空间极化和企业要素的空间扩散三个环节。[①]

从经济学理论层面讲，经济区的出现是基于区位因素的地域分工和比较优势效应共同作用的结果。由于商品经济的发展，各个国家和地区根据自身自然资源和经济资源分布状况，形成某一类或几类产业群，确立本地主导产业和支柱产业，这种建立在社会化大生产基础之上的地域分工是经济区形成的重要前提。而比较成本的存在是不同地区依据自身资源特点和比较优势形成主导产业和支柱产业的内在动力，是促使地域分工发展的另一个重要原因。当区域经济的发展达到一定层次和规模时，它的发展壮大往往受到政府的重视，并通过区域规划和区域政策等来规范引导经济区发展，这也成为经济区发展的重要推动力量。

二 经济区的形成过程

经济区的形成和发展是一个漫长而复杂的社会经济现象，遵循区域经济不平衡发展规律，受到农业的先导传动、工业化的中坚推动和第三产业的后续拉动三大力量的作用，并表现为阶段性的城市化进程，其实质就是区域经济由点状、条带到域面的一体化连续动态过程，最终形成具有"中心-外围"结构的经济区。

经济区形成之前的区域是农业活动主导的均质社会，整个区域内的商品经济还处于萌芽时期，产业结构基本是以农业和手工业为主，区域内人口的分布取决于农业生产活动的分布，而且交通、通信设施落后，各地之间的相互交换和联系很少，基本上处于相互隔离的封闭状态，现代意义上的区域经济中心还没有形成。在经济成长初期，在那些农业分工完善、农村经济发达的地区商品经济逐渐兴起，少数原先的农村居民点由于交通区位、资源分布或历史原因而成为人口聚集中心，并逐步发展为城市。但是，尽管区域内形成了一些中心城市，但其功能主要还是行政中心，其经济功能主要是为行政中心服务的交通和商贸业，区域内部缺少紧密联系和专业化分工，"城市之间的广大腹地仍是不相联系的，城市之间在性质及规模方面也不存在等级和从属关系"[②]。

---

① 王德忠 . 1999. 经济区形成发展的微观机制分析 . 上海经济研究，(8)：8～12

② 高国力 . 2008. 区域经济不平衡发展论 . 北京：经济科学出版社 . 115

随着工业化进程的加快，地区间的交流和联系日趋活跃，人力、资本必然向这些发展条件比较好的一个或几个城市聚集，手工业、矿业及初具规模的原材料加工业和制造业开始逐步建立起来，从而形成增长中心或增长点。在这一自然形成的过程中，政府也通常在某些矿物资源产地、交通要道、通航河流干支流交汇点或河口、沿海港口、某些物资集散地等区位条件较好的地方，选择发展潜力较大的城镇进行重点开发，使之构成区域的增长极，带动周围地区发展。在城市增长极内，由于某些经济部门具有很强的联动效应，其发展带动与之相关的前向、后向和旁侧部门的发展，形成不断延伸的产业链，围绕主导部门，依托中心城市沿着江河湖海和陆路交通干线在空间上延伸，聚集新的增长极或增长点，使之逐步形成人口和城镇密集带的空间区域，构成了核心与外围紧密联系的经济综合体，现代意义上的经济区初步形成。

总之，经济区的形成发展过程，也就是人口、资源、产业等经济活动在空间范围内的聚集-扩散过程，它在空间上表现为"均质分布—集聚与分散相交叉—空间均衡"的一个动态过程，也是作为整体的生产者对市场区范围的占有和扩张过程。根据德国著名经济地理学家克里斯塔勒提出的中心地理论[1]，当达到空间均衡状态时，各生产者的市场范围形状为正六边形。这些大小不同的正六边形重叠起来，就形成一个经济区的中心地体系空间结构（图2.1）。

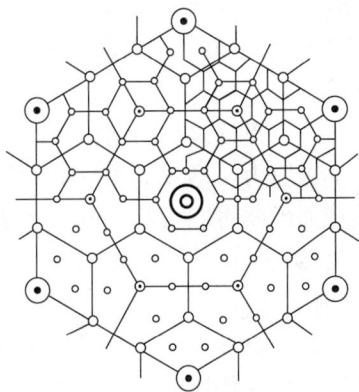

图 2.1　克里斯塔勒的中心地体系

三　经济区的空间结构

稳定的空间结构是经济区形成的一个重要标志，是生产力诸要素及各种经济活动在区域空间中形成的相对位置、空间分布和空间组合形式。空间结构是"社会经济客体在空间中的相互作用和相互联系，以及反映这种关系的客体和现象的空间集聚规模和集聚形态"[2]。空间结构理论是在区位论基础上产生的，可视为动态的、总体的区位论，但并不是寻求单个经济活动和经济现象的最佳区位，而是要揭示处于一定范围内的所有社会经济客体整体的空间分布规律。

经济区空间结构由点、线、网络和域面四个基本要素构成。点是指区域经

---

①　高国力.2008.区域经济不平衡发展论.北京：经济科学出版社.117
②　陆大道.1995.区域发展及其空间结构.北京：科学出版社.19

济活动在地理空间上集聚而形成的点状分布状态。集中的不同程度，使以城镇为代表的点具有不同的规模、功能和等级。点之间的交通线、能源线、通信线、给排水线等连线，即构成区域经济活动在地理空间上所呈现的线状分布状态。由于线的数量、密度、质量和重要程度等组成要素的不同，也有不同的等级之分。相关的点和线相互联结则形成网络，能产生单个点或线不能完成的功能，使区域经济发展中的人流、商品流、信息流和资金流等成为可能。由单一点与线组成的网络称为单一性网络；由不同性质的点与线组成的网络称为综合性网络。域面是区域空间结构三大要素的基础，又是节点和网络以及它们的作用和影响在地表上的扩展。在实际中，一般把区域中心城镇和交通网络之外的广大农村地区称为域面。区域空间结构实际上就是由以上点、线、网络和域面相互结合构成的，"具体表现为节点相互依存，域面协调发展，通道配套运行，各种空间经济实体的联系交错密集，呈现网络化系统"①。由点、线、面及网络之间的不同组合形成多样化的空间结构模式和类型，归纳起来主要有如下三种：

一是极核式空间结构。此即节点对周边地区的资金、技术、劳动力产生很大的吸引力，形成了类似于"中心-外围"的一种圈层体系，外围会随着中心的发展而不断将能量复合到中心去，使中心更加发展壮大。这样，在经济区空间内就形成了由处于支配地位的核心和受核心支配的外围区所组成的地域空间二元结构。

二是点轴式空间结构。随着极核与周围点的社会联系越来越密切，为了实现它们的互补性，就建立起相互连接的各种交通线路和通信、动力供给线，也改善了沿线地区的区位条件。这些轴线上的点因发展条件的改善而经济迅速起飞，极核与轴线上的点的规模不断增大，轴线的规模也在扩大，它们又会推动对外经济的发展和扩散，在新的地区与新的点之间再现上述点轴形成的过程。这种类型包括以城市等级规模体系为基础的城市—城乡边缘区—乡村的三元结构，以及港口与内陆中心城市并存的双核结构。

三是网络式空间结构。在轴线上不同等级的点之间联系不断加强，相应地，在点与点之间就会建设多路径的联系通道，形成纵横交错的交通、通信、动力供给网络。网络沟通了各地区的联系，在整个经济区内传输各种资源和要素，依托网络空间结构，可以充分利用各种经济社会联系把经济区内部各种分散的资源、要素、企业、经济部门，组合成一个具有不同层次、功能各异、分工合作的区域经济组织系统。

---

① 曾菊新 . 1996. 空间经济：系统与结构 . 武汉：武汉出版社 . 131

四 经济区的主要类型

世界经济是丰富多彩的，在全球广袤的土地上，包括我国辽阔的国土上，区域特色明显，城市星罗棋布，它们彼此联系与结合，形成了众多富有特色和优势的经济区。从目的和依据角度，传统上可将经济区划分为综合经济区、部门经济区及经济类型区等类别。

综合经济区就是极化经济区，按主导属性可分为城市经济区、流域经济区、行政经济区、生态经济区等，强调经济体系的相对完整性和较强的经济空间组织功能。部门经济区，即把各地区最适宜发展的生产部门和各个生产部门最适宜发展的地区相结合，在全国形成的不同生产部门分布区，如工业区、农业区、能源区、商业区以及自由港、自由贸易区和出口加工区等同质型经济区，强调某个经济部门的相关组织在一定地理空间范围的集聚性。经济类型区，即具有相似区域经济发展特征或特定社会经济发展任务的区域，强调内部经济活动特征相似性及与区外的差异性，如经济发达区、欠发达区、贫困区等。国际上的专属经济区也属此类。专属经济区是指从测算一国领海基线量起200海里，在领海之外并邻接领海的一个区域。这一区域内沿海国对其自然资源享有主权权利和其他管辖权，而其他国家享有航行、飞越自由等。专属经济区不是固有的，一国的专属经济区需要国家正式宣布。

从严格意义上讲，作为空间经济组织的经济区是指综合经济区，部门经济区是作为综合经济区组成部分的经济功能区，经济类型区则是通常所指的同质型经济区域。我国经济区的形成和发展具有自身的鲜明特点，是在改革开放和经济体制转轨大背景下，由生产要素在市场机制主导下向一定区域单元自然聚集再加上地方政府大力推动形成的。根据经济区等级规模和现实区域特点，目前经济区大致可分为以下几类。

一是国际自由经济区。这是指由相邻的几个国家或地区组成的综合性自由贸易区，反映的是国际区域经济合作和次区域经济合作机制，如我国以长吉图为开发开放先导区的图们江经济区，就是由联合国开发计划署倡导，中国、俄罗斯、朝鲜、韩国、蒙古五国合作开发的自由经济区；又如东盟机制、"10＋3"（东盟10国和中国、日本、韩国）机制主导下的亚洲经济区，北美自由贸易区机制主导下的北美经济区，欧盟机制下的欧洲经济区。区域经济一体化，从一定意义上说是经济区、经济板块的形成和强化。由几个相对独立的洲际经济区组成的经济关系体一般称为国际经济圈，如亚太经合组织机制下的亚太经济圈包括了亚洲、北美洲、南美洲、大洋洲几个经济区，反映的是区域经济走向全球化的趋势，是区域经济与世界经济的桥梁。

二是国内省际经济区。它由一国内部相邻的几个省份组成，需要通过市场经济的内在联系突破行政区范围的羁绊。1994年，国务院发展研究中心"中国区域协调发展战略"课题组提出了九大经济区的划分方案，包括长三角、珠三角、环渤海和东北地区等（表2.1）。有时，省际经济区由毗邻省份的一部分具有传统的、比较紧密联系的地区组成，而不是全省范围组成，如淮海经济区就是以徐州市为中心，包括4省（主要是苏北、鲁西南、皖北、豫东）的16个县市所组成的区域。2009年由国务院审批规划的关中-天水经济区，以及涵盖福建、江西、浙江、广东部分城市的海峡西岸经济区也是省际经济区的代表。

表 2.1 九大经济区的划分方案

经济区		中心城市	经济核心区	地域范围
东北区		沈阳 大连 哈尔滨	辽中南和哈长吉大（庆）齐（齐齐哈尔）	黑龙江、吉林和辽宁及内蒙古东部
黄河中下游或华北区	环渤海区	北京 天津	京津唐秦、胶济沿线、同蒲沿线、郑洛三（门峡）平（顶山）、呼包、石邯邢	北京、天津、山东
	黄河中游区			山西、河北、河南及内蒙古中西部
长江中下游或华中区	长江三角洲区	上海 武汉	长三角、武汉大冶区、襄（樊）十（堰）宜（昌）沙（市）区、长株潭区、皖中长江沿岸、南（昌）贵（溪）景（德镇）区	上海、江苏、浙江
	长江中游区			安徽、江西 湖南、湖北
东南沿海区		广州	珠三角	福建、广西 广东、海南
西南区	川滇黔区	重庆	成渝地区、昆明地区 贵阳遵义地区	四川、重庆 贵州、云南
	西藏区			西藏全境
西北区		西安 兰州	关中地区、兰银（白银）地区	陕西、甘肃、宁夏 青海、新疆

资料来源：高新才.2008.中国经济改革30年/区域经济卷.重庆：重庆大学出版社.299

三是省级基本经济区和省内基层经济区。这是指由省内跨地市或县市的地域组成的地方经济区，其经济中心则为省内特大或较大的城市。一般以省会城市或口岸与交通要道城市为中心城市的二级经济区属于省级基本经济区，如武汉城市圈和长株潭城市群等中部地区四大城市群，东北沈阳经济区，以及以山东东营、滨州为中心的黄河三角洲经济区等。以省辖市为中心城市，联结若干市（地）、县（市）组成的三级经济区，为省内基层经济区。

四是沿交通干线及共同资源开发组成的经济协作区。如陇海—兰新铁路沿线地带的市长专员联席会议、9省区11方组成的黄河经济协作区，以及晋陕蒙宁能源基地经济协作区、地跨渝鄂两省市的三峡经济开发区等。经济协作区是由政策主导下强化内部经济联系的综合体，体现计划经济色彩，还不是市场经济主导下的空间经济组织，是经济区的雏形，可称为"后备经济区"或"正在形成中的经济区"。

在现实区域发展中，根据经济区极核辐射的影响范围，还分为城市间内在联系构成的狭义经济区，城市所在省的行政区全部包含在内的广义经济区，以及辐射力所及的更大范围流域性腹地的泛经济区，如长三角、珠三角都有狭义、广义和泛经济区之分。同时，经济区按照发展演化的成熟程度表现为不同的形态。西部地区规划发展增长极多称为经济区，如成渝经济区、关中-天水经济区、广西北部湾经济区；中部地区成型的经济区多称为城市群（城市圈、城市带），如武汉城市圈、长株潭城市群、中原城市群、皖江城市带；东部沿海地区多个成型经济区的复合体多称为经济圈，如长三角经济圈、珠三角经济圈、环渤海经济圈等，实际上是复合型的经济区，一般包括若干成型的二级经济区。

第二节　我国经济区的发展现状

一　东部地区的主要经济区

我国东部地区是改革开放的前沿地带，经济区发展起步早、成长快，区域经济合作组织比较成型，经济区实力比较强大、结构比较成熟。目前我国已建立经济合作组织的经济区，最活跃的主要集中在东部地区的长江三角洲经济区、珠江三角洲经济区和环渤海经济区这三大经济核心区。这三个地区生产总值的总和约占全国国内生产总值（GDP）的 60%。近年来崛起的海峡西岸经济区也呈现了快速发展的良好势头。

（一）珠江三角洲经济区

珠江三角洲（简称珠三角），是组成珠江的西江、北江和东江入海时冲击沉淀而成的一个三角洲，面积 1 万多平方公里。"珠三角"的概念最早起源于 20 世纪 90 年代初，最初由广州、深圳、佛山、珠海、东莞、中山 6 个城市及惠州、清远、肇庆 3 市的一部分组成，也就是通常所说的广东珠三角。后来，"珠三角"范围调整扩大为由珠江沿岸广州、深圳、佛山、珠海、东莞、中山、惠州、江门、肇庆 9 个城市组成的区域，这也就是通常所指的"珠三角"或"小珠三角"。《珠江三角洲城镇群协调发展规划（2004～2020）》中明确说明：珠江三角洲经济区，包括广州、深圳、珠海、佛山、江门、东莞、中山、惠州市区、惠东县、博罗县、肇庆市区、高要市、四会市，人口 4230 万人，占全省总人口的 31.4%，土地面积 41 698 平方公里，占全省总面积的 23.4%，近年来实现 GDP 占全省的 70% 左右。

"珠三角"概念首次正式提出是在 1994 年 10 月 8 日，广东省委在七届三次全会上提出要建设珠江三角洲经济区。20 世纪 90 年代后期，在"（小）珠三角"的基础上出现了"大珠三角"的概念。"大珠三角"有两个不同的概念：一指"小珠三角"和港、澳；二指粤、港、澳。目前通常所说的"大珠三角"就是指由广东、香港、澳门三地构成的区域。"大珠三角"面积 18.1 万平方公里，户籍总人口 8679 万，2003 年 GDP 实现 3287 亿美元。2003 年，又提出了"泛珠三角"的概念。"泛珠三角"包括珠江流域地域相邻、经贸关系密切的福建、江西、广西、海南、湖南、四川、云南、贵州和广东 9 省区，以及香港、澳门 2 个特别行政区，简称"9＋2"。"泛珠三角"面积 200.6 万平方公里，户籍总人口 45 698 万，GDP 实现 52 605.7 亿元（6356 亿美元）。至此，"珠三角"实际上涵盖了"小珠三角"、"大珠三角"、"泛珠三角"三个不同层面既相互区分又紧密关联的概念（图 2.2）。珠江三角洲是全国经济发展最迅速的地区之一。

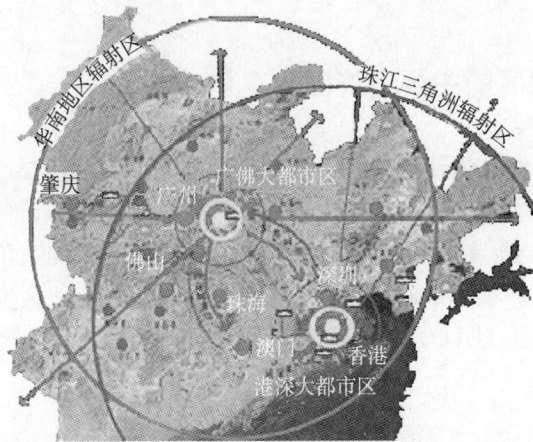

图 2.2　珠三角都市圈概念图

资料来源：南方报业网．http：//nf．nfdaily．cn/nanfangdaily/zt/rdzt/qwjd/default．asp

珠江三角洲经济区是由深圳经济特区开发带动形成经济协作体。自 1994 年广东省作出"建立珠江三角洲经济区"的决定以后，即成立经济区规划协调领导小组和办公室，编制了《珠江三角洲经济区规划纲要》，用于指导珠三角经济区的发展。珠三角经济区的区域合作从"小珠三角"、"大珠三角"跨越到"泛珠三角"，是经济区发展壮大的内在极化要求和辐射经济腹地扩张的必然表现。"泛珠三角"是以整个珠江水系为纽带包括源头和入海口以及周边地区在内的南方地区，区域内部一些地方缺乏紧密的经济、社会和历史联系，本质上属于一种经济协作区的概念。

（二）长江三角洲经济区

地理意义的长江三角洲是我国最大的河口三角洲，泛指镇江、扬州以东长江泥沙积成的冲积平原，位于江苏省东南部、上海市及浙江省杭嘉湖地区，是长江中下游平原的一部分。经济意义上的长江三角洲北起通扬运河，南抵杭州湾，西至南京，东到海滨，从狭义上讲包括上海市、江苏省南部 8 个城市、浙江省东北部 7 个城市以及邻近海域，即江浙沪三地的 16 个城市。2008 年，国务院正式确定将长三角扩大到两省一市，即江苏、浙江全省和上海市，全区土地总面积为 21.1 万平方公里，2005 年底总人口为 14 151 万，地区生产总值40 897.8亿元，分别占全国的 2.2％、10.8％和 22.3％。这使长三角所占中国经济总量由不足 1/5 提升到接近 1/4，尤其是苏北和浙西南将成为最具增长潜力的地区，对拉动整个地区经济增长、促进长三角核心地区产业配置有极其重要的作用。

长江三角洲近代工业兴起较早，内河航运发达，沪宁、沪杭铁路相继建成，上海和江苏省苏州、无锡、常州、镇江、南京、南通、盐城、扬州、徐州以及浙江省杭州、宁波、湖州、嘉兴等地先后发展为工业城市。为推动和加强长江三角洲地区经济联合与协作，1992 年由上海、无锡、宁波、舟山、苏州、扬州、杭州、绍兴、南京、南通、常州、湖州、嘉兴、镇江 14 个市经协委（办）发起，组织成立长江三角洲 14 城市协作办（委）主任联席会，至 1996 年共召开五次会议。1997 年，上述 14 个城市的市政府和新成立的泰州市共 15 个城市通过平等协商，自愿组成新的经济协调组织——长江三角洲城市经济协调会。协调会每两年举行一次正式会议。2003 年增加台州为正式成员，形成 16 个城市组成（图 2.3）。2008 年，国务院颁发《关于进一步推进长江三角洲地区改革开放和经济社会发展的指导意见》，正式确立长三角为江苏省、浙江省和上海市两省一市全境。

长江三角洲经济区是由浦东新区开发带动长三角地区自然集聚成协作发展区，再由政府推动，是我国较早建立的区域合作区之一。随着浦东开发和我国加入世界贸易组织（WTO），长三角的经济合作进一步深化。近年来，两省一市共签订了数十个各类合作协议，在方便市场准入、协助民营企业跨区域发展、推进市场规范建设以及建立"打假维权"合作机制、著名商标保护机制、市场平等竞争机制等方面开展了积极有效的合作，大大推进了区域一体化进程。

（三）环渤海经济区

环渤海地区是指环绕着渤海全部及黄海的部分沿岸地区所组成的广大经济区域，位于中国沿太平洋西岸的北部，是中国北部沿海的黄金海岸。环渤海经

图 2.3 长三角经济区城市区域位置图
资料来源：融网国际，http://www.rongcn.com/new_list.asp? id＝27

济区狭义上指沿着渤海湾海岸及部分黄海海岸的环状地区，以京津冀为核心、以辽东半岛和山东半岛为两翼的环渤海经济区域，主要包括北京、天津、河北、山东、辽宁，也就是三省两市的"3＋2"经济区域；面积 51.8 万平方公里，人口 2.3 亿，占全国 17.5％，地区生产总值达到 3.8 万亿元，占全国 28.2％。环渤海经济区广义上指北京、天津、河北、辽宁、山东全境，以及后加的山西全境和内蒙古 7 个市，共有城市 157 个，约占全国城市的 1/4，其中城区人口超百万的城市有 13 个。虽然关于环渤海经济区域"外延"的看法不一，但都认为与珠三角和长三角不同的是，环渤海经济区是个复合经济区，由京津冀、山东半岛和辽宁半岛三个次级经济区组成。

环渤海地区处于东北亚经济圈的中心地带，向南联系着长江三角洲、珠江三角洲、港澳台地区和东南亚各国，向东沟通韩国和日本，向北联结着蒙古国和俄罗斯远东地区。这种独特的地缘优势，为环渤海区域经济的发展、开展国内外多领域的经济合作，提供了有利的环境和条件。党的十四大报告中提出要加快环渤海地区的开发、开放，将这一地区列为全国开放开发的重点区域之一，国家有关部门也正式确立了"环渤海经济区"的概念，并对其进行了单独的区域规划。1986 年 5 月 26 日，在天津召开了第一届环渤海地区经济联合市长联席会，旨在加强跨地区的横向经济联合，促进环渤海地区经济的发展和繁荣。环渤海地区经济联合市长联席会至今已召开 13 次，自 2000 年以来每两年召开一次。区域间的经济合作、横向联合、优势互补为环渤海地区开拓了广阔的发展空间。

环渤海经济区先由京、津双核心开发带动环渤海地区自然集聚，再由政府推动，1994 年国家制定《2000 年环渤海地区经济发展规划要点》用于指导该区域的发展。2004 年 5 月，环渤海 7 省市区达成"北京倡议"，建立合作机制，推动环渤海地区一体化。2006 年开始重点开发天津滨海新区。该经济区处于亚太经济新增长点的中心，同时是我国东部沿海三大经济集中区域中具有显著内向型经济特征的区域。不过，近年来已初步形成包括保税区、经济技术开发区、边境贸易合作区、新技术产业开发试验区、高技术园区等在内的，多种类型、不同层次、灵活多样的对外开放格局（图 2.4）。

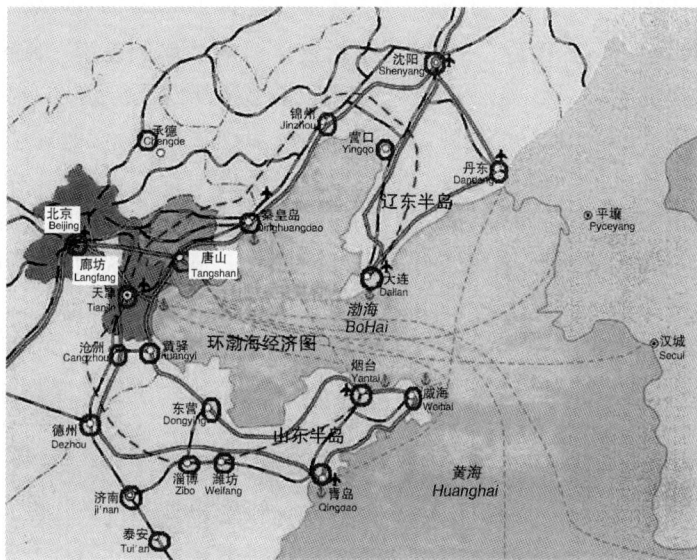

图 2.4　环渤海经济区示意图

资料来源：南方网广东发展论坛．http://bbs.southcn.com/thread-237405-1-1.html

作为环渤海经济区的重要组成部分，山东半岛圈的黄河三角洲（简称黄三角）高效生态经济区发展规划于 2009 年 11 月 23 日获国务院批复，黄河三角洲的开发建设正式上升为国家战略。黄河三角洲位于渤海南部黄河入海口沿岸地区，具有连接京津冀与山东半岛、沟通环渤海和长三角、向东出海与东北亚各国邻近的区位优势，是全国重要的能源基地、全国最大的海盐和盐化工基地，在环渤海地区中具有十分重要的战略地位。黄三角经济区主要包括山东省的东营市、滨州市全部及潍坊市、德州市、淄博市、烟台市部分地区，共 19 个县（市、区），陆地面积 2.65 万平方公里，约占山东全省面积的 1/6。

根据《黄河三角洲高效生态经济区发展规划》，黄三角区域将形成"四点"、

"四区"、"一带"的布局框架，建设全国重要的高效生态经济示范区、特色产业基地、后备土地资源开发区和环渤海地区重要的增长区域。"四点"是指东营、滨州、潍坊港和莱州港区，"四区"是指东营、滨州、潍坊北部、莱州四大临港产业区，"一带"是指以四个港口为支撑，以四大临港产业区为核心，以经济技术开发区、特色工业园区和高效生态农业示范区为节点，形成环渤海南岸经济集聚带。蓝色经济区的规划建设成为黄河三角洲经济区建设的重中之重和突破口。2008年4月，山东省曾出台政策，在"十一五"期间，山东在该地区规划投资 15 000 亿元左右，约占全省总投入的 20%。2008 年，该区域地区生产总值为 4756 亿元，预计到 2015 年达到 9300 亿元。

（四）海峡西岸经济区

海峡西岸经济区，简称"海西"，是指台湾海峡西岸闽东南、闽南三角洲的区域，以福建为主体，涵盖浙江南部、广东北部和江西部分地区，与珠江三角洲和长江三角洲两个经济区衔接，依托福州、厦门、泉州、温州、汕头五大城市所形成的对外开放、协调发展、全面繁荣的经济综合体。经济区范围包括福建福州、厦门、泉州、漳州、龙岩、莆田、三明、南平、宁德以及福建周边的浙江温州、丽水、衢州、金华、台州，江西上饶、鹰潭、抚州、赣州，广东梅州、潮州、汕头、汕尾、揭阳共计 23 市。人口为 6000 万～8000 万，预计建成后的经济区年经济规模在 17 000 亿元以上。海峡西岸经济区是我国沿海经济带的重要组成部分，在全国区域经济发展布局中处于重要位置，是两岸人民交流合作先行先试区域，服务中西部发展新的对外开放综合通道，东部沿海地区先进制造业的重要基地，我国重要的自然和文化旅游中心（图 2.5）。

海峡西岸经济区的设想由来已久，最初福建曾提出过闽东南、闽南三角洲的概念，此后又形成过海峡西岸繁荣带的设想。海峡西岸经济区战略是在此基础上发展起来的。2004 年 1 月初，福建省十届人大二次会议首次完整、公开地提出了这一概念。2004 年 8 月中共福建省委七届七次全会批准实施《海峡西岸经济区建设纲要（试行）》，2005 年 1 月福建省十届人大三次会议作出了《促进海峡西岸经济区建设的决定》，省第八次党代会对加快推进海峡西岸经济区建设作出了全面部署。2006 年，国家"十一五"规划纲要提出支持"海峡西岸"经济发展，计划通过 10～15 年的努力，使海峡西岸形成规模产业群、港口群、城市群，成为中国经济发展的发达区域，成为服务祖国统一大业的前沿平台。党的十七大报告提出，支持海峡西岸和其他台商投资相对集中地区经济发展。这是海峡西岸经济区建设首次被写入中共党代会报告中。2009 年 5 月 4 日，国务院常务会议讨论并原则通过《关于支持福建省加快建设海峡西岸经济区的若干意见》，这是国务院首次出台政策明确支持海峡西岸经济区发展。

图 2.5 海峡西岸经济区示意图

资料来源：粤东门户网. http://www.ydtz.com/news/shownews.asp? id=34362

二 中部和东北地区的主要经济区

我国中部地区与东北地区同是我国传统的老工业基地，自然资源丰富，农业较为发达。2006 年，中央在《关于促进中部地区崛起的若干意见》中，提出将发展武汉城市圈、中原城市群、长株潭城市群、皖江经济带等中部地区四大城市群作为统筹区域协调发展的战略突破口。其中，武汉城市圈和长株潭城市群获批"全国资源节约型和环境友好型建设综合配套改革试验区"，要率先在长江中游地区和华中经济圈中基本实现现代化。国家实施振兴东北老工业基地政策以来，以沈阳为核心的东北地区 GDP 总量、固定资产投资、利用外资等均有大幅度提高，众多大型国有企业顺利完成股份制改造，加上近年来辽宁沿海地区进一步加大对外开发开放，成为中国经济依靠重化工业崛起的重要增长极，关系国家振兴东北战略的成败。

（一）武汉城市圈和长株潭城市群

1. 武汉城市圈

武汉城市圈又称"1+8"城市圈，指以武汉为中心的 100 公里半径内，包

括黄石市、鄂州市、孝感市、黄冈市、咸宁市、仙桃市、潜江市、天门市等 8
个中小城市在内的地区，圈内总人口约 6000 万，全区面积 186 万平方公里，是
中国中部地区及长江中游最大、最密集的城市群（图 2.6）。武汉城市圈内现有 1
个特大城市、1 个大城市、7 个中等城市和 4 个小城市，地处中国东西、南北两
大发展轴线——长江经济带及由京广铁路、京珠高速组成的"十字形"一级发
展轴线的交会处，目标是建成为中国内陆地区重要的经济增长极之一。2008 年，
武汉城市圈实现 GDP 为 6972.11 亿元，增长 14.8%，比全省平均水平高 1.4 个
百分点，占全省比重为 61.5%，是湖北经济实力最强的核心区域。

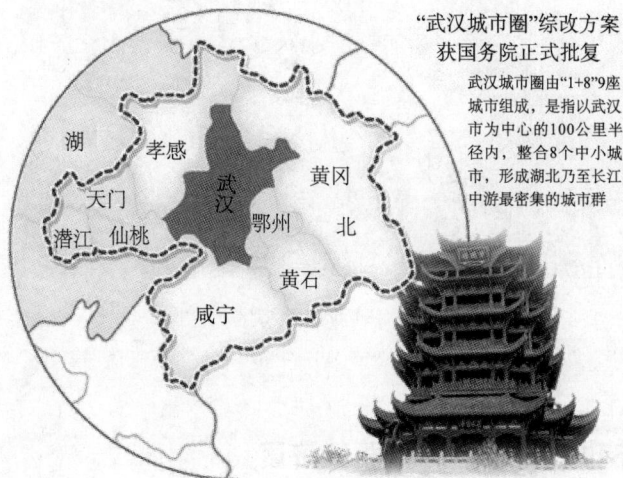

图 2.6 武汉城市圈示意图

资料来源：新华网湖北频道．http://www. hb. xinhuanet. com/zhuanti/2008-09/27/

content _ 14520425. htm

　　2002 年 6 月，在湖北省八次党代会上省委、省政府适时提出了建设武汉城
市圈的重要发展战略，并要求充分发挥武汉市的龙头作用，通过城市经济圈建
设拉动全省经济快速发展。2003 年，湖北省委、省政府作出了建设武汉城市圈
的重大战略决策，"1+8" 城市协调发展的各项工作得到扎实推进。2007 年 12
月 7 日，国务院正式批准武汉城市圈为"资源节约型和环境友好型社会建设综
合配套改革试验区"，要求以武汉市为主体，发挥武汉在城市圈中的龙头和辐射
作用，同时增强武汉城市圈内"1+8"城市在产业、金融、交通等方面的关联
度，通过改革统筹城乡发展，缩小城乡差别。2008 年 9 月 27 日，湖北省政府召
开新闻发布会通报《武汉城市圈资源节约型和环境友好型社会建设综合配套改
革试验总体方案》已获国务院批复。这标志着武汉城市圈"两型社会"改革试
验已进入全面实施阶段，对湖北的改革发展具有里程碑意义。

2. 长株潭城市群

长株潭城市群位于湖南省东北部，包括长沙、株洲、湘潭三市。其土地面积 2.83 万平方公里，2006 年人口 1300 万，经济总量 2818 亿元，分别占湖南全省的 13.3%、19.2%、37.6%，是湖南省经济发展的核心增长极。长沙、株洲、湘潭三市沿湘江呈"品字形"分布，从长沙到株洲、湘潭两地都不过 20 多公里，株洲、湘潭两地则不过 10 多公里，结构紧凑，被誉为湖南的"金三角"。2005 年，长株潭三市 GDP 达 2412 亿元人民币，占湖南省经济总量 1/3 强，首次超过武汉；三市城市化率达 48%，位居中部 6 省前列。2006 年湖南省进一步提出加快以长株潭为中心，以一个半小时通勤距离为半径，包括岳阳、常德、益阳、娄底、衡阳在内的"3+5"城市群建设（图 2.7）。长株潭之间、长株潭与周边相邻城市全部实现了高速公路相连，长株潭城乡电网改造工程基本完成，长株潭一体化金融电子网络也基本形成，以光缆为主覆盖长株潭城乡的信息传输网络已建成。2008 年，长株潭城市群中，三个核心城市的经济增长速度均保持在 13% 以上。

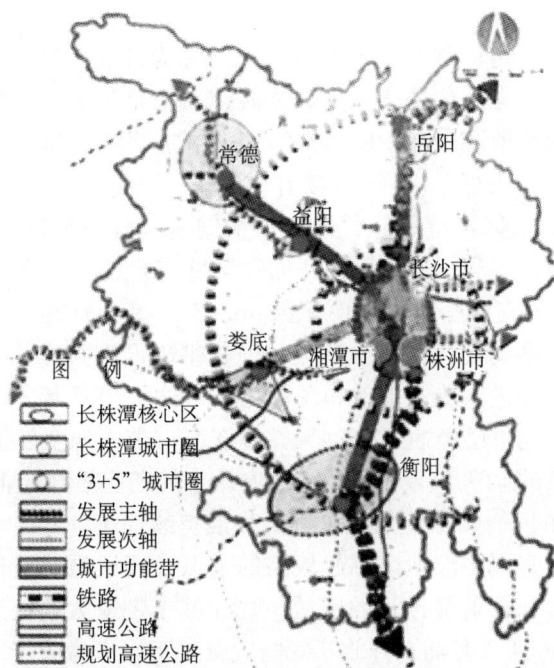

图 2.7　长株潭城市群空间结构图

资料来源：益阳新闻在线．http://www.iyxwzx.com/xwzx/UploadFiles_9321/
200809/200809081055

20 世纪 80 年代初，原湖南省社会科学院副院长、经济学家张萍提出长株潭经济区的构想，进行了初步试验和理论探索。1997 年，湖南省委、省政府作出了推进长株潭经济一体化的战略决策,并在3～5年后编制实施了《长株潭经济一体化"十五"规划》和《长株潭产业一体化规划》。2005年,湖南省政府颁布实施《长株潭城市群区域规划》,这是我国内地第一个城市群区域规划。2006年,湖南省第九次党代会提出,大力推进长株潭"新五同",即交通同网、能源同体、信息同享、生态同建、环境同治。三市党政领导联席会议召开,制定了《联席会议议事规则》,签署了《区域合作框架协议》等。2007年12月14日,国务院批准长株潭城市群为"全国资源节约型和环境友好型社会建设综合配套改革试验区"。自2009年6月28日零时起,长株潭三市在全国率先实现通信一体化,三市通信同费同网,统一区号,固定电话上升为8位。这在湖南省乃至全国通信事业发展史上都是一项重大创新,标志着长株潭城市群"两型社会"建设迈出实质性步伐。

(二)皖江城市带和昌九工业走廊(鄱阳湖生态经济区)

1. 皖江城市带

长江流入安徽境内的部分,习惯上被人们称为皖江。自《中共中央、国务院关于促进中部地区崛起的若干意见》将皖江城市带列入重点发展的城市群之后,皖江城市带的价值及未来发展的空间变得更加明晰。2005年,安徽省提出了率先打造"沿江城市群",包括马鞍山、芜湖、铜陵、池州和安庆5个城市。目前,皖江城市带的区域范围是"8+1"的结构,分别是安庆、池州、铜陵、芜湖、巢湖、马鞍山、滁州、宣城,外加省会城市合肥(图2.8),国土面积为6.5万平方公里,占安徽全省国土面积的46.6%。其目标是以沿江联动、跨江发展为取向,大力推动皖江城市带建设,加快基础设施共建共享,建成在全国具有较强影响力的先进制造业基地和现代化城市群。2007年安徽沿江8市地区生产总值占全省的比重已经达到43.4%。皖江城市带实现全部工业增加值1462亿元,占全省总量的61%;聚集了经省政府认定的产业集群专业镇28个,占全省认定总数57个的一半,特色经济明显且发展持续快速。

皖江城市带是实施中部地区崛起战略的重点发展区域,是长三角地区产业向中西部地区转移和辐射最接近的区域。皖江城市带最大的特点是与长三角的紧密关系。在1990年4月浦东开放开发的大背景下,安徽省于同年7月拉开沿江开发开放的序幕。2006年8月,《沿江城市群"十一五"经济社会发展规划纲要》确立了皖江城市带作为"全省对外开发门户"的战略定位。目前,皖江城市带已经成为承接长三角产业转移的重地。奇瑞的蓬勃发展,在芜湖、马鞍山等地带动了500多家配套企业,其中50%以上是从长三角转移而来的;芜湖机械工业园内,来自浙江省玉环县的机械加工企业集群式转移过来。2009年初,"皖江城市带承接产业转移示范区"正式获国务院批准,安徽区域经济发展首次

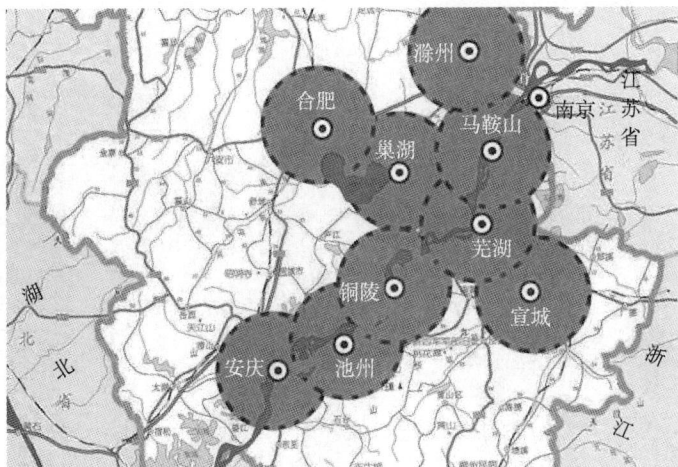

图 2.8 皖江城市带示意图

资料来源：中国广播网．http://china.cnr.cn/newszh/yaowen/201001/t20100122_505930172.html

上升到国家战略层面。2010 年 1 月，《皖江城市带承接产业转移示范区规划》获国务院批复。据悉，最终确定的示范区范围为 9 座城市规划建设区和国家批准公告的 49 个省级以上开发区，并选择一批区域、交通、产业基础、配套较好的开发区先行先试。

2. 昌九工业走廊（鄱阳湖生态经济区）

20 世纪 90 年代初期，为抓住京九铁路建设带来的契机，呼应国家开发浦东和沿长江开放开发的战略部署，江西省委、省政府确定了建设昌九工业走廊的重大战略举措，建设成为中部地区具有较强国际国内竞争力的外向型经济示范区，成为长江经济带重要的现代制造业基地，成为东、中、西部经济协调发展的重要战略支点。昌九工业走廊北起九江，南至南昌，宛如一条玉带穿过江西版图的上半部，中间包括永修、武宁、共青、新建、安义、九江县、德安等县，共有九江开发区、共青开发区汽车工业园等 18 个工业园区（图 2.9）。作为昌九工业走廊的两极，南昌的目标是要发展成为特大城市，九江的目标是成为长江重要港口城市、旅游城市和物流中心。昌九工业走廊建设，改变了江西经济整体框架主要自东向西、沿浙赣铁路线展开的状况，拉开了生产力布局自北向南沿京九线推进的序幕。2005 年，昌九工业走廊实现 GDP 总量 1436.6 亿元，占全省的 35.4%，比人口比重高 14.1 个百分点；人均 GDP 15 284 元，是全省平均水平的 1.62 倍。

在大力建设昌九工业走廊的基础上，江西省委、省政府结合主体功能区的规划和建设适时提出了鄱阳湖生态经济试验区建设构想，并于 2008 年 9 月正式上报国家发展和改革委员会。2009 年 12 月 12 日，国务院正式批复实施《鄱阳

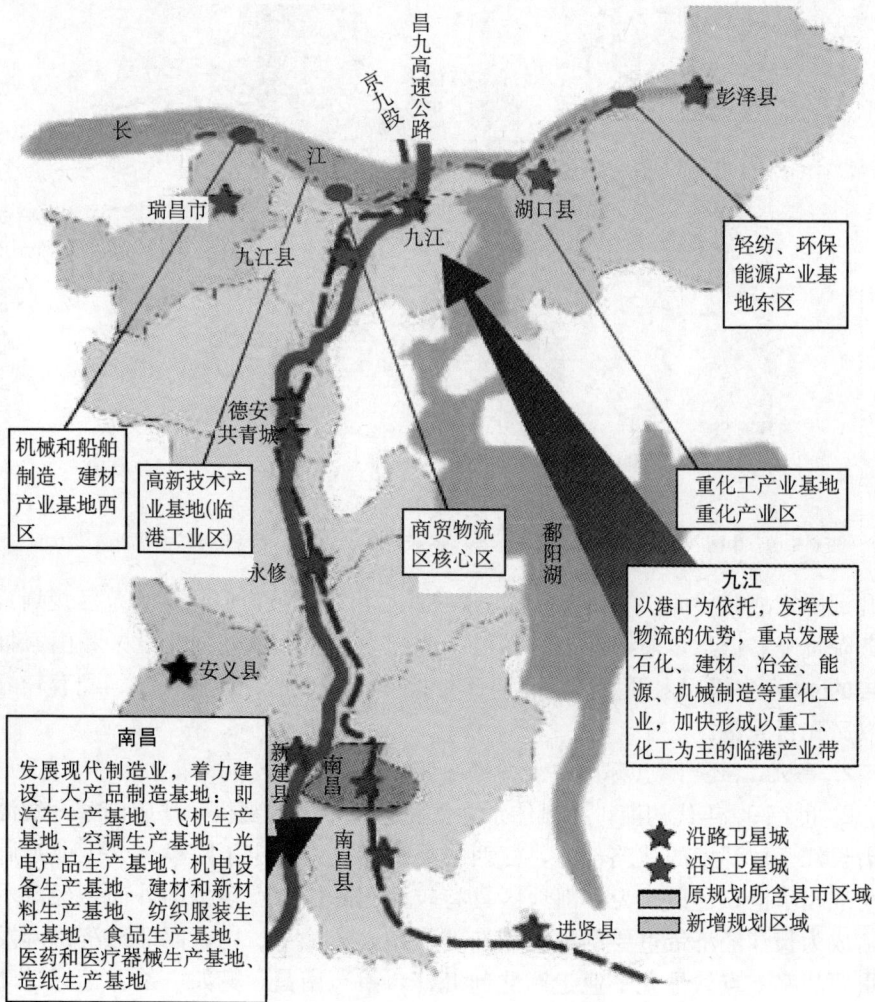

图 2-9 昌九工业走廊新规划示意图

资料来源:大河网.http://www.dahe.cn/xwzx/Zt/gnzt/2006zblt/dfzc/t20060918_663767.htm

湖生态经济区规划》。鄱阳湖生态经济区正式纳入"国家队",其建设范围是以鄱阳湖为核心,以环鄱阳湖城市圈为依托,强化三带,构建四区,构筑高层次的生态经济圈。"三带",即生态保护带、生态恢复带和生态控制带;"四区"即按主体功能区的要求,划分为禁止开发区、限制开发区、优化开发区和重点开发区。建立鄱阳湖生态经济区,目的就是要吸取国内外环湖地区经济开发的经验教训,避免走"先破坏、后治理"的老路,在此基础上,加快经济发展,使环鄱阳湖区成为江西崛起的带动区。江西在环鄱阳湖地区大力发展新型工业、生态农业和现代服务业,积极有序地推进昌九工业走廊建设,大力推进生态工业园区建设。

（三）中原城市群和太原经济圈

1. 中原城市群

2003 年 7 月，河南省中原城市群概念明确提出，以郑州为中心、1.5 小时
通勤为半径，包括洛阳、开封、新乡、焦作、许昌、平顶山、漯河、济源在内
共 9 个省辖市、48 个县（市），区域土地面积为 5.87 万平方公里，占河南全省
的 35.1%；总人口 4012.5 万人，占全省的 41%（图 2.10）。2005 年，区域实现
GDP 总量 5914.82 亿元、地方财政一般预算收入 336.09 亿元，占全省的比重分
别为 56.1% 和 62.5%；城镇化率达到 39.5%，高于全省平均水平 8.7 个百分
点。2008 年中原城市群经济总量为 10 412 亿元，在中部六省打造的经济圈中，
经济总量最大。在《中共中央、国务院关于促进中部地区崛起的若干意见》中，
中原城市群被列为中部地区重点支持发展的四大城市群之一。

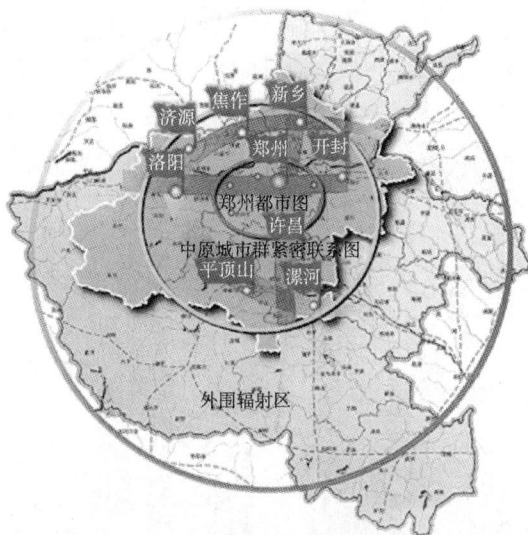

图 2.10　中原城市群示意图

资料来源：中原网．http://www.zynews.com/2006-06/13/content_400517.htm

自 2006 年 3 月份起，河南省政府发出《关于实施中原城市群发展规划纲要》
的通知，意味着规划纲要真正进入实施阶段。以郑汴一体化为突破口的中原城
市群建设活动进展迅速，郑汴之间快速通道的建设作为 9 个城市之间快速通道
建设的第一期工程，对其他城市之间交通基础设施的建设产生巨大推动作用。
通过 9 城市功能定位，实现 9 城市范围内大小城市从空间和内在经济联系上的紧
密相连，提高中原城市群的整体竞争力。工业发展重点则向郑汴洛城市工业走
廊、新郑漯京广、新焦济南太行、洛平漯等四大产业发展带集聚，通过"产业

簇群化"发展，努力形成带动区域产业发展的核心增长极。在此基础上，中原城市群的建设发展将综合考虑集合城市、圈层结构和产业发展带的交互作用，积极谋求城市群的整体协调发展。

2. 太原经济圈

太原经济圈范围划分为核心圈层、基本圈层和拓展圈层。核心圈层由太原市区、晋中市区、清徐县城和阳曲县城组成，是整个太原经济圈的核心区以及辐射中心，总面积为 2.5 万平方公里，在经济总量上占山西全省的 40% 以上。基本圈层则是与经济圈核心区联系相对紧密的地域联合体，范围包括太原、晋中和吕梁 3 个地级市的 16 个市县。拓展圈层则涵盖太原、晋中、吕梁、阳泉、忻州五市的市域范围，是经济圈核心区辐射影响下联系相对松散的地域空间。

2005 年，山西"十一五"规划纲要提出了加快太原经济圈构建的重要战略决策，并把推进太原晋中同城化作为其核心内容。2006 年，在国务院批复的《山西省城镇体系规划》中确立了"要逐步形成以太原经济圈为核心，大运城镇带为主干，晋北、晋中、晋南、晋东南四个城镇密集区为主体的'一核一带四片'的城镇空间发展格局"。同时，发展形成"一轴双心、六大集群"的产业布局结构，即以晋中到灵石一线为晋商文化旅游产业发展轴，形成太原主核心和介孝汾次核心，建设高新技术、焦化产业、农副产品加工、金属制品和装备制造、文化旅游等六大特色产业集群。2009 年 1 月 6 日，山西公示《太原经济圈规划纲要草案》征求意见（图 2.11）。此后，在抓紧编制太原经济圈规划成果，积极向国家申请"转型发展综合配套改革试验区"，努力将太原经济圈打造为具有国家战略意义的山西省核心经济圈。

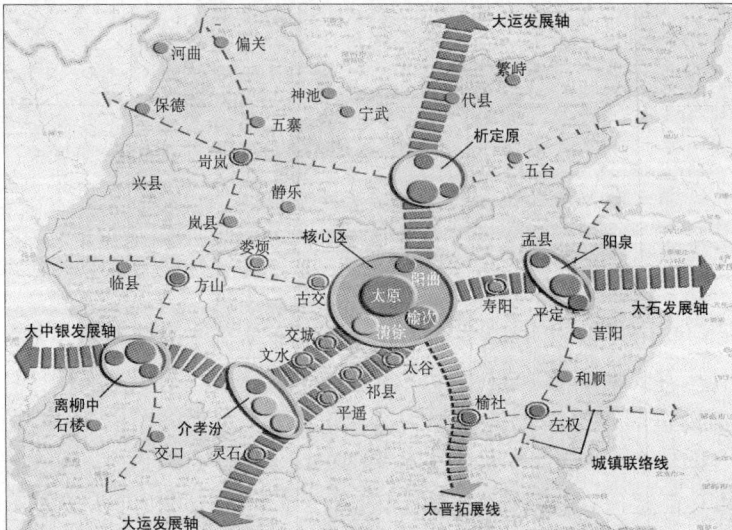

图 2.11　太原经济圈规划示意图

资料来源：百度贴吧．http://tieba.baidu.com/f? kz=558076907

（四）沈阳经济区和辽宁沿海经济带

1. 沈阳经济区

沈阳经济区又称辽宁中部城市群，是以沈阳为中心，包括鞍山、抚顺、本溪、营口、阜新、辽阳、铁岭共8个城市，通过中心城市沈阳的经济辐射和吸引，与周围经济社会活动紧密联系的地区形成的（图2.12）。沈阳经济区各城市具有天然的地缘关系，彼此之间水相系、山相连、人相亲，形成了较为完整的经济地理单元。沈阳经济区是我国重要的重化工业发展基地之一，是东北地区经济发展的重要区域和辽宁省的经济核心地带。全区总面积75 402平方公里，占全省的50.95％；2007年全区总人口2362万人，占全省的54.9％。2008年沈阳经济区实现GDP总量8742亿元，约占辽宁省GDP总量的65％。经济区自成立以来，8个城市达成60余项合作协议，整体上保持较高的发展速度，呈现出良好的发展态势。

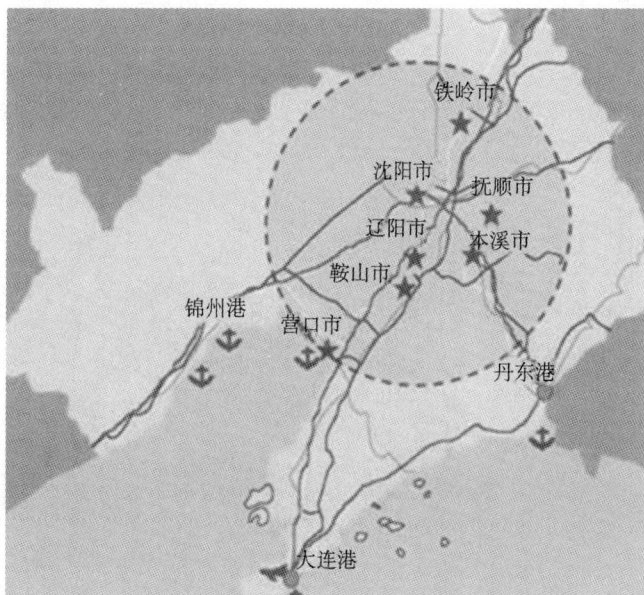

图2.12　沈阳经济区城市区域示意图
资料来源：房龙网．http://bbs.funlon.com/BM/Art308514.html

2003年，辽宁省提出了关于建设沈阳经济区的设想。2005年4月7日，鞍山、抚顺、本溪、营口、辽阳、铁岭6市的市长与沈阳市市长正式签署了辽宁中部城市群（沈阳经济区）合作协议，标志着以沈阳为中心、辐射百公里半径的辽宁中部城市群建设全面起步。2008年7月21日，辽宁省政府召开了沈阳经济区工作会议，会议明确将辽宁中部城市群更名为沈阳经济区，将阜新市正式纳入沈阳经济区。正在编制的沈阳经济区规划明确沈阳经济区的发展目标，到2015年要基本实现区域经济一体化，综合经济实力要达到中等发达国家水平，成为东北亚重要的经济中心。

2. 辽宁沿海经济带

辽宁沿海经济带最开始提出时的称谓是"五点一线"。当时所指的"五点"，包括沿渤海一侧的大连长兴岛临港工业区、辽宁（营口）沿海产业基地、辽西锦州湾沿海经济区，以及沿黄海一侧的辽宁丹东产业园区、大连花园口经济区；"一线"是指西起葫芦岛市绥中县、东至丹东东港市，连接"五点"全长1443公里的滨海公路。以后随着时间的推移，在辽宁省《政府工作报告》等规范性文件中，"五点一线"后面缀上了"沿海经济带"字样。目前所指的辽宁沿海经济带，是指大连、丹东、锦州、营口、盘锦、葫芦岛6个沿海城市所辖的行政区域，包括21个市区12个沿海县市，长约1400公里，宽30～50公里，地域面积已超出了最初的"五点一线"。辽宁沿海经济带开发建设经历了从提出到成型的渐进发展过程（图2.13）。

五点一线所处位置标注：
①大连长兴岛临港工业区
（规划面积129.7平方公里，起步区50平方公里）
②辽宁(营口)沿海产业基地
（规划面积120平方公里，起步区20平方公里）
③辽西锦州湾沿海经济区
（a锦州西海工业区，规划面积22.76平方公里，起步区22.76平方公里，b葫芦岛北港工业区，规划面积21.87平方公里，起步区16.87平方公里）
④辽宁丹东产业园区
（规划面积30平方公里，起步区18.6平方公里）
⑤大连庄河花园口工业园区
（规划面积50平方公里，起步区15平方公里）

图2.13 辽宁沿海经济带示意图

资料来源：中国经济网. http://district.ce.cn/zxdb/yaowen/200707/01/t20070701_12019448.shtml

2004年，李克强调任中共辽宁省委书记。正是在此期间，辽宁提出了沿海经济带开发建设战略。2005 年底，为贯彻党中央、国务院关于促进东北老工业基地进一步扩大对外开放的战略部署，辽宁省出台了《关于鼓励沿海重点发展区域扩大对外开放的若干政策意见》，提出形成辽宁省"五点一线"对外开放的格局。2007 年 8 月 20 日，《东北地区振兴规划》正式发布，提出要以大连为龙头，以长兴岛、营口沿海、锦州湾、丹东和花园口"五点一线"为重点，优化港口布局，大力发展临港产业、高技术产业、现代服务业，努力打造沿海经济带。2008 年初，辽宁省政府决定适当扩大沿海经济带重点支持发展区域范围，新增 18 个政策支持区域，规划总面积 1284.01 平方公里，起步区面积 723.27 平方公里。2009 年 7 月 1 日，国务院常务会议讨论通过了《辽宁沿海经济带发展规划》，标志着辽宁沿海经济带开发建设已纳入国家战略。

三　西部地区的主要经济区

在推进西部大开发的过程中，国家有意识地引导重点区域加快发展，积极推进以重庆、成都和西安等中心城市为核心的重点经济区建设，使西部大开发进入了战略性转变的新阶段。国家西部大开发"十一五"规划明确提出，加快建立分工合理、协作配套、优势互补的成渝、关中-天水、环北部湾（广西）等重点经济区，成为带动和支撑西部大开发的战略高地。目前，关中-天水、广西北部湾经济区规划已获国务院批准实施，成渝经济区的发展规划也将出台，西部大开发得到逐步深化。

（一）广西北部湾经济区

广西北部湾经济区（简称北部湾经济区）地处我国沿海西南端，包括南宁、北海、钦州、防城港以及玉林、崇左 6 市，陆地国土面积 4.25 万平方公里，2006 年末总人口 1255 万人。经济区沿海沿边，地处华南经济圈、西南经济圈和东南亚经济圈的结合部，是中国与东盟合作的前沿，也是中国西南地区加强与东盟和世界市场联系的重要门户。2008 年 2 月，《广西北部湾经济区发展规划》获国务院批准实施，将广西沿海地区作为一个经济区来统筹开发开放，并将建设成为"重要国家区域经济合作区"（图 2.14）。

广西北部湾经济区是中国西部唯一沿海的地区，处于中国-东盟自由贸易区、泛北部湾经济合作区、大湄公河次区域、中越"两廊一圈"、泛珠三角经济区、西南六省（区、市）协作等多个区域合作交汇点，是中国沿海与东盟国家进行陆上交往的枢纽，是促进中国与东盟全面合作的重要桥梁和基地，区位优越，战略地位突出，发展潜力巨大。广西北部湾经济区的功能定位是立足北部湾、服务"三南"（西南、华南和中南）、沟通东中西、面向东南亚，充分发挥

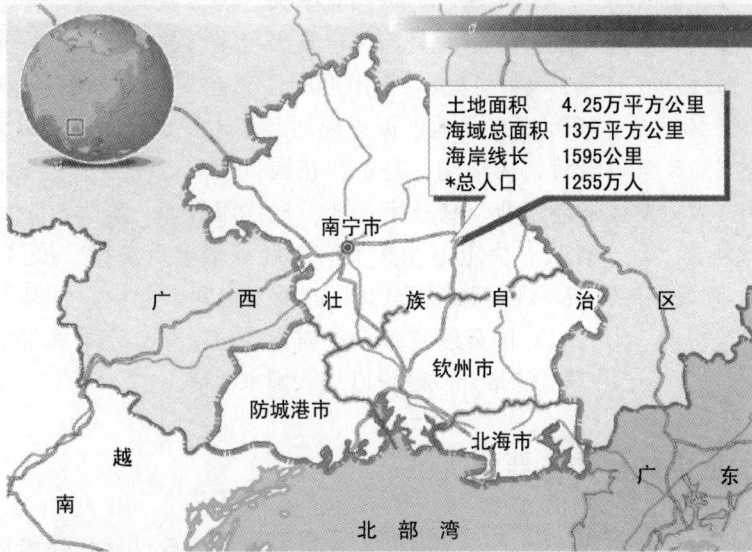

图 2.14　广西北部湾经济区示意图

资料来源：中证网．http://www.cs.com.cn/xwzx/05/200906/t20090602_2038318.htm

连接多区域的重要通道、交流桥梁和合作平台作用，以开放合作促开发建设，努力建成中国-东盟开放合作的物流基地、商贸基地、加工制造基地和信息交流中心，成为带动、支撑西部大开发的战略高地和开放度高、辐射力强、经济繁荣、社会和谐、生态良好的重要国际区域经济合作区。至 2009 年底，北部湾经济区投资规模超过 10 亿元的重大产业项目 43 项，总投资达 3782 亿元。其中，在建项目 15 项，总投资 801 亿元；开展前期工作项目 28 项，总投资 2981 亿元。

（二）关中-天水经济区

关中主要指的是从渭南到宝鸡一带，关中往西，便是甘肃天水。关中-天水经济区是以西安为中心，范围包括陕西省西安、铜川、宝鸡、咸阳、渭南、杨凌、商洛（部分区县）和甘肃省天水所辖的行政区域，面积 7.98 万平方公里，2007 年末总人口为 2842 万人，直接辐射区域包括陕西省陕南的汉中、安康，陕北的延安、榆林，甘肃省的平凉、庆阳和陇南地区（图 2.15）。"关中-天水经济区"是《国家西部大开发"十一五"规划》中提出的三个重点发展经济区之一。2009 年 6 月 25 日，在西部大开发 10 周年之际，国务院发布了《关中-天水经济区发展规划》，提出将把关中-天水经济区打造成为"全国内陆型经济开发开放的战略高地"。该经济区有望成为西北地区的"经济发动机"，为内陆型经济开放开发新模式探索出一条路径。

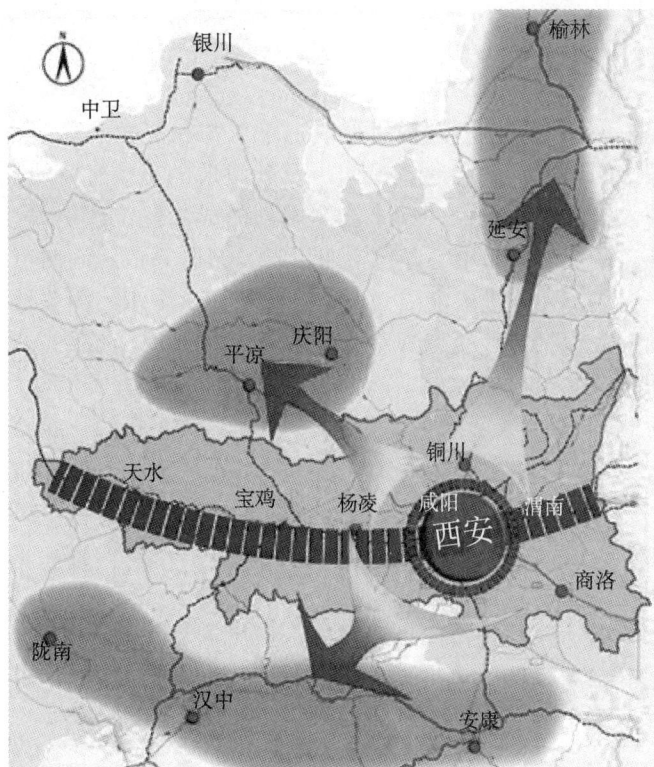

图 2.15　关中-天水经济区空间结构图

资料来源：中国经济网．http://www.ce.cn/xwzx/gnsz/gdxw/200907/15/t20090715_19538223.shtml

在陕西，关中地区具有举足轻重的作用。其人口占全省总人口的 62％，经济则占全省经济总量的 63％。关中与天水，两地的地理位置相邻、产业基础相近、历史文化相通、经贸往来频繁。该经济区处于我国内陆中心，是亚欧大陆桥的重要支点，多条铁路、公路、航线、管线在此交汇，是全国交通、信息大通道的重要枢纽和西部地区连通东中部地区的重要门户，是中国西部地区经济基础好、自然条件优越、人文历史深厚、发展潜力较大的地区。2008 年，这一地区生产总值占西北地区的 1/4 强。经济区拥有 80 多所高等院校、100 多个国家级和省级重点科研院所、100 多万名科技人才，科教实力雄厚；拥有国家级和省级开发区 21 个、高新技术产业孵化基地 5 个和大学科技园区 3 个，是国家国防军工基地、综合性高新技术产业基地和重要装备制造业聚集地，工业基础良好；拥有大量珍贵的历史文化遗产和丰富的人文自然资源，是华夏文明的重要发祥地，著名的丝绸之路源头和羲皇故里，也是 13 个王朝都城所在地，文化积淀深厚。区内城镇带初步形成，西安特大城市对周边地区辐射带动作用明显，区域内城镇化进程不断加快。2007 年底，经济区城镇化率达到 43％以上，西陇海沿线城镇带已具雏形。

（三）成渝经济区

三峡工程蓄水后，长江上游地区形成一个可与长三角和珠三角互补的以重庆为中心、连接四川成都和湖北宜昌两市及其腹地的三峡经济协作区。在这个经济协作区中，曾被纳入国家"十一五"规划的成渝经济区引人注目。成渝经济区是以成都、重庆两市为中心，包括四川省紧密联系成、渝两市的15个地级及以上城市（含成都）和重庆市"一小时经济圈"及渝东北相关地区共31个区县。地理范围大致包括：西至以成都为中心的宝成—内昆铁路，东至以重庆为中心的襄渝铁路，北至成达铁路，南至长江上游重庆—宜宾沿江的区域，与四川攀西、川西北经济区域及陕西、湖北、贵州、云南接壤。全区土地总面积20.61万平方公里，总人口9840.7万，2008年GDP总量1.58万亿元。2007年6月7日，重庆市和成都市被批准为国家统筹城乡综合配套改革试验区。目前，国家发展和改革委员会组织编制的《成渝经济区区域规划》，从国家层面明确成渝经济区的功能定位、总体布局和发展目标，并提出促进成渝经济区一体化发展的政策措施，推动区域合作向更深层次、更广领域发展。经济区将打造"两圈三群"的城市布局框架，包括了成都、重庆两大都市圈和川南、川东北、攀西三大城市群（图2.16）。

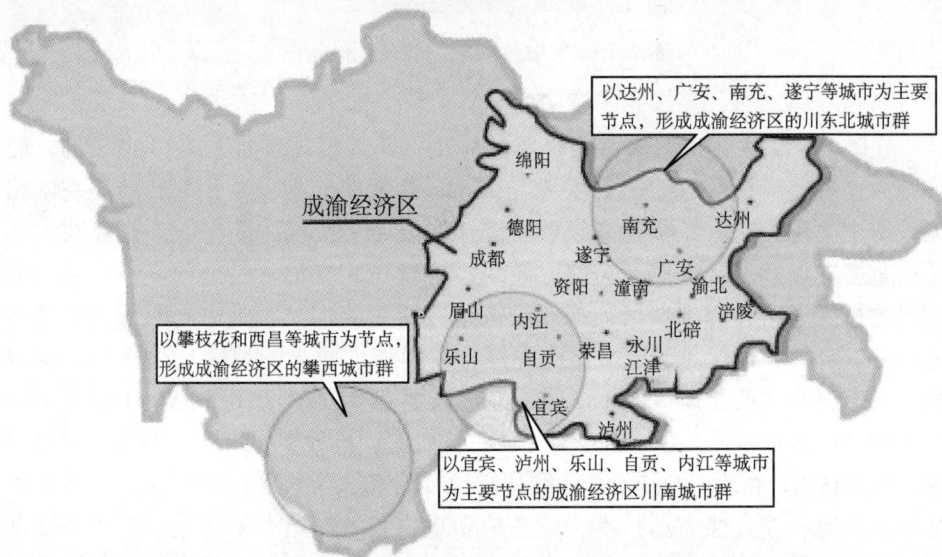

图 2.16　成渝经济区城市区域图

资料来源：四川在线网．http://sichuan. scol. com. cn/newpic/200907/2009718738191.jpg

2004 年 2 月，重庆市与四川省共同签署了《关于加强川渝经济社会领域合作共谋长江上游经济区发展的框架协议》；2007 年 4 月，重庆市与四川省政府又签署了《关于推进川渝合作共建成渝经济区的协议》。两省市分别成立成渝经济区区域合作领导小组，主要负责决策方针政策、发展规划、合作项目等重大问题，每年进行一次高层互访，共同召开合作论坛和区市县长联席会议，推进沿边合作试点，对成渝经济区建设和发展起到了明显的推动作用。在各方面的共同努力下，成渝经济区合作迈出了新的步伐，一体化建设进程明显加快。一是特色产业初步形成，成渝经济区内重大装备制造、电子信息、能源化工、冶金建材、旅游和农产品加工六大特色产业初具规模。二是基础设施逐步接轨。遂渝高速公路、南渝高速公路的建成通车大大缩短了重庆和成都的空间距离，两省市在成都—重庆、成绵乐等城际铁路的规划建设也达成广泛共识。三是市场体系走向统一。"成都·重庆双城之旅"启动了成渝两地旅游市场的相互整合，川渝道路运输企业联盟探索形成交通运输的应急、协调、对话机制，首届泛成渝经济圈媒体合作论坛为共同宣传成渝经济区建设营造了良好氛围。两省市还就警务联勤、疫病预防等多个领域达成了合作意见。

成渝经济区作为国家西部核心，长江上游经济中心，是西部大开发的重要区域。经济区有良好的区位优势、丰富的自然资源和人力资源、老工业基地的产业基础，是西部 12 个省（自治区、直辖市）3 个重点开发的经济区中，唯一能够突破行政区划、在更大范围优化配置资源的经济区域。成渝经济区北接陕甘、南连云贵、西通西藏、东邻湘鄂，处于东西结合、南北交汇的中间地带，是联结东中西三大区域的纽带，是国家的战略后方和国防安全基地。纳入成渝经济区的重庆"一小时经济圈"已形成长江上游和西南地区最大的邮政电信枢纽、西部地区最大的内河港口和集装箱码头、各种交通工具可交互使用的快捷灵活的物流基地和交通运输枢纽。成渝经济区拥有重庆、成都两个全国重要的工业城市，内江、自贡、宜宾、泸州等老工业基地和德阳、绵阳等新兴工业城市，装备制造业、资源型加工业、高新技术产业、国防科技工业、现代食品加工业等在全国处于领先地位。自改革开放以来，四川和重庆形成了各具优势和特色的产品和产业，产业结构互补性很强。建设成渝经济区有利于发挥区域辐射作用带动西部经济发展，加强与周边大武汉经济区、长株潭经济区、西陇海兰新线经济区的联系，发挥区域的协同效益。

（四）南贵昆经济区

南贵昆经济区（南宁、贵阳、昆明），是指由南宁—贵阳（黔桂线）、贵阳—昆明（贵昆线）和南昆线构成的区域，包括广西、贵州、云南 3 省区，总面积 80.61 万平方公里，2002 年总人口 12 992 万人，GDP 实现 5390.8 亿

元。人均 GDP 已经达到全国平均水平的 93％左右，而整个西部地区人均 GDP
只有全国平均数的 50％左右，因此，南贵昆经济区成为 3 省区资金、信息、服
务、科技、人才最为集中的地带。该区域位于我国西南部，东联粤港澳，西南
面毗邻东南亚，区位和地缘优势十分明显。经济区顶部中心城市分别为昆明和
贵阳，东南端为南宁（图 2.17）。其自然的"金三角"理想地呈辐射状，以交通
干线为纽带，以中心城市为依托，构成了大西南乃至整个西部地区最便捷的出
海通道。它是我国西部唯一沿海、沿江、沿边、沿线的经济区，自然资源丰富，
战略地位十分独特和重要。"南贵昆经济区"的建设被列入国家"十五"计划，
成为西部大开发经济布局的重点和国际国内投资者关注的热点。

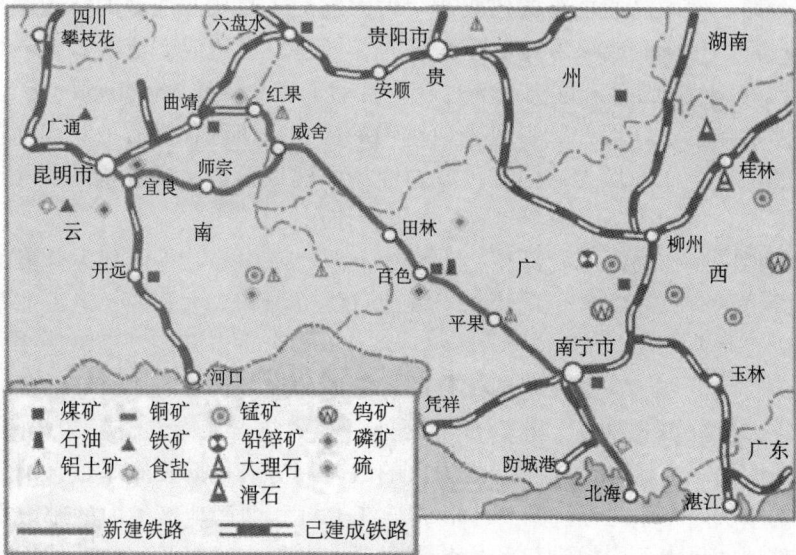

图 2.17　南贵昆经济区城市区域图

资料来源：中工网．http://news.workercn.cn/contentfile/2009/09/08/150734667102518.html

　　南贵昆经济区作为跨越中国西南腹地的重要经济带，是按"以线串点、以
点带面"的战略方针规划的西部地区"南翼"的一个重点开发区域；是西部地
区重要的国土开发主轴，将有望成为中国西部开发中的重要增长极。南贵昆经
济区开发既是历史上开发的继续，又是对历史开发从内容到形式的拓展，有着
重要的国内和国际战略背景。2000 年 1 月 1 日，国务院发出的《关于实施西部
大开发若干政策措施的通知》提出要发展南（宁）贵（阳）昆（明）等跨行政
区域的经济带。2001 年 4 月，南（宁）贵（阳）昆（明）经济区第一届联席会
在贵州省贵阳市召开。2001 年 5 月，广西壮族自治区计委初步制定了《构建南
贵昆经济区广西实施计划》。2002 年 10 月 12～14 日，南（宁）贵（阳）昆
（明）经济区工作会议在云南省昆明市召开，会议形成了南贵昆经济区工作会议

纪要。至此，"南贵昆经济区"轮廓以及开发战略已十分清晰和明确。

第三节 经济区的形成机理

一 经济区形成的现实基础：区位因素与区位选择

区位是活动主体所占据的场所，由区位主体和区位单元构成。区位主体就是区位选择的主体，可能是企业、居民，也可能是各级政府组织等。区位单元是指布局于区位上的某一社会经济统一体内的各个组成部分，是区位主体做选择时所考虑的活动单元，如行业、企业、工厂、车间、办公楼等。行为主体为了实现其特定经济目的而从事活动的场所称为经济区位。区位既是空间的位置，也是各种经济性要素的有机集合体。区位依托的是经济空间的自然条件和自然资源、人力资源、资本、技术、制度等要素禀赋，经济空间所受到的外部性影响及其对其他地区的影响，以及经济空间的有形和无形通道。[①]

区位因素（或称区位因子）是指影响区位价值的不同影响因子，是区位主体进行区位选择的基本条件。最早提出区位因子（standorts factor）的韦伯，将其定义为经济活动发生在某特定地点而不是发生在其他地点所获得的优势，即特定产品在某处生产比在其他场所产生的费用降低的可能性。对于区位因素，不同经济学家对其有不同的称谓，艾萨德则称之为区位力量（locational forces）。区位因素可能既包括区域先天固有的土地、原材料、能源等自然要素和地理特征状况，也包括后天具备的资本、劳动力、技术等可转移要素，更强调区域的市场、环境、交通等外部影响因子。区位因素的异质性决定了区位的差异性。区位条件的优劣是由区位的位置条件、交通条件、信息条件以及专业化分工与制度创新等多方面决定的，具体如图 2.18 所示。

区位选择是指经济活动决策主体为了追逐最大化的经济利益，根据自身需要和相应的约束条件选择最佳区位的行为。由于区域经济存在生产要素的不完全流动性、经济活动的不完全可分性、技术和知识的部分排他性和竞争性等特征，行为主体为实现自身利益最大化需要进行区位选择。经济主体区位选择是建立在资源禀赋的丰度、聚集的经济性、稳定经济增长导致的市场规模扩大三个基础之上的，并由不同区位主体的不同偏好而定。一般说来，居民偏好于选择能够实现其效用最大化的区位；企业偏好于选择能够实现其利润最大化或者

---

① 郝寿义.2007.区域经济学原理.上海：上海人民出版社.75

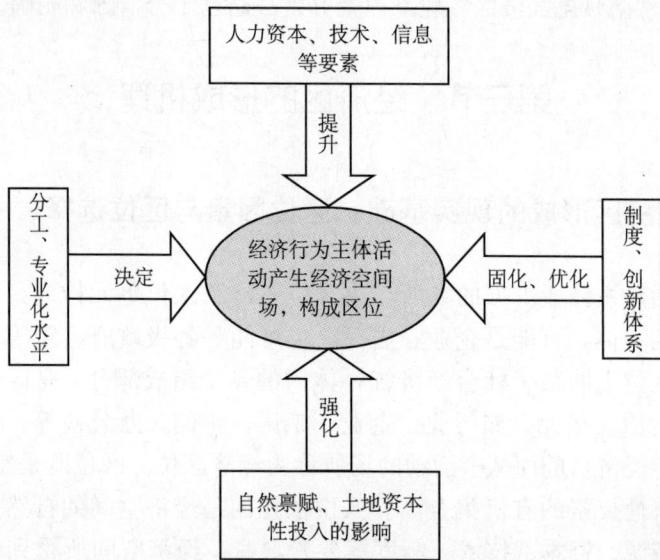

图 2.18　区位影响要素关系结构图

成本最小化的区位；政府则偏好于能实现居民福利最大化或者自身所得最大化的区位。

二　经济区形成的根本动因：聚集、扩散及政策协调

从经验上看，经济区的形成是市场机制和政府机制共同作用的结果，其中市场机制是基于区位因素和区位选择导致产业要素流动的聚集作用机制、扩散作用机制，而政府作用机制主要是基于弥补"市场失灵"的政策协调，其中占主导地位的是聚集和扩散的市场机制。市场机制和政府机制综合作用形成向心力和离心力两大动力体系，并通过循环累积因果效应，推动经济中心的形成和经济区的发展。

首先是聚集作用机制与极化效应。聚集作用机制产生的根源在于要素、企业和经济部门在地理空间的聚集所产生的专业化分工协作带来的外部规模经济，包括提高资源配置效率，降低生产成本，增加经济效益。在自然条件下，区域内的不同经济要素、企业和经济部门会根据区位因素进行趋同性区位选择，不断向具有比较成本优势的据点集中，使其逐步发展成为具有极核带动作用的经济中心城市。"中心城市由于集中了区域的主导产业和创新行业及关联产业，通过持续的创新活动和产业结构的优化升级，聚集引力不断增强，在区域经济发

展中的核心地位不断强化，辐射带动作用的强度和广度也进一步增大。"[1] 聚集作用机制产生的是极化效应，即通过波状极化、向心极化和等级极化，使经济活动向某个具有区位优势地点聚集，并逐步成为整个区域范围内的增长极核的过程和作用。极化效应一经产生，就会形成一个自我积累的正反馈过程，使具有极化效应的增长核拥有一种自我发展的能力，并不断为其进一步发展创造条件。即使原来赖以发展的区位优势已经丧失，它仍可以继续发展。

其次是扩散作用机制与扩散效应。扩散作用机制主要源于聚集经济效益递减和丧失。随着区域中心城市产业结构的逐步升级和创新能力的不断提高，中心区的功能逐步变化，由于大规模的专业化生产功能无法承担土地、劳动力等高额成本，便逐步向具有比较优势能够降低成本的外围地区转移，使中心城市具有更多的商务、金融和信息服务等功能。"由于聚集机制和扩散机制在更大空间范围内的传递，以及空间距离、交通条件和城市禀赋等原因逐渐形成了不同等级的城市；通过经济资源在中心城市和其他城市间的等级扩散，城市体系间的经济联系更加紧密，网络型的区域城市体系逐步形成，最终实现区域经济的一体化。"[2] 扩散作用机制产生的是与极化效应相对应的扩散效应，即经济及各要素从极核向外围扩散的过程，通过波状扩散、辐射扩散、等级扩散和跳跃式扩散，使经济发展要素逐步由极核区域向外围扩散渗透，形成离心运动。

另外，与上述市场机制相对应的政府干预作用机制与政策协调效应具有重要作用，能强化或抵消聚集与扩散的综合作用结果。政策协调效应主要来源于政府对区域经济发展的干预作用。在区域经济发展过程中，扩散机制往往滞后于极化机制，且在经济发展水平较低的阶段扩散机制往往弱于极化机制，结果就会使极化中心与边缘区域的差距在很长时间内呈不断扩大趋势。为了克服由于市场失灵所导致的这种差异化发展，以及城市间的无序竞争、重复建设和产业同构等问题，唯一的办法是加强政府的干预，通过政府区域规划或区域政策等手段，进行直接或间接的宏观调控，促使经济资源在空间上重新分配，以实现中心城市与区域的协调发展。通过政府干预的作用机制，确定区域内城市的共同准则，推动区域经济一体化，使要素资源在区域内自由流动；推进中心城市和周边其他城市的经济合作，使中心城市的传统产业适时合理地向周边城市转移，形成以产业链条衔接和城市间分工协作为依托的区域经济网络体系，从而产生经济发展的规模效应和集聚效应，以带动中心城市与周边区域的全面协调发展。

---

①② 郭宝华，李丽萍 . 2007. 区域中心城市机理解析 . 重庆工商大学学报（西部论坛），17（2）：37，38

三 经济区形成的核心机理：经济集聚与集聚经济

区位的差异性对于不同类型的经济主体具有不同的吸引力，而对于同类型的经济主体或活动则具有共同的吸引，这种吸引加上由于"分工和专业化利益、外部经济利益以及规模经济利益"等所造成的内在报酬递增效应以及循环累积效应，必然使经济主体或活动在一定的区位上形成集聚。经济集聚可理解为在一个相对有限的空间内集中了大量的经济单位和活动的现象，是向心力（聚集）和离心力（扩散）平衡作用的结果，是一种合理利用个体外部性，发挥整体系统收益递增、促进增长和发展的有效制度安排。[①]集聚是大量集中的动态过程，其最终结果表现为集群。集群是经济集聚累积到一定阶段后的产物。

（一）经济集聚的类型

经济集聚的过程一般从要素集聚开始上升为企业集聚，再上升为产业集聚，并进一步发展为城市集聚，从而形成企业集群、产业集群及城市群的聚集经济体。[②]第一，要素集聚是经济集聚的本质。正是要素集聚的发生和变化，才引起了企业、产业以及城市等区域形态的变化。要素聚集包括区域内要素向不同层次极点的聚集和区外要素向区内聚集的过程，经由人口流、物质流、技术流、信息流以及资金流等要素流的形式出现。第二，企业集聚包括相同企业和相关配套企业在空间上的聚集和发展，其结果是形成企业集群，成为吸引要素集中和促进区域经济发展的微观源泉。专业化区域形成企业集群既可以利用地方组合资源优势和相似的基础设施，又有利于发挥规模效益以及促成彼此之间的学习和创新。第三，产业集聚是建立在劳动分工不断细化基础上的，其中中小企业积极地相互作用，企业集群与社会趋向融合，促使区域与外部经济空间建立持久与广泛的联系。产业集聚到一定程度便形成产业集群，能够有效地促进区域经济的发展以及区域竞争力的提高。第四，城市群可以被看成区域经济聚集的最高级形式。城市本身是区域聚集的核心。由于能量趋向于较高的区域或个体聚集，城市群区以核心城市为中心向外推移，城镇规模、密度及组群的等级将依次降低，最终形成有序的等级体系。

国内对经济集聚机制进行了专门研究，以图示形式（图 2.19）进行了详细解析[③]：外部性理论、地域分工理论、工业区位理论及报酬递增理论成为形成集聚的最初理论基础；当集聚出现以后，这种集聚的群体不断壮大形成循环累积，

---

①③ 钟华，韩伯棠等 . 2004. 经济集聚机制研究几个新领域探索 . 中国管理科学，12（10）：556
② 郝寿义 . 2007. 区域经济学原理 . 上海：上海人民出版社 . 131

最终可能发展为增长极。从表现形式看，集聚往往以企业群或产业群等具体形式存在。因此，通常会针对产业群或企业群等来对抽象的集聚理论加以探讨、剖析，如波特的价值链方法就可以很好地应用到集群分析中。最终，集群作为一种非常有效的区域性经济组织，在一定的规模范围内发展壮大，推动经济增长和社会进步，培育并强化了区域核心竞争力。

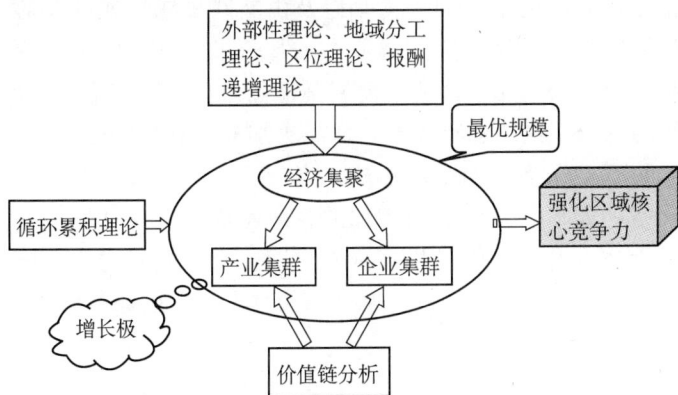

图 2.19　经济集聚概念解析

（二）经济集聚的根源

新兴古典经济学和空间经济学文献认为，经济活动的空间聚集源于报酬递增，克鲁格曼指出"这种生产在地理上的集中正是某种收益递增的普遍影响的明证"[1]。对报酬递增性质和来源的认识，主要集中在分工理论、马歇尔和传统经济地理学的关联效应与外部经济理论、"迪克西特-斯蒂格利茨"（简称"D-S"）垄断竞争模型以及艾瑟尔外部规模经济理论上。其中，分工演进是核心，其与外部经济、外部规模经济和报酬递增的关系可理解为本质与表象、原因与结果的关系。"就整个经济体而言，分工演进导致分工网络的扩大，而分工网络的扩大表现为中间投入品和最终产品的多样化，这种多样化生产格局使得微观主体间的经济关联日益紧密和复杂，经济活动的外部性（金融外部性和技术外部性）得以增强，整个经济体乃至微观主体都因为外部规模经济的强化而呈现收益递增，这又进一步刺激了分工网络的扩大，由此经济体进入一个自我强化的循环累积过程。"[2]

对于分工演进、报酬递增和空间集中，"杨小凯-赖斯"模型从交易的角度进行了解释，着重讨论了交易的地理集中问题，它把城市简单地看做交易地理

①　保罗·克鲁格曼.2002.地理与贸易.北京：北京大学出版社，中国人民大学出版社.5
②　李皓，杨海燕，2008.区域空间结构演进机制再认识.西南民族大学学报（人文社科版），(2)：118

集中的场所，把城市的层级结构看做交易费用与分工网络效应之间权衡的结果。[①]与此同时，克鲁格曼 CP（中心-外围）模型则对产业集聚机制进行了阐释，从空间向心力和空间离心力两种力量的对比变化来理解经济活动的空间过程。克鲁格曼认为由于微观主体的趋利性，他们在空间上倾向于集中以充分利用和放大经济活动正外部性。CP 模型集中讨论了金融外部性及由此产生的本地市场效应和价格指数效应两种空间向心力，以及由空间集中造成的非流动要素价格上升导致价格竞争效应反映的空间离心力。基于经济活动的地理集中既包括交易集中又包括产业集聚的现实，两个模型可整合为统一的结论："经济活动的空间集中是一种降低分工网络运行成本，从而更加充分利用和强化分工网络效应，提升报酬递增程度的经济空间组织形式。当分工网络扩大对企业带来的边际收益大于由于网络扩大和空间集中而增加的企业总成本（包括增加的交易成本和因非流动要素价格上升而增加的生产成本）时，空间向心力大于离心力，则空间集中成为必然。反之，则区域的低水平均衡状态是长期稳定均衡。"[②]

（三）经济集聚的条件

由于经济聚集既包括交易集中，更包括产业聚集，那么，对于经济活动在空间上的聚集就必须从生产和交易两个方面去探寻其形成的条件。从生产上讲，资源、技术、劳动力、资本等要素禀赋是经济聚集的基础和前提。国内著名区域经济学者郝寿义曾在著述中提出了非均质空间下的区位选择假说，展示了要素对于聚集经济实现的内在机理。"一方面，聚集经济不是平坦空间中随机形成的，而是与特定要素禀赋的空间分布直接相关；另一方面，这种内生机制具有很强的历史和动态性质，不同时代驱动这一内生机制的要素往往不同，体现出明显的历史演化特征。"[③]

从交易层面讲，市场容量和交易效率也是促成经济聚集的重要条件。由于分工发展带来产出水平的不断提高、最终产品的多样化以及中间投入品的不断衍生，都需要一个不断扩张的市场来容纳。新兴古典经济学也指出，只有在一定的分工水平或市场规模上，经济活动的空间集中才能降低交易费用，空间集中也才是有效率的经济空间组织形式。而市场和分工的发展都必然要求降低交易成本，提高交易效率，这决定了只有当贸易自由度超过某一临界值时，空间演进才会进入一个以空间集中为特点的循环累积过程。[④]

综合起来看，资源禀赋等区位要素是经济集聚的初始条件，是经济集聚形

① 杨小凯 . 2003. 经济学——新兴古典与新古典框架 . 北京：社会科学文献出版社 . 287～290

②④ 李皓，杨海燕 . 2008. 区域空间结构演进机制再认识 . 西南民族大学学报（人文社科版），(2)：119，120

③ 郝寿义 . 2007. 区域经济学原理 . 上海：上海人民出版社 . 120，121

成和演化的基础，在发展初期起决定性作用，但具体在哪个地方聚集，历史偶然事件的作用不可忽视。不过，一旦经济聚集形成，则由于集聚的分工网络外部效应及正反馈机制的存在，以市场容量和交易效率等为标志的市场潜力条件在经济集聚演化过程中的作用越来越得到强化，而要素禀赋的区位作用相应降低。当经济集聚的规模和程度发展到一定水平后，市场和交易因素将起决定性作用。

四 经济区形成的关键环节：经济功能区

从经济集聚的产业形态向经济区域的空间形态迈进，可以说是一个"惊险跳跃"，如何实现这一"跳跃"，一直是区域经济理论中的薄弱环节，最新的区域经济学教科书也是探讨到"新产业区"就戛然而止。经济功能区就是实现这一"跳跃"的桥梁和关键环节，这是由南开大学郝寿义教授带领的科研团队的原创性发现，他们开创性地探讨了经济集聚如何由经济功能区形成经济区域的重大课题。"经济功能区是由同类的经济活动在空间上的高度聚集，连片分布形成的空间区域。这种功能区一般是以某种经济功能为主，兼有其他功能。由于各种经济行为需占有利用一定的地域空间，而地域空间因其附着要素的不同而呈现出异质性，因此各种经济活动之间必然发生空间竞争，导致各种经济功能区的形成。"[1] 经济活动根据一定的规律性，在特定的经济空间范围内形成有效的聚集，进而构成在一定空间范围内相对均质的经济功能区。

如图 2.20 所示，要素禀赋差异构成了经济功能区形成的客观基础；社会经济行为主体通过区位选择，遵循相应的聚集规律，构成了经济功能区形成的内

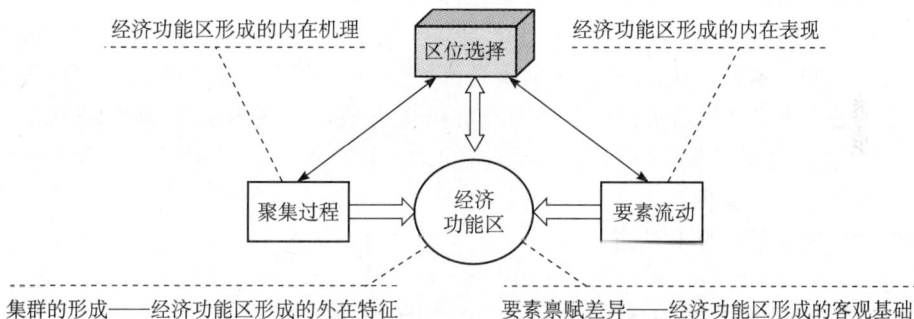

图 2.20 经济功能区的形成

资料来源：郝寿义.2007.区域经济学原理.上海：上海人民出版社.127

---

[1] 郝寿义.2007.区域经济学原理.上海：上海人民出版社.124

在机理。经济功能区的内在表现是各种要素在空间上的流动及相应的聚集过程，而经济功能区的外在特征表现为各种各样的集群的形成。要素聚集形成相对较大差异的两类经济功能区——"城市与农村"，企业聚集形成"出口加工区、经济开发区、工业园区"等单一经济功能区，产业聚集则形成一定综合性的经济功能区——"产业区"。经济功能区内占据主导地位的经济要素的不同，决定了经济功能区的性质和范围，如农业区、工业区、市场区、金融区、商业区等。

不同性质、不同等级的经济功能区，彼此之间交互作用，形成一种具有网络特征的经济空间即经济区。"同能性的经济功能区存在着等级网络结构，形成经济功能区之间的纵向分解网络结构；而不同能性、相对同等级的经济功能区则通过部门分工、地域分工，形成横向联合网络结构。在现实的社会经济生活中，这种纵向的分解网络结构与横向的联合网络结构是彼此并存、相互重叠的。这种重叠的网络结构也就构成了我们所说的经济区域。"[1] 经济区是由相应的经济功能区和相关的网络通道功能造成的。经济区是经济主体基于成本最小化、利润最大化或综合偏好的区位选择聚集形成的经济功能区的集合，是至少由农业区、工业区、市场区三个经济功能区综合叠加而成的，具有网络结构的地域空间组织。一般来讲，市场区是以中心城市为标志的核心区，工业区是中心城市周边或近郊的城乡边缘区，农业区是广大外围地区，共同构成了具有三元结构的经济区空间系统。

第四节　经济区的台阶式自组织演进

经济区空间结构一旦形成，在一定时期内具有稳定性，但这种稳定性随着区域内各经济要素空间组织关系的变化而被破坏，遂进入区域系统内空间组织关系的演进过程。"任何经济空间在厂商和居民的活动下，都存在自我生长的演化组织机制，这种自组织机制的本质是区域主体在追求自身利益最大化过程中形成的三种相互关联的空间力量——市场接近效应、成本关联效应和拥挤效应。"[2] 这种由经济系统内部引起经济空间结构转变的动力机制可以称为空间经济自组织功能。这种自组织内力与政府干预调控的外力共同作用，推动了区域经济空间结构的转换和演进。

一　经济区空间结构的台阶式演进过程

经济区不是从来就有的，也不是一经形成就亘古不变的，它伴随着区域经

① 郝寿义 . 2007. 区域经济学原理 . 上海：上海人民出版社 . 142
② 郝寿义 . 2007. 区域经济学原理 . 上海：上海人民出版社 . 11

济的发展而成长，要经历增长核的孕育和形成，再到经济区的成型和发展壮大的演进过程。美国学者弗里德曼和我国陆大道院士等对这一过程进行了比较准确的概括，他们基本上都认为区域空间结构从低水平均衡到非均衡发展，最后达成更高水平均衡是区域空间结构演进的一般规律。弗里德曼在其《区域发展政策》（1966 年）一书中把区域空间结构的演变过程划分为工业化前、始、中、后四个阶段。相应地，我们把经济区也划分为孕育、初级、中级和高级四个阶段。一是前工业化社会，区域内部各地区之间相对封闭，彼此很少发生联系，只能是经济区的孕育阶段。二是工业化的初始阶段，开始形成区域性经济中心（增长极），经济活动向这个中心集聚，从而形成单个相对强大的经济中心与落后的外围地区。我们把这种区域单中心的形成和发展时期作为初级经济区阶段。三是工业化阶段，随着经济活动空间范围的不断扩展而产生一些新的经济中心，出现若干个规模不等、有机联系、相互结合的"中心-外围"结构。我们把这种区域多中心的形成和发展时期作为中级经济区阶段。四是后工业阶段，区域经济发展达到较高水平，不同层次和规模的经济中心与其外围地区的联系也越来越密切，它们之间的经济发展水平差异不断缩小，逐步形成了功能一体化的区域空间结构体系。我们把这种中心与外围地区发展差距逐渐缩小、区域经济一体化程度不断提高时期作为高级经济区阶段。因此，经济区一旦孕育形成，我们可以把它的发展演化看做从初级经济区走向中级经济区和高级经济区的台阶式空间演进过程。

（一）初级经济区阶段

该阶段经济区中心-外围结构形成后，由于整个区域的市场经济有了更大程度的发展，地区间的交通运输条件不断改善，促进了区域工业化的兴起和区际专业分工的深化。随着工业化进程的加快，地区间的交流和联系也日趋活跃，形成了现代经济和传统经济并存的经济结构。现代产业集中在中心城市，传统产业则分布在广大的农村和中、小城市。区域内的中心城市成为区域经济的增长核，区域内的经济联系加强，但还没有形成专门分工。由于空间集聚程度的不平衡，区域的核心城市地带经济获得迅速发展，而远离区域核心的边缘地带经济发展水平仍很落后，形成单一的处于不断变化状态的"中心-外围"格局，区域空间结构转换呈现不稳定的集聚性特征。

（二）中级经济区阶段

该阶段整个区域内已经形成较为完善的市场体系，经济快速发展，第三产业比重逐步上升，稠密发达的交通通信网络深入区域各部分并构成地区间相互联系的综合体系。区域内经济联系更加紧密，劳动地域分工非常明确，在区域内部分工协作的基础上形成了区域外向的优势产业。在区域核心城市继续产生集聚作用的同时，由于资源开发和经济的发展，通过一种有效的空间传递机制，促进了区域第二、第三级等次城市核心地带的兴起和发展，由中心城市向外延伸扩张辐射形成卫星城、次中心城市和城镇群，城市不断扩大，功能不断增强，形成了数个经济中心，单一的"中心-外围"空间结构逐渐演变为多核心的空间结构。同时，区域中心城市在不断增强的集聚效应下，对周围边缘地带的辐射范围日益增大，区域中心城市出现向城市外缘地区扩散的郊区化趋势，空间结构转换呈现集聚性和分散性相互交叉的演变特征。

(三) 高级经济区阶段

该阶段整个区域内形成了高度发达的市场经济体系，现代化发达的交通和通信系统使区域内外联系更加密切，区域经济向一体化方向发展，城乡劳动生产率差异和区内劳动生产率差异显著缩小。在区域经济紧密联系和分工协作的基础上形成了向区域外输出的优势产业部门和行业，而这些优势部门和行业并不是都集中在中心城市，而是均衡分布在整个区域，形成了区域中心城市群和主导产业群。由于区域的空间和资源得到充分合理的利用，产业密集带和城市密集带交织成复合式环状系统，空间结构的各组成部分完全融合为有机的整体，在整个区域范围内形成一个有机联系的城镇等级体系和城乡复合体。区域的空间结构差异逐渐缩小，整个空间结构系统重新呈现稳定的均衡状态。

初级、中级和高级经济区的区分是以产业发展推动的空间结构演进特征为标准的。初级经济区是工业化初始阶段单个相对强大的经济中心与落后外围地区，中级经济区是工业化阶段形成多中心的若干规模不等、有机联系的"中心-外围"结构，高级经济区是后工业化阶段若干中心与外围地区发展差距逐渐缩小、区域网络化程度不断提高时期的经济区。但这种区分是相对的、分层的，一级大的高级经济区可能包含二级中级经济区，也可能包含三级初级经济区，如长三角地区进入高级经济区开发阶段，但南京、杭州二级经济区仍处于中级经济区阶段，三级的泰州经济区可能处于初级经济区阶段。武汉城市圈应该是重点实行轴线开发的中级经济区阶段，虽然形成了武汉、黄石、襄樊等数个经济中心，但城市之间联系不紧密，区域内交通网络不发达，要素和商品流动性差，需要通过基础设施建设提高城市关联度。

如果按照经济区的静态划分标准和动态成长阶段来划分中国的经济区，我们就会发现中国的区域经济处于一种不平衡发展的状态，各个省区处于不同的发展阶段，很难用一种统一的标准将全部国土划分成若干经济区，即使划分出来，也是有的经济区处于区域经济的初级阶段，其主要任务是培育和完善区域经济的增长核，有的经济区已处于高级阶段，其主要任务是向经济一体化目标发展。

二 经济区空间结构演进的动力机制

经济区的空间结构演化受自然和人为的多种因素综合影响，由外部推力、内生动力和区域间相互影响而产生的区域耦合力推动，基于区位因素的聚集与扩散作用是经济区演化的内在动力，基于政府政策的人为干预、技术发展与社会因素的影响是经济区演化的外部推力。[①] 经济区形成过程中的聚集作用机制与极化效应、扩散作用机制与扩散效应、政府干预作用机制与政策协调效应依然是经济区空间结构演化发展的根本动力机制，只是三者的耦合作用机制更加突出，它们相互依存、相互制约，并在一定条件下相互转化。聚集作用与极化效应使区域经济从孤立、分散的均质无序状态，走向局部聚集不平衡发展的低级有序状态；扩散作用及其效应则使区域经济的发展由少数极核中心逐步向整个区域推进。

在区域经济成长的不同历史阶段，极化效应与扩散效应的作用强度和方式大不相同，两者在时间上存在着一定的相位差。在经济区成长的初级阶段，有限的生产要素只能首先集中在少数点上，以取得集聚效益和规模经济，这时极化效应较扩散效应显著，经济区经济呈不平衡发展态势，二元结构明显；在经济区发展的成型或成熟的高级阶段，扩散效应变得越来越重要，经济中心区的经济增长势能大规模向周围地区扩散，导致区域间差距逐步缩小。政府的干预及政策协调效应则是在不同的阶段强化了极化效应与扩散效应相互叠加形成的吸收效应（极化效应大于扩散效应）或溢出效应（扩散效应大于极化效应），最终使区域经济从不平衡走向相对均衡的高级有序状态。

极化效应与扩散效应相互抵消、相互平衡的结果是空间集聚规模和效益的变化。它是影响区域空间结构转换和不平衡发展的空间经济机制。集聚的规模和效益随着经济集聚的发展而不断发生变化，即集聚存在最优规模和效益。空间集聚过度或不合理集聚都有可能使其中一些企业超过或达不到最优技术经济规模，从而造成整体的规模不经济，即集聚不经济，并相应产生空间分散效应，其作用趋于促使企业分散布局到主要集聚中心以外的空间区域。空间的极化和扩散作用程度决定着空间集聚经济的规模和效益的变化，空间集聚经济的规模和效益变化反过来又对空间的极化和扩散作用进行调整。由于集聚经济规模和效益表现出的区域差异性，决定了经济区的发展演化往往呈现出不平衡特征。

---

① 张庭伟. 2001. 1990 年代中国城市空间结构的变化及其动力机制. 城市规划，25（7）：12

三 经济区空间结构演进的基本规律

经济区空间结构的形成和演变是一个客观的经济现象和自组织过程，在这一过程中，它表现出一些内在的方向性、趋势性和规律性。由国内学者张秀生、卫鹏鹏主编的《区域经济理论》对区域空间结构如下三个方面的演进规律作了很好的疏理和概述。[①] 但从经济区域与经济区的本质区别来说，与其说它是区域的，不如说是经济区的空间结构演化规律，经济区作为具有特定结构的空间经济组织，有一个从形成到发展的演化进程。

一是经济区空间结构演变总是遵循由"点"到"轴"再到"面"的进化过程。区域空间结构在极化效应的作用下，首先开始"点"（城镇）的聚集，随着聚集程度的不断增强，一些节点逐步成长为区域经济中心。经济中心逐步聚集达到一定规模后，便产生出扩散效应，经济中心便通过扩散效应带动影响周围地区发展。这一过程首先发生在交通沿线附近，形成沿交通线的经济中心区即"轴"。轴的交叉与点的组合，形成了更大的扩散效应，从而产生了向"面"上的扩展效应，形成了一个区域内的城镇化和交通运输网络的高度密集与现代化。经济区的发展一般遵循这样一个演化过程，这已为世界各国的实践所证明。

二是经济区空间结构的演进过程实质上是城镇化不断推进的过程。在经济区空间结构演进的过程中，节点城镇的极化和扩散是最根本的力量，点、轴、面的融合是城镇化过程的最高形态。城镇化的推进一般包括两个方面：一方面是城镇化的近域推进，即由城市中心向外围郊区蔓延，城镇本身通过向外缘扩展从而引起城镇范围的扩展过程；另一方面是城镇化的广域扩展，即通过农村地区的城镇化，小城镇和地方城市的不断扩大、专业化城市的不断兴起，使得城市数目增多，城市功能在更大地域范围上扩展开来的过程。城镇化过程的近域和广域双重扩展，必然沿着点—轴—面的轨迹，最后形成点、轴、面相互融合的经济区。

三是经济区的发展总是表现为均衡—不均衡—均衡的螺旋式循环进程。经济区经济的发展在空间方面总存在着两种机制——极化效应和扩散效应，极化效应是使经济区从均衡走向不均衡的力量，扩散效应是使区域从不均衡走向均衡的力量。经济区经济发展就是这两种力量不断对比、较量和抗衡的过程。在这一过程中，极化效应强大时，经济区趋于不均衡发展；扩散效应强大时，经济区则倾向于均衡发展。而且，当一种效应强大到一定程度时，它便会逐步衰弱，被另一种效应所取代。因此，经济区经济发展是一个均衡与不均衡相互交

---

① 张秀生，卫鹏鹏.2005.区域经济理论.武汉：武汉大学出版社.188~190

替、相互转化的过程。

四　空间经济自组织演化与经济区开发

空间经济自组织演化主要是通过市场自组织机制来进行的，市场机制是形成经济区的前提。历史上的经济区一般都是市场导向型经济区，是在区域间自然资源禀赋差异和自由贸易的基础上自发产生的。但是，由于经济自组织系统存在负外部性的"市场失灵"，这必然导致空间经济自组织在资源配置上的无效率，表现为"空间失灵"，需要一种区域协调机制加以解决。"区域经济系统在自组织过程中不具有稳定性，即从相邻的初态出发可以形成完全不同的稳定有序结构……客观上要求地方决策机构在区域经济发展过程中谨慎地运用各种经济政策进行系统的自组织控制，以把区域经济系统引向决策者所希望的有序结构。"[1]

从实践上看，单纯依靠市场机制和资源优势的结合，经济区的产生和发展是一个缓慢的、渐进的过程。经济区的形成以市场一体化为基础，而各种基础设施的建设又是市场一体化的前提。一个地区的能源、交通、通信、教育等基础设施的水平决定了市场流通的发达程度。在市场活动中，各经济主体分散决策的出发点都是自身利益的最大化。当各经济主体互相之间出现利益矛盾甚至利益冲突时，就需要有一个独立的机构或组织作为区域主体代表区域共同利益进行协调。在近代，这经济区域主体的角色历史地落到了政府身上，从而形成了政府主导开发经济区的模式。政府在主导经济区开发时，应坚持以自组织为主、以他组织为辅的基本原则，将政府区域规划、区域政策与市场机制科学结合起来。

经济区开发是指政府和企业对经济区的自然、经济、技术、文化、社会等各种资源进行综合利用，谋求经济区经济增长和社会发展的过程。经济区开发是综合性的，不仅仅是工业开发或农业开发，而且是涉及自然、经济、技术、文化、社会等各个要素的综合性开发，并要达到推进区域内所有地区经济增长的目的。根据经济区空间结构演进的基本规律，国家和地方政府可结合现实经济区发展所处的不同阶段，根据经济区的空间经济自组织规律和特点，遵循均衡—不均衡—均衡的指导思想和发展战略，有针对性地采取增长极开发、点轴开发或网络开发模式，从"点—轴—面"的进化过程入手，推动城镇化的空间结构合理演变，全面推进中国经济区的持续健康发展。

---

① 　王子龙，谭清美，许箫迪.2005.区域经济系统演化的自组织机制研究.财贸研究，（6）：9

第三章　初级经济区的持续发展路径
——增长极开发

第一节　经济区的增长极开发模式

一　增长极开发模式的内涵

　　增长极开发模式是增长极理论在地域开发布局实践中的应用。增长极理论最初是在20世纪50年代由法国经济学家弗朗索瓦·佩鲁为了解决落后地区的开发问题，针对古典经济学家的均衡发展观点而提出的。他认为，经济增长并非遵循均衡路径同时出现在所有地方，而是发源于一个所谓的"推动型单位"，以不同的强度首先出现于一些增长点或增长极上，然后通过不同的渠道向外扩散，并对整个经济空间产生不同的最终影响。佩鲁增长极概念并不具有地理空间含义，而是指抽象的经济空间中推动型的企业及与其相互依赖的产业部门。

　　佩鲁的追随者法国经济学家布代维尔拓展了增长极理论，将其从抽象的经济空间转换为具体的地理空间，提出了"增长中心"概念，即增长极的"极"位于城镇或其附近的中心区域，"增长极将作为拥有推进型产业的复合体的城镇出现"[1]。这样，增长极包含了部门增长极和空间增长中心两个明确的内涵。增长极既是经济空间上的某些企业，也是地理空间上产业集聚的城镇。后来，学者把增长极看做中心城市，认为增长极是指集中了主导产业和创新行业及其关联产业的中心城市，对区域经济活动起着组织作用。

二　增长极开发的主要内容

　　增长极的形成条件可以分为历史因素、技术经济、资源优势三个方面。在历史上形成的经济、人口的聚集范围内，基础设施、劳动力素质、社会文化环境大多具有相当的优势条件，有利于增长极的形成；经济发展水平较高、在技术和制度方面具有较强创新与发展能力的区域，更适合于增长极的产生和发展；在具有水源、能源、原料等资源优势的区位，相对有利于形成新增长极。增长

---

[1]　邓宏兵.2008.区域经济学.北京：科学出版社.166

极开发的主要内容如下：

一是强调极点开发，充分发挥各级中心城市（城镇）的作用。城市依靠其所影响区域提供的原料、能源、食品、劳动力等实现发展，也以工业品、信息、技术政策等供给和支配它的周边区域。要使区域获得发展，必须重点开发不同等级的中心城市（城镇）。要在城市区域培育发展一个或几个主导经济部门，加强它与其他众多经济生产所具有的经济技术联系，使其发展带动其他部门相应发展。

二是增长极对周围地区有两个方向的作用。其一为极化过程，也就是集聚化过程。增长极以其较强的经济技术实力和优越条件将周围区域的自然及社会经济潜力吸引过来。其二为扩散过程，即从投资和经济技术等方面对周围地区给予支持，为周围地区的初级产品提供市场，吸收农业剩余劳动力。在增长极形成初期以极化（集聚）为主，而在增长极发展演化的中后期以扩散作用为主。

三是强调集中开发。此即要对开发区域和产业进行集中投资、重点建设、集聚发展、注重扩散等，因而具有广泛的应用性。增长极开发强调经济结构的优化，着重发展推进型工业，也强调经济地域空间结构的优化，以发展中心来影响带动整个区域。

三　增长极开发的作用机理

增长极是由主导产业和有创新能力的企业在某些地区或大城市集聚发展而形成的经济活动中心，通过产生吸引和辐射作用，促进自身并推动其他产业和地区的经济增长。增长极的作用机理体现在增长极对周围地区的四种效应上[1]：第一是乘数效应，是指增长极中的推动性产业与其他产业间垂直的、水平的关联。这种关联受循环累积因果机制影响，会使增长极对周围地区经济发展的示范、组织和带动作用不断地得到强化和放大，影响范围和程度也随之增大。第二是支配效应，是指增长极在形成和发展的过程中，对周边地区不对称的资源、人才、资本的吸纳现象。在空间上，也就表现为对周边地区的剥夺。第三是聚集效应，是指增长极因其较明显的外部效应而使企业向其靠拢的现象。新企业的加盟在增加供给的同时，又形成或扩张了市场需求，构成一种良性循环，使增长极不断成长。第四是扩散效应，是指增长极向周边地区输送人才、资本、技术等生产要素的空间经济现象。成因是产生了市场拥挤效应和聚集不经济，扩散的结果也就演变为周边地区经济的快速增长。

四　增长极开发的适用条件

增长极理论认为，落后地区往往具有广阔的地域与较丰富的自然资源，但

---

[1] 张秀生，卫鹏鹏．2005．区域经济理论．武汉：武汉大学出版社．66，67

物质技术基础薄弱、交通不便、自然地理条件较差、开发程度低。区内生产主要是第一产业和国内规模的制造业。中心城市数量少且规模不大，分布零散，多为地方级小城镇，缺乏能带动全区发展的中心城市。城市功能主要是作为行政中心。在建设资金十分有限而基础设施又需要巨额社会资本投资的情况下，要促进这类地区的经济开发，关键是采取不平衡发展战略，配置一两个规模较大、增长迅速且具有较大地区乘数作用的区域增长极，进行重点开发。然后，随着与相应区域物质、人员的频繁交换，在促进自身不断成长的同时，也以不同的方式和规模让周边分享其创造的物质文明和精神财富。

第二节 初级经济区实行增长极开发的理论分析

对于初级经济区来说，由于区内经济处于以传统农业为主的工业化初级阶段，有丰富的资源，但由于物质技术条件差，开发程度低，区内中心城市数量少、规模小、经济功能差，不能组织带动地区经济的发展。这类经济区的经济发展和布局，就可以运用增长极的理论模式：努力增强和完善中心城市的现代功能，培育区域经济的增长核，避免在区域开发的空间秩序上全面开花，齐头并进，而是实行有重点、非平衡式的发展战略。这对西部经济区开发具有重要的指导意义。

一 理论基础：基于空间集聚的不平衡发展理论

不平衡发展理论是针对均衡增长理论提出和发展起来的。所谓均衡增长，是指在整个工业或国民经济的各部门，按同一比率或不同比率同时、全面地进行大规模投资，从而使各部门间实现相互配合和支持的全面发展。传统的均衡增长理论都强调大规模投资对实现全面、均衡增长的重要性，但在发展中国家，由于存在资金短缺和人才不足，加之市场经济体制的不完善，因此，不可能筹集大量资金并按一定比例分配到各部门，实现大推进的均衡增长战略显然会遇到很多阻碍。而不平衡发展理论主张应首先选定少数部门或产业进行投资，使其快速发展并带动其他部门相应发展，而不是在经济的所有部门同时进行投资。

不平衡发展理论应用于现实的区域规划，被称为不平衡增长战略，又称倾斜战略。这个战略模式的出发点就是：地区经济的成长过程，实质上是产业部门的成长过程，而不同的产业由于条件、地位、作用不同，增长的势头也是不同的。它往往是首先从主导产业、主导地区开始，然后再逐步扩大到其他产业和其他地区。所以在一定的时期内，地区资源只能选择在若干产业、若干地方进行集中的投入。显然，造成经济的不平衡是经济发展的重要措施，经济增长点培育从一定程度上说就是这种措施之一。极化理论是不平衡发展理论的典型应用。与新古典的均衡趋势和趋同倾向论断相对立，极化理论提出了经济发展的非均衡和趋异倾向的观点，认为由于存在规模经济和集聚经济效益，经济增长往往倾向于集中在某些地方，因此区域经济增长是不均衡的。

二 战略核心：中心城镇开发

根据增长极理论，当经济发展到一定强度时，必然形成规模扩张和空间集聚，形成带动周边区域发展的增长极。德国经济地理学家克里斯塔勒所创立的中心地理论所阐述的中心地，就是作为区域经济核心的中心城市和节点城镇。相对于一般型城镇，中心城市（城镇）具有较强的集聚辐射能力、创新协调实力和综合服务功能，在集聚资金、技术、人才、资源等要素的同时，又将经济动力、产业功能和创新成果扩散到腹地，带动区域实现跨越式发展，在区域经济发展中发挥着核心作用。

对于中心城市的功能和作用机制，国内有学者著文全面阐述了中心城市通过支撑、示范、关联和磁场等综合作用主导着区域经济发展的过程。[①] 第一是支撑作用。中心城市是区域经济发展所需的资本、技术、人才等各种经济要素的供给或培育基地，是区域经济网络的核心，在区域经济活动中发挥着决策、组织和领导的作用，通过集散功能和经济联系协调区域内部经济的发展，参与区际分工。第二是示范作用。中心城市在政治、经济、科技、文化等各方面具有巨大示范作用，全方位、多层次影响着区域经济的发展。特别是在科技方面，中心城市是区域科教中心和创新基地，其创新活动为区域产业结构升级和经济发展提供了持续动力。第三是关联作用。中心城市是工业和服务业的聚集地，作为产业龙头通过与区域内其他城市间的分工合作关系，形成完整的产业链，带动区域经济的发展；同时，通过向其他地区转移传统产业并提供相应服务，为周边地区发展提供机遇。第四是磁场作用。中心城市作为区域经济社会网络的集结点，通过向内的聚集吸引力和向外的扩散渗透力，一方面有效吸引各种经济要素形成集聚经济，另一方面又将商品和技术、信息、人才、管理等要素传递到其他地区，促进区域经济与社会的整体发展。

中心城市的辐射带动能力，说到底是其在大市域中的首位度问题。所谓城市首位度，最早见于1939年美国学者杰斐逊对国家城市规模分布规律的研究和概括。他认为在一个国家的政治、经济、社会、文化生活中占据明显优势的城

---

① 郭宝华，李丽萍．2007．区域中心城市机理解析．重庆工商大学学报（西部论坛），17（2）：38

市称"首位城市"，首位度即首位城市与第二位城市的人口规模之比。此后，国外学者对城市首位度的计算方法[①]又不断进行修正完善，从原来的国家范围、以人口规模比较为主，正逐步引入到区域发展领域、以经济总量比较为主，计算方法也由原来的"点对点"比较发展到"点对面"比较。中心城市首位度是其与区域内其他地区在规模总量和发展质量上的深层衡量，反映了中心城市集聚过程中的竞争力和发展中所形成的比较优势，体现为在区域经济社会发展中的引领、带动和整合等龙头作用。城市首位度是衡量中心城市发展的一个重要理论，对于中心城市的发展具有重要的指导意义。

对于经济区来说，中心城市（城镇）就是经济中心，是经济区形成的依托与"心脏"，在区域发展中具有主导、枢纽的作用，是区域中各种生产和经济要素的供给基地，是区域交通、信息、市场、金融、科教等功能中心和网络枢纽。在我国，中心城市（城镇）的增长极效应和区域实现跨越式发展的辐射效应，在以上海为中心的长三角经济区发展中得到了充分的验证。在长三角、珠三角等大城市群发展的引领下，国内许多经济区都呈现出依托大城市加快发展，通过融入区域一体化进一步做大做强的发展态势。

三 动力机制：大规模"推动型"产业发展

工业化是区域经济发展的根本推动力。"推动型"单位是佩鲁增长极理论提出的核心概念，是指一个经济部门，它超过区域平均水平强劲增长并通过同其他部门紧密联系产生影响，并以这样的方式推动整个经济发展。推动型单位同其他经济部门的区别在于："一是它的规模巨大，二是它相对于其他部门具有强大优势，三是它同其他部门有紧密联系，四是它有强劲的经济增长。只有具备这些前提条件，推动型单位才能在可观的规模上产生推动力并通过前后向联系实现其在经济空间中的扩散效应，从而带动区域经济增长。"[②] 随着推动型单位的扩张对投入要素和上游产品的需求必然提高，其他经济部门就受到其增长带来的刺激和扩展。推动型单位通过不断地创新产品、生产和管理，保持对其他经济部门的领先地

---

① 城市首位度的计算公式为 $S=P_1/P_2$，式中，S 为首位度，P_1、P_2 分别为城市体系中第一、第二大城市的人口数。一般认为，首位度大于 3 的城市体系被视为首位城市体系，首位度在 $1.25\sim3$ 的被视为一般城市体系，而首位度小于 1.25 的被视为双首位城市体系。长三角地区的首位城市为上海，2005 年城市首位度为 2.57。与首位度类似的指数还有首位比、四城市指数、十一城市指数等。首位比为首位城市人口占区域城市总人口的比重，四城市指数为 $S=P_1/(P_2+P_3+P_4)$，十一城市指数则为 $S=2P_1/(P_2+P_3+\cdots+P_{11})$。按照位序——规模的原理，正常的二城市指数应该是 2，正常的四城市指数和十一城市指数都应该是 1。百度百科网 . http: //baike. baidu. com

② 邓宏兵 . 2008. 区域经济学 . 北京：科学出版社 . 166

位，并为其继续创新创造资金和技术条件，从而进一步强化推动性单位的优势。

推动型单位从本质上讲就是主导产业部门，它与其他众多经济生产具有前、后向经济技术联系，其发展带动其他部门的相应发展，所产生的效果较它自身发展的效果往往要大。它有两大显著特点：一是它的生产规模大，产品输出率高且在全国或较大区域范围同类产品中占有较高比重；二是它与区域内其他产业的关联效应强，是区域经济发展的核心，它主导着区域产业结构的发展方向，并带动区域内其他产业的发展。并非任何产业都可以作为区域主导产业。陈栋生等提出：区域主导产业必须具备比较优势系数、高产业关联强度、高需求收入弹性、高生产率上升率、高产业创新能力、高产业规模经济等六大条件。[1] 区域经济学理论工作者根据上述区域主导产业必备条件设计了一系列主导产业选择的综合指标体系，具体可从产业比较优势度、产业的市场潜力、产业规模和产业关联度四个方面进行定量评价（表 3.1）。主导产业的这四个指标值越大，特别是与区内其他主要产业的关联度越高，二者之间的联系越广泛、越深刻，就越能通过乘数效应带动整个区域经济的发展。

表 3.1 区域主导产业选择的综合指标及定量评价

指标类型	具体衡量指标	计算公式	字母含义
产业比较优势度	比较劳动生产率（B）	$B=(g_1/g_2)/(L_1/L_2)$	g_1、L_1 分别代表区域某产业的国民收入和劳动力 g_2、L_2 分别代表区域国民收入总额和劳动力总数
产业的市场潜力	产业市场占有率（S）	$S=(x_1/x_2)\times(r_1/r_2)$	x_1、x_2 分别代表研究区域及其高层次区域某产业的年销售额 r_1、r_2 分别代表研究区域及其高层次区域同产业的人均年销售额
产业规模	产业专门化率（Z）	$Z=(g_1/g_2)/(Q_1/Q_2)$	g_1、g_2 分别代表研究区域及其高层次区域某产业的净产值 Q_1、Q_2 分别代表研究区域及其高层次区域全部产业净产值
产业关联度	产业影响力系数（Y）	$Y=h_1/h_2$	h_1 代表某产业纵列里昂惕夫逆矩阵系数的平均值 h_2 代表全部产业纵列里昂惕夫逆矩阵系数的平均值的平均
	产业感应度系数（G）	$G=z_1/z_2$	z_1 代表某产业横行里昂惕夫逆矩阵系数的平均值 z_2 代表全部产业横行里昂惕夫逆矩阵系数的平均值的平均
	产业波及效果系数（J）	$J=(Y+G)/2$	Y 为产业影响力系数 G 为产业感应度系数

资料来源：邓宏兵 .2008. 区域经济学 . 北京：科学出版社 .120

---

[1] 陈栋生等 .1993. 区域经济学 . 郑州：河南人民出版社

四 空间结构：中心-外围二元结构

经济区经济非均衡运动在现实中是客观存在的，由于规模经济和集聚经济效益的存在，在市场力量的引导下，经济活动倾向于集中在某些地域。法国经济学家布代维尔利用佩鲁的增长极理论来解释区域空间结构的形成。他认为，创新主要集中在城市的主导产业中，而这种主导产业是在城市中一组扩张并诱导其控制地区经济活动进一步发展的产业，主导产业群所在的城市就是增长极，它通过扩散效应带动其腹地的发展。不同规模的中心城市构成增长极的等级体系。不同等级体系的增长极与其腹地构成的空间是最基本的结构单位，而区域空间的二元结构是由经济区经济的非均衡增长所导致的必然结果。

增长极的极化与扩散，区域经济的不均衡增长，是一定时期经济区经济空间结构形成的基础。一个增长极产生外部经济的能力越大，其推动效应越强；由于创新、支配和推动等活动的出现、强化和消失，经济增长可以视为一个由一系列不平衡机制构成的过程。在这种经济区经济非均衡作用下，在区域经济空间内由处于支配地位的核心和受核心支配的外围区所组成的地域空间的二元结构就形成了。核心区是具有较高创新能力的区域社会组织子系统，它的扩散效应成为地域结构变化的主导力量，促进次一级的极化，形成了次一级的核心区，构成职能等级体系和与此相适应的不同等级的地域结构。

弗里德曼认为，任何一个国家都是由核心区域和边缘区域组成的。核心区域由一个城市或城市集群及其周围地区所组成。城市是一定地域范围内经济要素和非农产业高度集中的集聚体，是这一特定区域的经济和社会发展中心，并对这一区域产生聚集力和辐射力。在城市聚集力和辐射力的作用下，与城市有紧密社会经济联系的周围地域便形成了城市腹地。城市及其腹地通过这种密切的社会经济联系，形成了具有一定功能的地域综合体——经济区，城市就位于这一经济区的核心。随着城市经济实力的壮大和空间规模的拓展，其影响范围的广度不断扩大，深度不断加强，经济区的范围也在不断延伸。

第三节　初级经济区增长极开发的路径选择

对于经济发展水平低、传统产业比重大、资源丰富但技术条件差、中心城市尚未形成有效辐射的初级经济区，要坚持侧重聚集效应的不平衡发展，实施空间集中化的增长极推进型战略，强化经济中心的"点化"或"极化"功能，抓住作为极核的主导产业和中心城市（城镇），进行集中开发建设。首先选择符合地域情况、有市场优势的主导产业和经济基础相对较好的城市，打造区域经济增长极；优先发展重点区域内的中心城市，重点建设若干基础好、交通条件便利的中心城镇，促使区域内的要素和经济活动向区位条件优越的重点区域集中；在以主导产业为核心的产业群内合理配置，充分发挥增长极对周围地区的聚集效应和扩散效应，建立起具有自我增长能力的区域经济发展机制，逐步带动经济区经济的全面发展。

一　优先发展中心城市

任何经济区都有一个或几个居于核心地位的中心城市，在经济、政治、文化、科教等方面对周围地区发挥主导作用。中心城市就是在一定的地域范围内，具有较强的聚集力、辐射力和综合服务能力，能够主导和带动区域经济快速发展的城市。从中国实际情况来看，区域中心城市一般可分为 4 个等级[①]：一是在全国一级经济区发挥核心作用的，大都是市区人口在 500 万以上的超级城市，在国家的经济活动中发挥着重大的枢纽作用，如珠江三角洲经济区的中心城市广州。二是在跨省域二级经济区发挥核心作用的，大都是市区人口在 100 万以上的特大城市，在国家的大区域经济活动中起着重要的骨干作用，如长江三角洲经济区北翼的中心城市南京。三是在省域三级经济区发挥核心作用的，大都是各省的省会或城市规模在省内名列前茅的城市，如作为长株潭城市群及湖南省的中心城市长沙。四是在省内局部地区发挥核心作用的，大多是市区人口在 50 万以上的大城市，行政级别往往是地级市，如冀东北地区的中心城市唐山。

要集中力量优先发展区域性中心城市，努力增强和完善中心城市的现代功能，培育区域经济的增长核。要通过调整和优化产业结构增强城市综合功能，提高城市的集聚能力以及对周边地区的辐射能力，充分发挥这些城市在区域经济发展中的主导作用，使其成为省域内的区域性中心城市和面向省际边界地区的经济中心。初级经济区普遍存在中心城市的首位度尚不高的问题，在区域经济发展中的带动作用还不能得到有效发挥。因此，应按照大城市标准建设中心城区，逐步完善和提升综合服务功能，强化乡村人员和生产要素向中心城市的流动和聚集，使其成为重要的区域性中心城市，辐射带动经济区经济振兴发展。

要着力提升现有中心城市的城市竞争力，有条件地分步发展为大中城市，大力提高城市化经济效应，推动区域城市化。十七大报告明确提出，今后要"以增强综合承载能力为重点，以特大城市为依托，形成辐射作用大的城市群，培育新的经济增长极"。随着经济的发展，大城市在组织生产、提高生活水平、吸引人力资源、建设基础设施、土地开发等方面具有其他城市无可比拟的优势，

---

① 谢文惠，邓卫．2008．城市经济学．第二版．北京：清华大学出版社．95

应使大城市成为区域经济的增长中心、控制中心和文明辐射中心。在欠发达地区，大城市的中心地位更为突出，但其城市竞争力较弱，城市化经济效应不显著，对周边小城镇发展影响和带动力不强。因此，提升中心城市竞争力、壮大城市规模和实力、加强城市辐射效应是推动区域城市化的关键所在。

二　重点发展中心城镇

城镇是经济区的网络结点，是中心城市核心区与乡村腹地相互作用的联系纽带和桥梁。在农村地区，各种各样的农产品都通过这些小城镇得以出售并购买城市生产的产品，这些中小城镇承担了城市与农村持续联系的任务，成为城乡联系的节点，在城乡联系中扮演着极其重要的角色。如果没有这些中小城镇，则大城市产业与乡村产业之间因经济活动内容、产品、规模、资金、技术等方面的巨大差异，无法形成城乡联系通道，乡村人口和社会经济活动无法向城区聚集，大城市资源要素也无法向农村地区扩散。因此，建立较为完整的城镇体系势在必行。

在增强和提升中心城市服务功能的同时，应有效引导生产功能向外围的新城或县城集聚，开发成为经济区经济的次级增长中心；要积极扶持发展小城市，通过强化功能、扩大规模，加强小城市与大中城市的社会经济联系，积极扶持小城市向中等城市迈进；有选择地重点发展一批小城镇；小城镇应改变过度分散和低水平发展的状况，尽快实现从数量扩张到质量提高、从分散建设到集中建设的转变；不断壮大产业与人口的集聚规模，推进小城镇逐步升级，使一些小城镇成长为小城市；加快小城镇与大中城市经济一体化的进程，使之成为大中城市产业扩散的主要吸纳地；引导边远地区、落后地区的人口向中心城镇集中。

今后应按照中等城市标准建设县城，努力把县城培育成为相对独立完整、功能齐全、设施完善、生态型的中等城市，成为中心城市向市域辐射带动的重要传介和支撑节点。要有重点和有选择地培育和建设原有基础较好、区域地位较高、发展潜力较大的重点中心镇，政府给予足够的财政支持和政策扶持，按照小城市标准建设，使之成为功能完善、设施齐全、环境优美的综合型片区中心，使之承担起县域城乡空间联系的枢纽功能，成为带动县域经济快速增长的极化中心和重要增长点。

三　大力发展开发园区经济

开发园区经济是指在一定地域空间内群集大量企业，以产业群集聚或产业链耦合为基础，吸纳生产要素集中投入从而形成区内经济增长乘数效应的经济组织，包括经济开发区、高新技术产业开发区、特色工业园区、农业科技示范园区、科技园、科学城、创业园、现代物流园、经济特区、保税区、免税区、自由贸易区、出口加工区等。开发园区往往是政府在特定时期内为了加快城市经济发展所采取的、区别于其他区位的优惠经济政策而形成的特殊区位单位。近半个世纪以来，园区经济所表现出来的强大竞争力和在区域经济中扮演的重要角色，引起了人们的广泛兴趣。目前，世界上有100多个国家和地区开辟了1万多个经济园区。我国自20世纪80年代初设立4个经济特区后，各类经济园区如雨后春笋般发展起来，目前已有省级以上经济园区1590个，其中国家级经济园区267个（将随着省级开发园区的陆续升级而不断增加），主要集中在东部沿海地区，近年来中西部地区发展也很快（表3.2）。

表3.2 全国国家级和省级开发园区数量统计表

国家级开发园区（共267个）			
国家级经济技术开发区	79	国家高新技术产业开发区	56
国家级保税区	16	国家级边境经济合作区	14
国家级出口加工区（设在已建成的开发区内）	60	其他国家级开发区（旅游度假、保税物流园区、保税港区、台商投资区等）	42
省级开发园区（共1323个）			
北京	16	青海	3
上海	26	新疆	11
天津	25	江苏	106
重庆	33	浙江	100
内蒙古	39	安徽	83
宁夏	15	江西	85
河南	23	福建	64
山东	152	湖北	87
河北	46	湖南	72
山西	22	广东	68
辽宁	40	广西	23
吉林	34	海南	5
黑龙江	29	四川	39
陕西	17	贵州	13
甘肃	32	云南	15

资料来源：中国开发区网．www.cadz.orgn.cn

开发园区是从属于城市经济功能的特殊载体，园区经济是城市经济的延伸，是一种缩小规模的城市经济，因而园区经济的发展过程是园区所在城市资源、要素在产业与城乡之间重新配置的过程，同时也是城市空间扩展的过程。聚集经济是导致城市形成的根本原因，园区作为城市的一部分，同样是资源集聚和利用外部经济的结果。中国开发区的发展已经走过了20多年的历程。早期的开发区经济功能比较单一、产业化程度比较低，目前则呈现出功能综合化、产业高级化等特征。随着跨国公司投资的增多和国际研发机构及高新科技企业的入驻，一些开发区已成为中国经济发展的强大助推器。但从总体上看，目前中西部地区一些开发区规模较小，发展水平也有限。面临的共同问题是产业结构不尽合理、产业档次以初级制造为主，自主创新能力较差；受国家土地政策限制和税收政策变化等影响，开发区体制机制创新进展缓慢，经济增长对劳动力、资源等传统要素投入的依赖性过大；部分新上开发区起步迟缓，建设水平较低；少数以化工为主的园区环保问题较为突出等。

由于存在上述问题等原因，自 2002 年 3 月兰州经济技术开发区被升级为国家级经济技术开发区后，国家连续 7 年几乎没有再审批国家级经济技术开发区和国家级高新技术产业开发区（2007 年 1 月宁波高新技术产业开发区升级例外）。2009 年以来，由于应对国际金融危机影响等因素，开发园区经济被重新纳入国家战略层面，陆续批准了一批新的国家级开发园区。2009 年 3 月，泰州医药高新技术产业开发区和湘潭高新技术产业园区升级为国家高新技术产业开发区；9 月，批准东湖新技术产业开发区建设国家自主创新示范区。2009 年 7 月，扬州、廊坊经济（技术）开发区升级为国家级经济技术开发区；2010 年 3 月，国务院又批准岳阳、九江、安庆、徐州、马鞍山、嘉兴、黄石、东营、赣州、井冈山、湖州、金昌经济（技术）开发区和广东增城工业园升级为国家级经济技术开发区；4 月，国务院再批准镇江、漳州招商局、锦州、甘肃天水、日照、潍坊滨海、吉林经济开发区和绍兴袍江工业园区、襄樊汽车产业工业园区、大连长兴岛临港工业区升级为国家级经济技术开发区。国家要求这些开发园区升级后立足科学发展，创新外资利用方式，优化利用外资结构，致力于发展高新技术产业和高附加值服务业，着力提高开放水平，完善体制机制，提高自主创新能力，充分发挥辐射、示范和带动作用。

今后我国的开发园区应按照"产业集聚、企业集群，主业突出、特色鲜明"的目标，促进开发区优化整合，形成发展特色，并进一步增强集聚、创新和产出功能，使开发园区真正成为先进制造业的核心区、现代服务业的集聚区、技术进步的先导区，在新型工业化、新型城市化进程中发挥辐射带动作用。一要努力提高开发区科学规划水平，从建设的源头上做起，适时组织开发区规划的编制、修订、完善和评审工作，规范开发区的发展。二要努力强化开发园区综合功能，将一些各自独立的开发区进行合并和功能重组，强化工业园区、综合保税区和出口加工区等功能创新，加快推进服务业进入开发园区，实现由单一的经济功能向多功能综合型开发区转变。三要进一步优化产业结构，着力引进技术含量较高、附加值较高、产业关联度较大、带动作用强的龙头项目，促进开发园区围绕重点产业加快推进企业集群，促进产业集聚。四要加快自主创新步伐，鼓励有条件的开发区建设高技术重点实验室和工程技术研究中心，加快发展各类科技企业孵化器和科技中介服务机构，不断提高原始创新能力、集成创新能力和引进消化吸收再创新能力。五要加强节能降耗和生态环境建设，进一步提高开发区的投资强度和产出效益，鼓励有条件的开发区建设具有循环经济特色的新型生态工业园区。六要着力解决开发园区与所在城镇出现的"两张皮"现象，加强双方的协调机制，推动开发园区从"孤岛"到"区市合一"的转变，以园区开发建设带动所在城区发展，所在城区服务于园区开发建设，逐步形成产业布局、管理服务、生态控制、市政建设等方面的一体化框架，实现区强市兴、互补共进、联动发展。

四 积极发展特色产业集群

产业集群是大规模工业生产和经济全球化发展的必然结果。其本质在于，以一个主导产业为核心，在相关产业链或其部分环节上的企业或机构聚集在特定的地理空间，形成一个既竞争又合作的关联互动机制和企业网络，实现生产要素的有效集中和资源的优化配置，形成区域产业发展的竞争优势。城市化进程就是人口向城市集中，特别是农村人口向城市转移的进程，而产业和生产要素的集聚则是城市化的根本动力。城市化水平的提高必须依托于工业化的推进，而产业集群能提高经济竞争力，是推动新型工业化的有效途径。这种互动作用使产业集群成为加快城市化进程的重要助推器。同时，在城市化进程中，产业集群所需的基础设施和公共服务事业等外部条件环境也会逐步得到改善，实现"工业向园区集中"、"人口向城镇集中"、"土地向规模经营者集中"，促进地方特色产业集群的形成，提高城镇及周边农村的工业化水平。

产业集群的形成，既有地理环境、传统资源等先天自然因素，也有企业追求利润最大化而形成的自发集聚的因素，但是对市场薄弱的环节则需要政府来催生和培育。因为有政府外力的推动，营造更加良好的产业发展环境，诸如为产业组织的发展提供公共服务——规划产业布局、制定产业准入政策、建设产业园区基础设施、建立技术创新平台、扶持区域品牌等，产业才会更加有序地集聚、升级、扩散、辐射，才能更好地发挥产业集群的乘数效应，成为推动区域经济持续发展的动力"引擎"。因此，从20世纪90年代开始，催生、培育产业集群就已成为西方现代化国家政府的公共职能，他们大力实施产业集群战略，以政府主导的力量推动产业集群的发展，使经济获得了持续发展的新动力。

一要加大政府政策支持，为培育发展产业集群提供制度保障。在发挥市场机制的基础性作用前提下，在政策层面上尽力清除各种制度障碍，将传统产业政策、科技政策与集群发展的内在规律相结合，在要素集中、企业关联、区域创新、快速发展等各个阶段，采取行政、法律、金融、财税等各种措施予以支持。积极营造以信任与合作为精髓的产业文化环境，增进企业之间的分工与交流，促进集群内企业不断衍生。

二要重点完善产业链条，为培育发展产业集群指明方向。为此要结合资源优势和区位条件，大力发展传统特色主导产业及其产业链，并力争在此基础上发展一批集群，充分发挥传统的强产业关联性和产业集群的外部性，建立起一个包括龙头产业、关键产业和配套产业在内的完整产业链，增强产业集群核心竞争力。

三要全面发展中小企业，为培育发展产业集群夯实基础。民营企业是发展壮大产业集群的主体。要破除对民营经济在市场准入方面的诸多限制，改变对其扶持政策少而且落实不到位的突出问题，发展壮大中小企业生力军。

四要着力搞好园区建设，为培育发展产业集群提供载体。为此，要科学确定准入门槛，实现大项目入园与中小企业跟进的有机结合，引导园区朝产业集群方向发展；优化园区企业之间生产协作流程，鼓励和引导关联企业或配套企业向龙头企业所在工业园区聚集，尽快形成具有国际竞争力的产业发展高地，使之成为产业集聚的有效载体。

五要努力提高创新能力，为培育发展产业集群注入新动力。技术创新是产业集群创新的核心内容，也是产业集群可持续发展的原动力。要加大政府扶持力度，建立区域性的技术交流、创新、共享平台，加快科技创新步伐。要依靠科技进步，对集群内产业的工艺流程、产业功能和链条升级进行创新，实现从注重单向技术突破向注重集成创新的转变，从以跟踪模仿为主向以自主创新为主的转变。

五 推动人口聚集和要素流动

初级经济区的城市多为单一产业的基地型城市，封闭式经营方式限制了产业多元化发展，抑制了城市向乡村的辐射和扩散效应；严格的城乡分割户籍制度，阻断了城乡之间劳动力的流动；政策上的城市偏好造成物资交流的间接性、被动性和不公平性，形成结构失衡，城市工业与农村产业对立。这既断绝了城乡之间的交流，抑制了农村产业化发展，也阻碍了农村劳动力流向城市，限制了城市第二、第三产业的发展，严重影响着城市化进程，必须下大力气打破"中心-外围"格局下的二元结构关系，推动城乡的互动与衔接。

第一，要积极引导人口向中心城区和城镇集中。对城镇基础设施建设要有所倾斜，实现公共设施和基础设施建设与城市化空间布点的有效配合，引导农民集中居住。对于农村剩余劳动力，应以劳务输出为导向，辅以一定的就地转移，形成劳动力的双向转移格局，实现劳务产业化。要积极推进城乡劳动就业统一市场，以城市社区三产服务、基础设施建设、个体经济等劳动密集型产业为吸纳农村剩余劳动力就业的新增长点，加大户籍、社会保障、土地流转等制度配套改革力度，形成一条多渠道、多层次复合型的劳动力转移之路。

第二，要加快经济区内的市场化进程。城市化和市场化也是相互促进的，一方面，城市是市场的载体，把大量农村剩余劳动力转移到城镇，可以提高市场化程度；另一方面，通过城市市场化能够促进农村资本向城市转移，提高第三产业的发展水平，促进城市化的发展。初级经济区应该优先加快市场化建设，以吸引民间资本，通过建立城乡一体化的市场体系，逐步打破城乡分割，促进生产要素的自由流动。同时，应破除阻碍非公有制经济的条条框框，从政策方面给非公有制经济的发展创造宽松的环境。

第三，要加强区际联系。初级经济区的城市要靠自身的经济积累最终达到一个相对发达的发展水平几乎是难以实现的。因此，其发展战略应注重由内生增长转变为内外力量的协同并重，依托自身优势资源，积极承接中高级经济区产业的梯度转移和功能扩散，加快劳务输出，形成专业化的地方竞争优势，融入区域一体化分工网络。关键是要转变城市化发展的战略导向与路径，实现由依赖发达地区扩散的被动城市化向与发达地区合理对接的主动城市化转变。

第四，应加强基础设施建设。构建以中心城市为核心的基础设施网络，为人口聚集和要素流动创造条件、开拓通道；要大力完善综合交通干线体系；按照统筹规划、合理布局、联合投资、共同受益原则，建设以中心城市为核心，多种运输方式互相衔接、协调发展的交通运输综合体系；要统一规划布局基础设施，实现区域经济、社会、环境的有机协调发展。要建设区域信息网络，加强区域经济中心和经济腹地的联系。

第四节　西部经济区增长极开发实证研究

西部地区包括内蒙古、广西、重庆、四川、云南、贵州、西藏、陕西、甘肃、青海、宁夏、新疆等 12 个省（自治区、直辖市），占全国国土面积的 71.5％，拥有全国 28％的人口。1999 年 6 月，国家提出了西部大开发战略。《"十五"西部开发总体规划》提出"依托亚欧大陆桥、长江黄金水岸、西南出海通道为交通干线，以发挥中心城市的集聚功能和辐射作用，以线串点，以点带面，实行重点开发，促进西陇海兰新线经济带、长江上游经济带、南贵昆经济区的形成"。西部地区在 689 万平方公里的土地面积上规划了一些重点发展地区（主要为初级经济区），并在重大工程建设、资金投入、政策措施等多方面予以重点支持，尤其是基础设施建设取得了较大进展。

一　西部大开发的成就与问题

自西部大开发战略实施以来，西部地区经济增长速度加快、财政收入逐年增加、经济效益逐步提高，生态环境保护和科教文卫等社会事业加快发展，西部开发取得了显著成效。但是，由于历史、地理、社会文化等多种原因，进一步推进西部大开发还面临许多困难和问题，突出表现在东西部地区之间发展差距仍在扩大，依靠政策扶持和投资拉动的经济增长模式渐显"瓶颈"效应。

我国西部地域辽阔，总体生产力水平低且各省之间存在显著差别，要振兴经济不可能四面出击，应根据各个地区人口、资源、环境的承载能力和发展潜力，集中力量突出重点，实行增长极开发的发展战略，形成带动整个区域发展的若干增长中心。从西部大开发存在的突出问题看，近些年来国家虽然着力增加对西部地区的人力、资金、交通、制度等相对稀缺要素的供给，但成效并不太明显，主要原因是西部地区人口和经济聚落分散、规模小、基础差，先天不足，发展受到限制。这种分散的地理空间格局，使居民经济活动的地域空间跨度过大，导致西部地区经济活动空间交易成本居高不下，空间规模不经济，缺乏集聚经济效率，严重制约了外部资源对西部地区的注入，从根本上限制了西部地区的经济社会发展。

从区域开发过程来看，西部地区区域集聚效应不明显，其主要原因在于西部地区的增长极仍然不成熟，开发过程仍然停留在第一阶段即极化阶段。因此，我国西部开发仍然停留在第一阶段增长极的培育上。西部开发总体规划的重点区域几乎覆盖了整个西部地区，而且仅仅强调了经济带的规划，对重点"点"的规划并不明确，无形中把"线"放在了"点"的前面，为后期的实施留下了隐患，导致西部地区经济增长极作用还不明显。[①] 同时，西部集聚产业大都是能源、原材料产业。这种单一的资源密集型主导产业和初级加工方式极大地限制了产业链的延长。西部地区重工业偏重、轻工业偏轻导致了整个工业内部结构单一，整个主导工业的产业链较短，带动相关产业发展的区域乘数作用和波及效应微乎其微。

二 深化西部大开发的战略思路和要点

深入实施西部大开发战略，应当以增长极模式为主，大力推进成渝经济区、关中-天水经济区、北部湾经济区等重点地区的开发开放，把培育区域增长极放在首要位置，压缩居民经济活动的地域空间，着力提高区域经济集聚效应。具体应关注以下三项战略要点[②]：

一要注重区域经济集聚效应。在继续实施西部大开发战略中，要逐步改变以往依靠政策扶持和投资拉动的经济增长模式，充分发挥经济区域发展的空间集聚效应和产业集群效应，实现空间规模经济，提高西部大开发的效率。要大

① 陈迅等.2009.持续推进西部开发的理论与实践.北京：科学出版社.270
② 陈迅等.2009.持续推进西部开发的理论与实践.北京：科学出版社.268～273

力建立健全经济集聚所必要的适宜的制度环境，加快市场化改革进程，改变条块分割、行政干预和地方保护主义盛行现象，消除阻碍生产要素在产业间和地区间流动的各种壁垒，促进生产要素在区域内的集聚和关联产业群的形成；通过制度的不断调整和改善，真正形成全国统一的大市场，提高西部大开发的经济集聚效应，降低空间交易成本。

二要积极培育区域增长极。为此要依托西部地区已经发展形成的一批工业密集、实力较强的大中型工业城市和一批以军工机械电子为主的小型工业点，优先发展重庆、成都、西安等中心城市和重点城镇，培育形成区域增长中心；要对重要资源富集地区、重点边境口岸城镇地区、少数民族地区进行重点开发，将其培育成带动区域经济发展的增长极，带动整个区域经济社会发展。西部地区自然条件复杂，平原和丘陵较少，多数地区被高山和江河所割断，而且交通条件也较差，这导致了长距离"线"的拉开比较困难。因此，西部地区可以不局限于"点—线—面"开发顺序，按照"点—面"的方式进行跳跃式开发。

三要大力培育优势产业集群。主导产业是一个增长极可持续发展的关键要素。有必要对西部地区以能源、原材料为主导的单一工业结构进行调整，提升西部地区的产业结构，加强西部地区附加值高、加工度较深的轻工业发展，以延长产业链，增强产业竞争力。鉴于西部地区产业集聚基本上没有形成真正的专业化分工和上下游产业及支撑产业相互关联的互补作用效应，并不是真正意义上的产业集群，因此，在西部地区条件成熟、相对较好的增长极，有必要培育优势产业集群，强化"推动型产业"的带动和辐射作用。

三　西部主要经济区的增长极开发

（一）广西北部湾经济区

北部湾经济区近年来取得了令人瞩目的快速发展，但总体经济实力还不够强，工业化、城镇化水平较低，现代大工业不多，高技术产业薄弱，经济要素分散，缺乏大型骨干企业和中心城市带动；港口规模不大，集疏运交通设施依然滞后，快速通达周边省特别是珠三角大市场以及东盟国家的陆路通道亟待完善，与经济腹地和国际市场的联系不够紧密；现代市场体系不健全，民间资本不活跃；社会事业发展滞后，人才开发、引进和储备不足等。这些因素从根本上决定了北部湾经济区仍处于区域开发的初级阶段，需要大力培育和发展区域增长极，发展壮大"推动型"主导产业，使广西北部湾经济区逐步成为带动支撑西部大开发的战略高地和中国沿海发展新的一极。综合分析北部湾经济区的各方面情况，其发展战略应该实施极化型综合开发，以打造大城市带和重化工龙头产业为主,全力建设一个崭新的北部湾经济新区。

一是着力打造北部湾经济区的城市带。这主要是构建以南宁、北海、防城、钦州、梧州、柳州、桂林为核心城市的大城市带,形成以南宁为中心的区域综合性国际化都市圈,以北海、防城、钦州为中心一体化经营的港口城市圈,以广西工业经济"领头羊"柳州为中心的后方工业城市圈,以桂林为中心的精品旅游城市圈,以及以比邻粤港的梧州为中心的外向型互补性工业加工基地。

二是大力发展以重化工业为核心的产业集群。大力建设工业园区,完善配套基础设施,优化产业结构,构建沿海石化产业集群和沿海林浆纸一体化等产业群,把北部湾经济区建设成为具有自主创新能力的重化工业基地、农副产品深加工业等特色优势产业基地和高新技术产业基地。目前,围绕石化、钢铁、电子等重大产业,北部湾经济区已新引进一批产业链项目。例如,围绕钦州石化项目已吸引中石油2000万吨原油储备库、玉柴集团20万吨溶剂油、泰兴溶剂油等近30个项目开工建设或达成投资意向,总投资600多亿元;围绕防城港钢铁项目已有中—重工钢材加工、中冶实久钢结构等项目进入;围绕北海电子产业已吸引深圳新科存储项目、台湾光宝集团光驱项目等项目进入,临海产业布局正在向集群化发展。

三是推动要素流动和人员聚集。为此要以南宁市为中心,以北海、钦州、防城港为前沿,加快沿海港口一体化进程,搭建连接多区域的国际通道、交流桥梁与合作大平台,推动要素流动和区域统一市场的形成;要改革户籍管理制度,放开对人口迁移的限制,积极为农民向城市转移就业创造条件,壮大城市人口规模。

四是加强区域经济合作。利用中国-东盟博览会平台,密切与东盟国家的经贸联系,加强"泛珠三角"区域经济合作,积极吸引更多国内外资源,承接发达国家和发达地区转移来的产业,大力发展外向型加工业,促进北部湾经济区的持续快速发展。

(二)关中-天水经济区

从总体上看,关中-天水经济区经济实力不强,产业集聚度不高,非公有制经济发展相对滞后,城乡发展失衡,社会事业发展仍较薄弱,水资源总量不足、综合利用水平较低,生态建设和环境保护任务繁重,与周边地区和国际市场的联系不够紧密,对内对外开放力度需要进一步加大。据国内学者对大关中经济区各城市空间相关性进行计量分析表明,西安、铜川、宝鸡、咸阳、渭南、杨凌、商洛、运城、三门峡等各城市经济增长在空间分布上完全是随机的,"点"上几乎不存在经济增长集聚效应。[①] 只能说大关中经济区城市增长极发展仍然不

---

① 陈迅等.2009.持续推进西部开发的理论与实践.北京:科学出版社.202

成熟，开发过程仍然处于初级极化阶段。

经国务院批准的关中-天水经济区规划提出，经济区发展的战略要点是：重点发展一批中心城市，以特大城市为依托，促进大中小城市和小城镇协调发展，形成新的经济增长极，构筑"一核、一轴、三辐射"的空间发展框架体系，打造全国统筹科技资源改革示范基地、全国先进制造业重要基地、全国现代农业高技术产业基地和彰显华夏文明的历史文化基地。要加快推进西（安）咸（阳）一体化建设，着力打造西安国际化大都市，对西部和北方内陆地区具有引领和辐射带动作用；以陇海铁路和连霍高速公路为依托，以宝鸡、铜川、渭南、商洛、杨凌、天水等次核心城市为节点，加快人口聚集、产业聚集，构筑较大规模的城市群，将宝鸡建成百万人口以上的特大城市、经济区副中心城市；以核心城市和次核心城市向外放射的交通干线为依托，加强与辐射区域的经济合作，促进生产要素合理流动和优化配置，带动经济区向南北两翼发展，打造一批特色鲜明、功能完善、产业配套的中小城市，促进企业集中布局和配套生产，提高经济发展的集约化水平；实施"关中百镇"建设工程和经济综合开发示范镇建设工程，积极发展靠近中心城市和交通枢纽等基础较好的中心镇，重点发展农副产品加工业、采矿业和旅游业。

（三）成渝经济区

成渝经济区空间发展不平衡，城市体系规模结构失衡问题突出，区内超大城市人口集中度高、特大城市处于断层状态、大城市数量少且规模小、中小城市数量多，但所占人口比例小、规模小。区内城市之间运输直达性较低，限制了城市间分工协作的发展，导致城市孤岛效应非常明显，在一定程度上造成腹地中小城市发展滞后。区内市场发育程度低，资源配置功能弱，产业集群处于起步阶段。这些问题都说明成渝经济区仍然处于区域开发的第一阶段，增长极发育并不成熟，城市集聚效应并不明显，需要在集聚思想的指导下，在现有资源的约束条件下，紧紧围绕成都市和重庆市作为全国统筹城乡综合配套改革试验区的特点，通过改善城市化、产业化、基础设施环境等来增强地区整体集聚水平，推动成渝经济区的协调发展。

一是重点发展"两圈三群"城市。成都都市圈以高新技术产业、重型装备制造业和现代服务业为主体，形成以成都主城区为中心，覆盖绵阳、德阳、眉山、资阳和雅安等主要城市的核心经济圈；重庆都市圈发展则以重庆主城区为核心，以主要交通轴线为依托的空间开发格局，建设西部地区的重要增长极、长江上游的经济中心和统筹城乡的直辖市。同时，要加快次级交通枢纽建设，形成宜宾、泸州等川南城市群和达州、广安等川东北城市群，加快培育以攀枝花和西昌等城市为节点的攀西城市群。

二是尽快明确产业发展重点及布局。要整合优化本区内雄厚的制造业生产、研发与人才等资源，紧紧抓住国际产业转移和东部产业西移的契机，做大产业规模、提升产业层次，形成完备的产业分工配套体系和产业集群，将成渝经济区建成我国西部最大的现代制造业中心；要依托重庆、成都两个特大型极点城市，按照"极点辐射、轴线拉动、片区推进"的原则进行产业空间布局，把加强交通基础设施建设和促进产业集聚作为两大重点，构建五大产业功能区，真正实现错位发展、优势互补。

三是构建成渝经济区内的交通网络建设。具体包括：加紧完善公路、铁路、水路网络，加强两城市在电力、电信及管道运输等方面基础设施的联通和联合建设，最大限度地发挥现有交通在基础设施区域协作中的作用；加快出省通道建设，结合国家财政政策，积极推进大运量的城际轨道交通建设，形成纵横交错的现代化轨道交通网，为核心城市有机疏散和区域重新集中创造条件；要通过城际铁路网建设，使成渝经济区之间的城市互达时间缩短为1~1.5小时。

四是以政府和市场两手加快区域协调发展。一方面，要编制并落实好成渝经济区协调发展规划，建立政府、民间企业以及学术界等多个层面的区域协调机制，推进成渝全面合作。另一方面，要加快产业的市场化整合，做大做强优势特色产业。加快市场主体培育，建立资源共享、要素充分流动的区域统一市场体系。要把城镇建设与产业的空间调整有机结合起来，围绕区域两个超大城市、地区中心城市、重点小城镇及交通通道集聚，推动产业向园区集中，形成产业分工明确的城镇体系和各具特色的产业功能区。

（四）南贵昆经济区

根据南贵昆经济区目前经济发展水平比较低和处于工业化初级阶段的状况，整个南贵昆经济区应采取重在集聚的增长极开发模式。考虑到南宁、贵阳、昆明三足鼎立，三者两两相距600公里左右，"金三角"地域空间地处云贵高原丘陵山区和珠江上游、长江上游的土地石漠化地区，客观上难以形成全国意义的中心城市作为该经济区的核心增长极，也不宜采用大范围的城乡一体化全面开发的网络开发模式，而应采取侧重"点"的集聚以及点轴联动的开发模式，即以南宁、贵阳、昆明三个省会城市为核心，以广西南（宁）、北（海）、钦（州）防（城）地区、贵州贵阳附近地区、云南昆明附近地区组成"金三角"三个核心区或三大城市群为重点开发区域。

目前，南贵昆经济区建设已具备一定的基础。近年，滇、黔、桂3省区出省、出海、出边的立体交通通信网络建设进展迅速。连通中心省会（首府）城市间的通道逐渐完善，南昆铁路全线通车，南宁通往贵州、云南等地的高速公路部分路段已经建成。3省区已经有多个营运机场和数十条国内外航线，一批机场改扩建、新建项目正在实施。以防城港为重点的广西沿海三大港口的深水航道、大吨位泊位和集装箱码头建设项目均相继启动。在通信网络建设方面，云南省建成了4个出省通信通道，与贵阳、南宁、北海等城市实现了数字微波通信连接。

<table>
<tr><td>第四章</td><td></td></tr>
</table>

中级经济区的持续发展路径
——点轴开发

第一节　经济区的点轴开发模式

一　点轴开发模式的内涵

在区域规划中，点轴模式是采用据点与轴线相结合的模式，最早由波兰的萨伦巴和马利士提出，用于波兰20世纪70年代初开展的国家级规划中。中国科学院陆大道院士在深入研究宏观区域发展战略的基础上，吸收克里斯塔勒的中心地学说、佩鲁的增长极理论、沃纳·松巴特（Werner Sombart）的生长轴理论以及赫格尔斯特兰（T. Haegerstrand）的空间扩散理论，于1984年提出点轴系统理论，即"点-轴渐进式扩散模式"，并以此为基础设计构想了中国沿海与长江流域相交的"T"型空间发展战略。[①]

点轴系统中的"点"，是指各级中心地，亦即各级中心城镇，是各类区域的集聚点，也是各类区域增长极。点轴系统中的"轴"，是指连接各增长极的线状基础设施束，包括水陆交通干线、动力供应线、水源供应线及其沿线地带，是在一定的方向上联结若干不同级别的中心城镇形成的相对密集的人口和产业带；由于轴线及其附近地区已经具有较强的经济实力并且还有较大的潜力，又可称为"开发轴线"或"发展轴线"。开发轴线不是单纯几个中心城镇之间的联络线，而是一个社会经济密集带。轴线对附近区域的社会经济有集聚或凝聚作用，通过影响范围内的客体带动区域的发展。点轴系统理论是关于社会经济空间结构的理论之一，是生产力布局、国土开发和区域发展的理论模式。

二　点轴开发的主要内容

点轴开发理论重点阐述了经济的空间移动及扩散是通过点对区域经济的作

---

① 陆大道 . 2001. 论区域的最佳结构与最佳发展——提出"点-轴系统"和"T"型结构以来的回顾与再分析 . 地理学报，56（2）：127～135

用和轴对经济扩散的影响，通过小间距跳跃式的转移而实现的。与增长极开发不同，点轴开发是一种地带开发，它对地区经济发展和布局展开的推动作用，要大于单纯的据点开发。点轴开发强调如下几点：

第一，在重视"点"增长极作用的同时，还需要强调"点"与"点"之间的"轴线"。发展轴线一般是指重要线状基础设施经过、附近有较强的社会经济实力和开发潜力的地带，这个地带的宽度因轴线的等级、长度和对区域的作用不同而有差异。根据发展轴线状基础设施种类的不同，发展轴可以分成沿海岸型、大河沿岸型、沿陆上交通干线型和混合型。一般说来，轴线主要是指交通干线。

第二，区域生产要素主要在"点"上集聚，是由线状基础设施联系在一起而形成产业密集带。从区域经济空间变化过程看，随着经济发展水平的提高，工业点不断增多，点与点之间，由于经济联系的加强，重要交通干线如铁路、公路、河流航线的建立，连接地区的人流和物流迅速增加，生产和运输成本降低，形成了有利的区位条件和投资环境；产业和人口逐步向交通干线聚集，在交通干线所连接的地区形成经济增长点，沿线成为经济增长轴。

第三，应注重点轴空间开发的等级和顺序。在一定区域内，应选择若干资源较好的开发潜力较大的重要交通干线地带，作为一级发展轴。在各发展轴上应确定重点发展的中心城镇，即增长极，确定其发展方向和功能。然后，确定中心城镇（增长极）和发展轴的等级体系，首先要集中力量重点开发较高级的中心城市（增长极）和发展轴，随着区域经济实力的增强，开发重点逐步转移扩散到二级或三级发展轴和中心城镇。

三　点轴开发的作用机理

点轴空间结构的形成过程源于空间集聚和空间扩散两个趋向，这也是点轴系统的作用机理。点的形成是由于空间聚集的需要，因为聚集效应能影响区域内的要素集中，获得规模效应和正外部性。然而，空间集聚并不总是有效率的，当集聚的外部性逐渐处于主导地位时，空间扩散就成为必然选择。点轴渐进式扩散是点轴空间结构系统形成和产生作用的关键。点轴渐进式扩散直接导致点轴空间结构系统的形成：社会经济客体发自一个或多个扩散源，沿着若干线状基础设施束（也称"扩散通道"）渐次扩散社会经济"流"，在距中心不同距离的位置形成强度不同的新集聚。由于扩散力随距离延伸而衰减规律的作用，新集聚的规模也随距离的增加而变小，相邻地区扩散源扩散的结果使扩散通道相互联结，成为发展轴线。这些轴线一旦形成，一方面，可产生扩散效应来激活沿线地区的经济发展潜力，推动区域经济发展；另一方面，会产生集聚效应，吸引区域内其他地区的要素企业向此集聚，在原增长极周围和轴线经过的地区形成新的增长极，进而产生更低层次的点轴系统。[①]

四 点轴开发的适用条件

点轴开发是增长极开发的延伸，适用于若干经济增长极的形成发展过程。因为选择这一开发模式是以增长极充分发展为前提的，对其中"点"是有较高条件要求的：要有较高的科技水平，是区域的创新中心；要有明确的主导产业，其主导产业与周边地区产业关联度较大，能成为区域的产业综合体；在某一方面或几个方面具有突出的优势，在区域竞争中具有明显的比较优势；基础设施条件较好，交通、能源、水资源等供应体系完善。同时，要注意各增长极之间的经济联系程度和发展轴空间距离的经济合理性。从理论上讲，就是要求作为增长极的中心城镇和产业密集带，其聚集度已经发展到一种边际状态，再提高将导致聚集效益递减、扩散效应大于极化效应、区域离心力大于向心力。在这种情况下，轴线的发展成为满足企业和产业向城镇周边扩散的客观要求，是经济区增长极开发导致的必然结果和趋势。点轴开发模式比较适用于中心城镇独立发育较好，但区域开发程度总体较低、尚未奠定经济布局框架的中级经济区。

第二节　中级经济区实行点轴开发的理论分析

对于中级经济区来说，由于区域经济快速发展，已经形成了一个或数个经济中心，但区域内二元经济结构明显，区域内部的城乡之间、城市之间缺乏紧密联系和分工，区域的专门化部门和产业还不突出，在实践上就可实行点轴开发模式，在充实提高中心城市功能的同时，加强区域性的交通等基础设施建设，将城乡之间、城市之间联结成一个经济综合体，并且大力培育区域的优势专门化部门。这对于中部崛起和东北振兴来说，具有非常重要的意义。

一 理论基础：基于空间扩散的不平衡发展战略

点轴开发理论是增长极开发理论的延伸和发展。点轴开发理论从经济增长与平衡发展间的倒"U"形相关规律出发，认为我国目前仍处于不平衡发展阶段，而点轴开发则是一种最有效的空间组织形式。该理论的核心是：社会经济

[①] 吴传清，孙智君等.2007.点轴系统理论及其拓展与应用：一个文献述评.贵州财经学院学报，(2)：33，34

客体大都在点上聚集，通过线状基础设施连成一个有机的空间结构体系。点轴系统理论与增长极理论相比较，虽然都是关于空间集聚和扩散的学说，但增长极理论侧重"极"的发展，更强调"点"的集聚功能；而点轴理论强调总体区域发展，强调集聚形成的"点"的扩散作用，突出了作为扩散通道的"轴"的重要性。如果说增长极开发模式导致区域经济增长中的趋异性，将导致地区间发展差距的进一步扩大；那么，点轴开发模式将导致区域经济增长中的趋同性，具有对中心城镇和产业密集带的消聚功能，有助于促进落后地区的发展。

　　点轴开发模式既重视中心城市的作用，又注意经济布局与线状基础设施之间的最佳组合，是一种有效的经济空间组织形式。按"点-轴"系统模式进行区域开发可以产生以下实践效果[①]：第一，可顺应经济社会发展及其客体必须在空间集聚成点、发挥集聚效果的客观要求，从而充分发挥各级中心城市的作用。第二，可实现生产布局与线状基础设施的最佳空间组合，使各级范围内重点的交通干线、能源建设线路与重点城镇和工矿区一致。第三，有利于区域、城市、城乡之间的联系，有利于实现地区之间、城市之间的协作与专业化。四是各级区域重点发展轴线的确定，可使全国战略与地区发展战略较好地结合，提高资本运行效益和组织管理水平。

二 战略核心：联系通道的构筑

　　点轴系统中的轴线，从本质上讲是实现要素转移、功能扩散的快速通道。瑞典学者赫格尔斯特兰最早提出了"扩散通道"概念，概称空间扩散的方向和路径。经济区是由点、线、面构成的。区域经济学上的线路即联系通道，主要包括交通线路、通信线路、能源供给系统、供排水系统等，其中以交通线路为主。交通线路包括铁路、公路及普通道路、内河航线、海运航线。作为交通线路，必须具有一定的长度、方向和起点及终点，并由此规定了它在空间中所处的位置，同时根据线路的自然、技术装备状况以及经济运量，各种交通线路往往被划分为若干质量等级。衡量区域交通线路发达程度的指标主要有线路总长度和线路密度。线路密度可以有以下计算方法：一是区域各类交通运输线路的总长与区域面积之比；二是各类交通线路的总长与区域总人口的比值。综合这两种方法，可以计算出区域交通线路综合密度：

$$D = L/\sqrt{SP}$$

式中，D 为交通线路综合密度；L 为交通线路总长度；S 为区域总面积；P 为区

① 邓宏兵 . 2008. 区域经济学 . 北京：科学出版社 . 176

域总人口。[①]

经济区联系通道的畅通与否关键在于联系通道的通达性。通达性又称可运输性，是指一个区域与其他相关区域进行物质、能量、人员交流的方便程度、便捷程度，是通信与交通的联结，在此基础上，才会有物质流、商流与信息流。通达性越好，作用力越大。区域通达性是指一个区域（国家、地区、城市、线状和点状基础设施）与其他相关区域进行物质、能量、人员交流的方便程度、便捷程度，是影响区域社会经济发展的重要因素之一。提高区域通达性是区域发展的重要目标，也是区域进一步发展的必要条件。要提高一个点的通达性，按惯性思维直接建立交通线与外界连接即可，但要在特定区域内增强分散的一系列点的通达程度，必须采取点轴空间结构模式，在中转过程中合理衔接不同节点区域，提高整个区域的通达性。区域通达性可通过测算城镇体系空间关联维数来获得。

经济区内存在一个或多个中心城市，由于城镇间联系频度的差异导致了中心作用呈现为中心城市—城市—城镇—乡村的逐级传递特征，城市经济区内存在多种联系通道，以实现这种逐级传递。这些联系通道概括起来主要有：一是生产联合联系通道；二是商品流通联系通道；三是交通邮电联系通道；四是技术协作联系通道；五是资金融通联系通道；六是信息传递联系通道。首先是作为区域结点中心城市发展壮大，联系通道的建设使得联结中心城市的交通线沿线地区城镇由于可以直接接受城市经济、技术、信息的辐射而得到了发展，并逐步由增长极扩展到增长地区，再由多个增长地区联结而成为增长轴。由中心城市辐射和发展轴涉及的广大地区形成经济区的"面"。经济区是以大中城市为依托，地域生产综合体组织为目标，各级种类城市（镇）为结点的城镇经济网络系统。这个网络并不只是通过一种渠道来实现的，也不是以城镇为单位同另一个城镇发生单线经济联系，而是通过多种渠道、多种方式来实现的，城镇之间、城乡之间、多部门、多系统和多企业之间的千丝万缕的经济联系网络。

三 动力机制：城市空间相互作用

联系通道的畅通与否，决定了城市间相互作用的大小。由于联系通道的存在，经济区内的任何一个城市都不是孤立存在着的，而是与周围的城市进行着物质、能量、人员、信息的交换和流动，这就是城市间在发生着相互作用，也是实行点轴开发的经济区发展所依赖的动力机制。

---

① 张秀生，卫鹏鹏.2005. 区域经济理论. 武汉：武汉大学出版社.175，176

由于城市间的相互作用在空间上表现为点与点之间的作用，1972 年赫格特（P. Haggett）曾借用物理学中热传递的对流、传导和辐射三种方式来描绘城市间的相互作用形式。对流即城市之间人员与物质的流动，是实实在在的物流。传导即城市之间的各种交易过程，表现为数量庞大的商流和资金流。辐射则是指城市的信息流动和新思想、新技术、新观念在空间的扩散与渗透。城市越大，则辐射出的能量也越大。根据不同的特征辐射可概括为三种形态：一是扩张扩散，又称传染扩散，是指中心城市新技术、新思想、新观念在与二级城市的交流中向外面状扩散；二是等级扩散，是指城市间新技术、新思想、新观念的扩散总是首先在同级城市扩散，然后再向次级城市铺开；三是转移扩散，是指某些有价值的新技术、新思想、新观念在一个城市没有市场，在空间上重新转移到另一个城市的扩散。

（一）城市空间相互作用的度量：经济联系强度

城市空间的相互作用力，不仅在实际生活中可以感受到，而且从理论上也是可以度量的。经济联系强度，又称空间相互作用量，是用来衡量区域间经济联系程度大小的指标。一方面，它可以反映经济中心城市对周边地区的辐射能力；另一方面，它也可以反映周边地区对经济中心辐射能力的接受程度。经济联系强度分为绝对经济联系强度和相对经济联系强度，其中，绝对经济联系强度是指某区域接收到的经济中心向其辐射量的实际大小，用来分析经济中心向周边地区辐射的地域变化规律。1880 年，英国人口统计学家雷文茨坦（E. G. Ravenstein）首开了将牛顿引力模型（$E = Gm_1m_2/r^2$）应用于社会科学研究的先河。城市作为巨大物质实体，也可以借用牛顿万有引力公式近似地计算它们之间反映经济联系密切程度的经济联系强度指数。计算公式为[1]

$$R_{ij} = \frac{\sqrt{p_i v_i} \cdot \sqrt{p_j v_j}}{D_{ij}^2} \times K_j$$

$$K_j = \frac{1}{3} \times (V_j{}'/V_j + P_j{}'/P_j + T_j/T)$$

式中，P_i、P_j 分别为城市 i、j 某年的城镇人口数；V_i、V_j 分别为城市 i、j 某年的 GDP，D_{ij} 为两个城市之间的直线距离；K_j 为引力系数，$P_j{}'$ 和 $V_j{}'$ 分别为 j 市的非农人口和非农产值；T_j 为 j 市与 i 市联系的各项交通设施总分值（交通设施分值分别取铁路 2.0，公路 1.5，航运 1.0），T 为 j 市的全部交通分值。该指数将因指标选取和分值设定的不同而不同。R_{ij} 为经济联系强度指数。

为衡量各城市接受的经济辐射强度大小，引入经济联系隶属度（$F_{i,j}$）概念

---

① 长三角联合研究中心 . 2008. 长三角研究 . 第二辑 . 上海：上海社会科学院出版社 . 48

计算公式为[①]

$$F_{i,j} = \frac{R_{i,j}}{\sum\limits_{k=1}^{n} R_{i,j}} \times 100\%$$

式中，n 为接受中心城市经济辐射的城市个数。

　　国内有学者根据上述公式，计算出了 2001 年、2004 年上海与江浙两省地级城市的经济联系强度，其中，苏州由 188.7 变为 423.72，无锡由 83.9 变为 145.34，南通由 47.6 变为 115.71，杭州由 58.6 变为 100.42，南京由 19.7 变为 29.60，可见经济联系日益密切；而与舟山、徐州、淮安、丽水、宿迁、衢州和连云港的经济联系强度一直均为 10 以下，经济联系发展缓慢。[②] 国内也有学者计算了 2001 年湖南长株潭经济区内的三个城市市属各市县与长沙市区的经济联系强度和经济联系隶属度。[③] 其中，作为经济中心的长沙市区对长沙县（$R=259.92$，$F=69.32$）、望城县（$R=30.71$，$F=8.19$）、湘潭市区（$R=19.72$，$F=5.26$）、株洲市区（$R=17.32$，$F=4.63$）、宁乡县（$R=15.42$，$F=4.12$）等周边县市的经济联系强度较大，其中与长沙县的经济联系最为紧密。而长沙市区与较偏远的其余各市县的经济联系强度相对较小（R 均为 4.0 以下，F 均为 1.05 以下），其中以茶陵县和炎陵县最为突出，经济联系强度均不到 0.4，经济联系隶属度不到 0.1。

　　（二）城市空间相互作用的载体：生产要素流动

　　城市的生产和生活，每时每刻都离不开"流"和"通"。城市内部与外界之间、内部的人与人之间、人与物之间、物与物之间，总在进行着频繁的交换与流通活动。城市空间相互作用的载体是生产要素流动。经济学上的生产要素，即为进行物质资料生产所必须投入的有形或无形的各种要素，一般包括以土地为代表的自然资源、资本、劳动力、技术、管理和信息共六类。而这些要素中流动性最强、最重要的是资本要素和劳动力要素。对于作为开放系统的区域而言，只要存在经济发展上的差异，就会产生区域要素的流动。在市场经济条件下，区域要素的优化配置是通过市场来实现的，区域要素流动也主要是在区域市场和区际贸易中实现的。

　　区域要素流动分为区域内要素流动和区际要素流动，因为区域并非均质，

---

　　① 乔旭宁，杨德刚等.2007.基于经济联系强度的乌鲁木齐都市圈空间结构研究.地理科学进展，26（6）：89

　　② 长三角联合研究中心.2008.长三角研究.第二辑.上海：上海社会科学院出版社.48

　　③ 何剑，王良健等.2004.长株潭城市群等级规模结构分形特征研究.西南农业大学学报（社会科学版），2（2）：31

一个完整的区域总是由中心、次中心和腹地等多级分层的有机组合，区域各个层次和部分因区位和发展水平不同，其要素的拥有量差异较大，所以一个区域的经济和社会发展伴随着要素在区域内部流动。在区域的不同发展阶段，区域内部各要素的极化、扩散、回流和涓滴作用始终存在。应该说，区域内各要素为了追求效率而产生了流动，要素流动促进了区域经济和社会的发展，这种发展又促进了区域内部分工和贸易，进一步加速了要素的流动。

区际之间要素的流动也可以用城市的三种作用方式——对流、传导和辐射来表示。根据要素流动的形态特征，具体可以分为五类[①]：一是商流，即经济活动中有关商品所有权、支配权的转移活动，即商品与货币所有权的交换，如商品展销、批发、零售。二是物流，即经济活动中有关商品实体的空间移动，不一定发生所有权的转换，如商品的储藏、装卸、运输等。三是人流，指劳动力在劳动力市场上的流动，不包括非经济目的的人员流动。四是资金流，即经济活动中资本的转移，如银行储蓄、借贷、汇兑、股票等有价证券的买卖等。五是信息流，即经济活动中信息的生产、扩散，情报的收集、传递，技术的转让、服务等。

（三）城市空间相互作用的关键：市场开放度

对经济区的联系通道，以往更多的是关注有形的实物通道，强调了交通线路的建设，而忽视了无形通道——市场开放度建设。建设联系通道是为了"跑车"，为了物质、能量和信息的流动。但如果市场不统一、壁垒不消除，流动不畅通，那么实物通道也只是摆设，实现不了城市之间、城市与区域之间的相互联系和相互作用。

市场开放程度与区内、区际要素流动程度成正比，市场开放度小，则要素流动所受到的限制大，其要素无法实现重新配置。市场开放度与交易成本成反比，市场开放度低，则交易成本高，反之亦然。交易成本主要涉及两个方面：一是自然成本，也就是运输成本，是因空间距离存在而无法克服的自然现象；二是制度成本，是因地区间不同的地方性法规、地方性保护政策、人们观念的差异等而导致的成本，常常表现为区际商品、资本以及人员流动方面的限制，是由于人为因素而存在的。我国目前不同程度地存在形形色色、或明或暗的地区市场封锁和地方保护主义政策，阻碍着中国区域经济的协调运行。近些年来，从以保护当地资源为主变为以保护当地市场为主，保护手段由过去设关设卡演化为采取制定地方性法规、设置"技术壁垒"等更加隐秘的方式，排挤外来产品和企业。

---

① 谢文蕙，邓卫.2008.城市经济学.第二版.北京：清华大学出版社.112

　　市场开放度强化要素流动性。当交易成本由高变低从而市场开放度变大时，潜在的市场接近效应和生活成本效应都在减弱，作为两种效应共同导致的聚集力和扩散力自然也是减弱的，但分散力的减弱速度比聚集力的减弱速度快[①]。因此，在市场开放度提高过程中，当开放度达到某个临界值后，聚集力将超过分散力，两种力之和表现为聚集力，这将导致经济活动空间聚集的不断强化过程。因此，市场开放度的提高强化了要素流动性，使要素开始向要素回报率高的地区转移，包括资金、劳动力以及技术等。由于要素的趋利性特征，各种要素向回报率高的地区或部门转移，这在区内表现为资源的重新配置过程，在区际表现为经济发展水平较高地区生产要素的聚集过程。[②]

四　空间结构：城市等级规模体系结构

　　在一定的地域内，由于城市（城镇）间的相互作用，导致城市间在生产上的分工，在每一个城市中都有自己特殊的工业部门占据优势地位，形成了各城市的主要职能。城市间分工的组织产生组合效应，有组织的城市（城镇）群整体使得城市和区域不再是孤立、分散的个体，而是形成了一个地域社会经济系统，从而使由各基本要素构成的生产力主体得到充分的放大，产生了"1＋1＞2"甚至远远大于2的系统组合效应。城市（城镇）群组合效应的发挥使得城镇群内一个城市或一个子系统的变化导致对其他城市和子系统的连锁影响，不同职能城市也具有不同的发展速度。在一定的外部发展条件下，城市（城镇）群内部城市增长日益趋于有序化，大中小不同规模的中心城市也应运而生，逐步形成以中心城市为核心的具有大中小不同规模的城市等级结构体系。

　　城镇体系是一个有机整体，它由城镇、联系通道及联系流、联系区域等多种要素按一定规律组合而成。它一经形成，便具有整体性、层次性、重叠性、开放性和动态性等特征。城镇体系大小不一，随所在经济区的规模和层级而定，大到省际经济区，小到基层经济区，都有所属地域的城镇体系；城镇体系内部的城镇也大小不一，大者成为体系的核心，小者则为体系的基层。城镇体系是多种多样的，随不同的地理与经济因素而千变万化。但其基本结构又是有规律可循的，总体上可分为金字塔形、多核形、网络形和带状形等四种类型。例如，长三角经济区的城镇体系就是以上海市为塔顶联结十几个城市所组成的，京津唐地区城镇体系便是以北京、天津为双核心所组成；辽宁中部地区的沈阳、鞍山、抚顺、本溪、辽阳、铁岭等组成的城镇体系结构是网络状的；经济发达的

　　① 据美国经济学家理查逊即 H. W. Richardson 研究，极化效应即聚集力是时间的二次函数，扩散效应即扩散力随时间呈指数分布。张秀生，卫鹏鹏．2005．区域经济理论．武汉：武汉大学出版社．186

　　② 安虎森．2008．有关区域经济学基本理论的一些思考．区域发展创新论．北京：经济科学出版社．118

沪宁杭地区就形成了以带状城市群为特征的城镇体系。

区域城市体系空间结构是等级规模结构和职能类型结构在一定地域内空间组合的结果和表现形式。分形理论是目前研究非线性城市体系的一种较为成熟的理论，由美国科学家曼得尔布罗特（B. Mandelbrot）于 20 世纪 70 年代中期创立，主要用于解决和解释非线性世界里一些具有随机性和高度复杂性结构的现象和问题。曼得尔布罗特曾给出分形的定义：分形是局部与整体在某种意义上存在相似性的形状。用分形理论中的豪斯道夫（Hausdorff）分维模式可以很好地模拟城市间的这种相互作用，可通过计算关联分维数来研究某个经济区城市群空间结构的分形特征。空间关联维数表示以任意一个城市为中心，其周围城市分布密度变化的一种平均情况，其独特用途是可以反映出城镇体系各要素间交通网络的通达性，从而指示城市之间的关联性。刘继生、陈彦光等把聚集维数、网格维数、空间关联维数以及城镇体系等级结构的分维归纳在一起，构成城市系统理论的基本特征量（表 4.1）。

表 4.1　城镇体系空间关联维数的测算

指标名称	基本模型	地理意义
空间关联维数	城镇体系的空间关联函数： $$C(r) = \frac{1}{N^2} \cdot \sum_{i=1}^{N} \sum_{j=1}^{N} \Theta(r - d_{ij}) \quad (i \neq j)$$	r 为码尺，给定的距离标度 N 为城市群区域内城市数目 d_{ij} 为 i、j 两城镇间的直线距离（乌鸦距离）
	Θ 为 Heaviside 越阶函数，具有以下性质： $$\Theta(r - d_{ij}) = \begin{cases} 1, & \text{当 } d_{ij} \leq r \text{ 时} \\ 0, & \text{当 } d_{ij} \geq r \text{ 时} \end{cases}$$	表示在以城市 i 为中心的半径 r 范围内出现城市 j 的概率分布
	如果城镇体系的空间分布是分形的，则应具有标度不变性，即 $$C(\lambda r) \propto \lambda^\alpha C(r)$$ 从而　$C(r) \propto r^\alpha$ $\alpha = D$，即是分维，可称之为空间关联维数	$D \to 0$ 时，表明城镇分布高度集中于一地（形成一个首位城市） $D \to 1$ 时，表示各城市集中到某一条地理线如河流、交通干线 $D \to 2$ 时，表明城市群的空间分布非常均匀，各城市分布密度相同
空间通达性	将空间关联函数中的 d_{ij}（乌鸦距离）改为实际交通里程即乳牛距离，可得交通网络的关联维数 D'，牛鸦维数比是衡量各城市间交通网络通达性的指标，即 $\rho = D'/D$	$\rho > 1$ 时，表明交通网络通达性较差 ρ 越接近于 1，表明城市之间交通网络通达性越好，从而城镇体系各要素关联度越高 $\rho = 1$ 时，表明交通不受任何障碍的限制，是一种极端理想状况

资料来源：刘继生，陈彦光 .1999. 城镇体系空间结构的分形维数及其测算方法 . 地理研究，18（2）：175

国内已有学者利用上述公式测算了淮海经济区和北部湾经济区的城市群空间结构关联维数。借助于地理信息系统软件测算到淮海经济区 33 个城市两两之间的直线距离矩阵，然后以定步长 $\Delta r = 25$ 公里来取距离标度 r，这样就可得到

一系列点对 $[r, C(r)]$。将点对标绘在双对数坐标图上，发现点列呈现对数线性分布，对 $(\ln r, \ln C(r))$ 进行回归计算，得出分维值 $D=1.1379$，复相关决定系数 $R^2=0.9733$。[①] 按同样方法测算到北部湾（广西）经济区 28 个城市两两之间的直线距离矩阵，然后以定步长 $\Delta r=15$ 公里来取距离标度 r，这样就可得到一系列点对 $[r, C(r)]$。将这一系列点对标绘在双对数坐标图中，可以观察到它呈对数线性分布，对 $[\ln r, \ln C(r)]$ 进行回归运算，得出分维值 $D=1.145$，复相关决定系数 $R^2=0.983$。[②]

上述计算结果，一方面，说明淮海经济区、北部湾（广西）经济区城市分布都有明显的轴向特征，空间分布较为分散，自组织演化在空间结构方面具有优化趋势；另一方面，说明两个经济区城市之间空间关联程度、相互作用程度一般，突出表现为首位城市发育不足，集聚和辐射功能弱。这一测算结果与实际情况相符，充分说明这两个地区城市体系空间演化处于集聚-扩散阶段。

第三节　中级经济区点轴开发的路径选择

弄清经济区城市空间结构所处的阶段，按照点—轴—面逐步演化的规律，合理安排经济区不同区段点轴开发的层次和顺序是十分重要的。对于已经形成一个或数个经济中心，但区域内二元经济结构明显、产业布局仍处于不平衡发展阶段的中级经济区，要坚持侧重扩散效应的不平衡发展，实施依托增长极的空间分散化的点轴推进型战略，强化发展轴的"线化"或"带化"功能，加强交通等基础设施建设，大力培育区域的优势专门化部门和产业密集带。第一，在经济区内选择若干资源较好、重要交通干线经过的具有开发潜力的地带，作为发展轴进行重点开发。第二，把各发展轴上的中心城市确定为重点发展的增长极，确定发展方向和功能。第三，确定增长极和发展轴的等级体系，集中力量重点开发较高等级增长极的中心城市和发展轴，随着区域经济实力的不断增强，开发重点逐渐扩散到级别较低的发展轴和中心城市。

一　选择重点轴线培育发展产业带

要依据点轴开发模式，科学选择发展轴线，积极培植产业集聚带，首先应

①　张虎等.2008.淮海经济区城市体系的空间分形研究及优化举措.徐州师范大学学报（自然科学版），26（1）：58

②　张协奎，张小富.2007.基于分形理论的北部湾（广西）经济区城市群空间体系分析.广西大学学报（哲学社会科学版），29（4）：32

确定一级发展轴，进行重点建设，在此基础上，向两侧腹地扩散，逐渐由轴状向网状发展；再确定次级发展轴，加强增长极的培育，促使点状分布向轴状分布过渡。重点发展轴线的选择要考虑以下几个方面：发展轴线最好由经济核心区域和发达的城市工业带组成；以具备水陆交通运输干线为依托；选择自然条件比较优越、建设用地条件较好、农业生产发展水平较高的；矿产资源和水资源丰富，特别是水资源或是水源可供给性良好。

一级产业带经济基础应该较好，区域经济腹地广阔、资源丰富，为经济区内最重要的经济增长地域，是经济区城镇与产业发展的大动脉和重要集聚带。城镇发展轴积极吸纳沿线地区经济要素，在其通达范围内得到原料、初级品以及劳动力，可以大力发展资源密集型、劳动密集型产业，培育制造业和农业，同时发展旅游业，有选择地发展技术密集型产业，提高产业结构层次。产业带经济的快速发展，产业带上各城市之间的经济社会联系的加强，可以削弱行政壁垒，促进城市自身的发展。二级产业带上城市经济发展水平相对较低，由于城乡二元结构的存在，需要加强对外开放程度，引导城镇沿通道点状集中发展，发挥资源特色，大力发展高效、观光、生态农业，加强与相邻城市的协调和联系，同时提高资源加工度和产业结构层次，发展成为带动圈内经济增长的新的增长轴。

在各级轴线上，对于资源密集、基础设施条件好、市场容量大的地区，可以进行综合开发，以地区主导资源的开发为基础，形成地区的主导产业或主导产业群，同时围绕主导产业，相应地发展其前向关联或后向关联产业，综合开发利用其他自然资源，强化基础设施。在纵的方面形成从资源开发到加工、直至综合利用循环利用的产业链；在横的方面，包括与之相关的配套产业，形成以主导产业为中心，产运销、金融、科技在空间上有机结合的地区经济综合体。但在这种经济综合体发展到一定规模和程度时，就容易产生人口拥挤、交通拥堵、环境污染、生活质量下降等一系列"大城市病"，相应地，应调整工业和城市功能布局，加速新兴产业发展和结构升级，调整极化效应，强化涓流效应的影响。

二 确定开发顺序、大力发展城镇体系

要按照不同等级的经济中心最优的原则，把发展轴线和产业带上的各级中心城市作为不同等级的开发重点。首先，要在科学研究分析的基础上选择并确定中心城镇（增长极）等级关系，集中力量重点开发较高等级的中心城市（增长极）。对于同时具有中心城市和港口城市的经济区，可形成双核结构，功能上形成互补。要发挥经济区中心城市的功能，培育中心城市增长极的作用。其次，

随着区域经济实力的增强，开发重点逐步扩散到二级或者三级中心城镇。依托发达的交通线路，使中心城市周边以及都市圈以外地区的资金、信息、人才向二级、三级增长极集聚，促进沿线二级、三级城市的快速发展，其对周边地区经济带动作用将逐渐显现出来。同时，要注意本区域的经济发展水平，注意各增长极之间的经济联系程度，注意发展轴的经济合理的空间距离。

作为经济增长极的特大城市，其对区域经济具有强大的辐射带动作用。要选择规划一批经济实力强、资源条件好、发展潜力大的区域中心城市发展成为大城市或特大城市，适度扩大规模，改善基础设施和生活居住环境，通过产业的集聚和扩散使之与周边地区的经济实现整合。要在特大城市的龙头带动作用下，依托集群扩张和产业辐射，培育发展次一级的区域中心城市，并以此为核心辐射源，兼顾周边中小城市的发展，在更大范围内整合资源、形成协调的区域分工体系，为以集群为主导的多层次网络型产业布局体系的发展壮大提供良好环境，进而推动集群的发展，促进次一级区域中心城市和城市密集带的成长。

要大力推进发展轴线上城市群的建设。科学构建现代城市群空间结构，不断增强城市群各城市（城镇）之间、各地域之间，特别是城市（城镇）与地域之间生产要素交流的广度和深度，加快城市群一体化发展的步伐。扩大其城市规模，提高城市的空间聚合能力，促使其向都市圈、城市带、城市群等新的城市空间形态发展，在新的城市空间形态中形成大中小城市及小城镇的有机结合，扩展城镇化地区。发展由若干规模相仿的大中城市及其周围城镇所组成的多中心城市群。目前中国最具希望的城市群是京津唐城市群、长三角城市群、珠三角城市群，欠发达地区城市群仅为雏形或尚未形成，这将使欠发达地区城市化发展滞后，影响整个区域的发展。

三 加快综合交通运输体系和信息化建设

积极建设现代综合交通通信体系，缩短城市空间距离，加强城市之间的经济联系，充分发挥周围城镇的资源条件，形成既有密切联系又有分工协作的城镇体系，朝"交通同网、能源同体、信息同享、生态同建、环境同治"的目标迈进。要运用点轴渐进式开发模式进行综合交通、通信、电力等轴线网布局，关键是分析和确定"点"、"轴"的位置和等级，以及选择网络空间结构形式。一是确定区域内若干个"点"，即作为重点发展的综合枢纽，并且要明确重点"点"的性质、发展方向和主要功能，以及它们的服务、吸引的区域。二是选择联结各个"点"且具有有利发展条件和开发潜力的若干综合通道作为发展轴，予以重点开发。三是确定点和轴线的等级体系，形成不同等级的点轴系统。四是选择适宜的网络空间结构形式，使各种点轴系统有机交织，构成综合交通、通信、能源输送网络体系，带动区域协调发展。

要大力发展城市区域内外贯通的交通设施体系。城市是经济区统一市场的中心环节和枢纽，中心城市交通、流通和资金融通的"三通"功能对经济区的发展具有十分重要的地位。联系通道的建设应以着重把核心区建成为经济区的交通中心、流通中心、金融中心为目标，尤其应注重城市快速轨道交通、城区站场以及对外快速通道的建设，高速公路、铁路和港口的建设更为重要。同时，城区道路网、停车场、仓储系统、客货站等的建设，都应尽可能考虑满足整个经济区发展的需要。要积极发展区域复合型交通干线体系。公路、铁路、水运等运输方式都有自己的适应对象，它们结合在一起，能为地区各种类型的社会经济客体提供便捷的服务，从而带动社会经济的多元化发展，把社会经济更深层次的潜力发挥起来。在复合型发展轴中，铁路与公路的结合比较普遍，水运与铁路之间的结合比较薄弱，应重视建立铁路、公路、水运与民航相结合的综合交通网络体系。

要积极改进和健全信息基础设施，务实推进电信网、广播电视网、计算机网等"三网"融合，促进传统电信网向宽带综合信息服务网络发展，提高地理空间信息社会化应用与共享程度。推进综合性网络应用工程、公益性信息服务工程、企业信息化等重点应用项目建设，促进高速公路电子收费系统、交通信息联网、危急抢险信息联网建设。有条件的城市群可借鉴长株潭三市实行通信网并网升位、区号统一，实现通信同费。中心城市还应根据自身及其周围地区实际情况建立整个经济区的金融信息化体系，达到中心城市能够运用自己强大的经济实力进行资金区域性调剂和价格区域性平衡的能力。要以信息化推动区域社会经济发展，提升区域综合竞争力。

四 积极发展以点轴系统为基础的通道经济

所谓通道经济，就是着眼于发挥点轴系统的集聚、扩散功能，依托良好的地理环境、自然资源和人文条件，以交通通道、产业链纽带为基础，以接受区域核心经济区经济辐射和产业转移为途径，以参与区域经济合作和分工为手段，依托通道的优势，并通过市场手段，构建中心城市经济走廊，实现产业向通道的集聚和扩散，从而实现通道区域的经济发展。交通干线或综合运输通道、以第二、第三产业为主的产业体系、中心城市和中小城镇群是发展通道经济的三个要素。交通干线的重点投资建设是通道经济形成与发展的前提条件；沿线分布的中心城市和中小城镇群是通道经济发展的依托；沿交通轴线逐步发展的产业，特别是工业、通道产业的发展构成通道经济的主要内容。

通道经济并不等于简单化的交通运输经济，而是借助交通通道的建设，提升交通沿线地区的经济发展能力，并将经济发展辐射到更大范围的经济区域。经此来看，通道经济不应单纯地以交通运输干线建设为中心，因而除了加大交通运输项目的投资外，关键是要进一步加快自身产业，尤其是第二产业的发展，以增强自身造血功能。这就需要整合区域内行业，改造提升传统优势产业，提高工业的集中度，并在此基础上结合核心区及发达地区的产业转移和扩散、加快轴线上产业园区的建设，促进产业聚集，增强通道对经济的辐射功能。

第一，要大力发展流通经济。流通力是区域经济发展的活力，便捷、畅通的通道是人流、物流、资金流、技术流、信息流、企业流吞吐的主渠道。发展通道经济就是要加快建设区域物流中心和体系、提高区域的流通力，并转化为经济效益。第二，要大力发展服务经济。客货流动量的增加，扩大了运输通道的服务需求，不仅要为企业和客商提供货物运输、储存等流通的必要条件，而且还要为其提供加工、包装、结算、汇兑、信息、旅游、休闲等各种服务，发展通道经济具有鲜明的服务性特点。第三，要大力发展产业经济。发展通道经济，需要一系列通道产业的支撑，通道产业一般包括物流业、商贸产业、金融业、旅游产业、信息产业、海洋产业、房地产业。通道产业只有建立在发达工业的基础上，才能得以发展。产业的规模经济、产业的结构调整与升级，是通道经济发展的推动力。

五 大力推动市场开放和区域性合作

在全球经济一体化、区域经济集团化的背景下，要积极推进区域市场开放和要素流动，打破行政界线壁垒和区域人为壁垒，促进区内人才、资金、信息、技术等生产要素在产业和区域内充分流动，促进区域共同发展。人流会形成一个居住的功能，带动旅游业的发展。物质流形成物流中心，资金流带来融资的便利，信息流产生一个信息中心及交易所，企业流形成企业集聚。

要努力构建开放的区域共同市场。在区域合作的制度性安排等方面加强协作，实现各省区、各城市之间技术标准、环保标准、产品认证体系及标准、职业资格认定标准的统一，以防止区内市场与区外市场之间形成产品和要素流动的壁垒。同时，各地在交通、通信等基础设施的规划和建设上要加强协调和衔接，经济开放度越高，其迫切性越强。中央和地方财权事权划分不合理、干部政绩考核制度不科学等体制性因素，是导致国内市场分割、统一的产品和要素市场难以建立、市场机制不能在区域资源配置中充分发挥作用的根本性原因。构建区域共同市场，需要消除这些体制性因素，这必须在中央政府的领导下进行各方面广泛的体制改革和政策调整。

要大力加强区域性协作与交流。发展轴沿线和周边地区要与发达地区积极对接，主动接受核心区的产业扩散和转移，确立市场主导型的发展道路，提高通道的开放性，为经济腹地与发达地区的经济交往提供桥梁和中介作用。同时，在自身经济发展达到一定水平以后，适时向纵深经济腹地进行产业转移，以便提升产业结构、增强竞争力。要加快对外开放步伐，增加区域经济发展的活力，促进出口加工业和对外贸易的发展，通过交通运输联系的作用把区域与海外、内陆腹地相连，拓展经济发展的空间。通过开放，打通国际、国内两种资源、两个市场，优化资源配置；通过开放，实现体制创新，创造良好的投资硬环境和软环境，聚集区域内外的资本、技术、人才和财富。要通过提高对外开放程度，促进一个地区的外向型经济与进出口贸易的快速发展。

第四节　中部及东北经济区点轴开发实证研究

中部地区地处我国地理中部，包括山西、河南、湖北、湖南、江西、安徽 6 个省份，拥有占全国 10.7% 的国土面积和 27.4% 的区域人口。自改革开放以来，随着东部地区率先发展和西部大开发战略如火如荼地开展，"中部塌陷"问题逐渐凸显。在此情况下，中央提出了促进"中部崛起"的重大战略任务。2006 年 4 月，中央提出在中部建成"三基地一枢纽"的设想，以中原城市群、武汉城市圈、长株潭城市群、皖江城市带的建设带动中部六省整体的发展。东北地区与中部地区同属中国传统的老工业基地，是最先实现工业化的地区。东北范围包括辽宁、吉林、黑龙江三省，土地面积 78.71 万平方公里，2005 年末人口总数为 10 757 万人，分别占全国的 8.2% 和 8.04%。

一 中部及东北地区发展的成就与问题

中部地区联南贯北、承东启西，交通网络四通八达，文化积淀丰厚，自然资源丰富，产业基础扎实，具有得天独厚的居中优势。东北地区工业基础雄厚，装备制造业发达，北与俄罗斯接壤，东与韩国、日本相邻，南部辽宁与环渤海经济区及东部沿海浑然一体，区位优势明显。近年来，其市场经济体制不断完善并加速与国际接轨，使中部和东北地区经济内生的自主发展机制初步形成，区位、资源、产业、人才优势不断得到充分发挥，民营经济获得了充分发展，外资企业开始大规模挺进，沿海地区产业开始向内转移，发展步入了快车道，呈现出强劲的发展势头，主要经济指标增速均接近或快于东部地区。1999～2008 年，中部地区 GDP 平均增长 11.2%，东北三省增长 11.2%，东部地区增长 12.3%。总体来说，中部地区和东北地区经济集群化、集约化发展的内在环境和动力机制已经形成，经济的市场化程度不断提高，工业化、城市化正进入中期的加速阶段。

中部和东北地区虽已处于工业化的快速发展阶段，但矛盾和问题更加突出。由于中部地区受传统保守落后的内陆农耕文化影响较大，小富即安，重官轻商，思想观念滞后；政府职能转变迟缓，服务意识淡薄，执法效率不高，投资软环境不优；经济体制改革滞后，国有经济战略重组慢、竞争力趋弱，非公有制经济发展迟缓、地位较低，再加上宏观上中部地区的"政策塌陷"，最终导致了"经济塌陷"。而东北地区进入市场经济以后，老工业基地继续工业化的问题没有解决好，经济区的发展渐渐落在其他发达地区的后面。总之，中部和东北区域发展水平与东部地区存在显著差距，在增长速度上也低于西部地区，区域结构性矛盾日益突出。一是城乡结构性矛盾，农业人口占总人口的比重较大，农业产值所占比重较高，农村富余劳动力总量较大，城乡居民人均收入差距不断拉大，城乡之间一体化协调发展的程度较低。二是工业化、城市化进程相对滞后，大多缺乏超级区域性中心城市，中心城市的龙头带动作用不强，经济实力和竞争力的差距较大。三是产业结构不优，国有经济比重过大，高加工度产业和高新技术产业所占比重较低，产业的技术含量和附加值低，集群化、集约化发展的程度较低。四是经济开放度低，所有制结构不合理。与沿海地区相比，参与国际竞争和国际经济技术合作的规模、深度、广度有很大差距，完全市场化的非公有制经济所占比重较低，经济发展的活力相对不足。而且，中部形成合力的驱动力不足，各省份分别提出了各自融入东部沿海三大经济圈的对接思路，如安徽的东向战略、湖南的向南战略、江西的与长珠闽对接战略等。如何促进中部六省内部之间的合作与联系则是一个亟待重视的问题。

二 中部崛起和东北振兴的战略思路和要点

目前，我国中部地区和东北地区尚处于快速成长期，开发水平不如东部地区高，但人口比较密集，环境承载能力较强，未来发展潜力很大。应优先采取以"点轴开发"为主导的非均衡发展战略模式。首先要做大做强"点"——龙头和极点，然后通过发达的城市间交通实现"轴"的联动，带动沿线、沿江区域的迅速发展，再通过中心城市形成"城市圈"，迅速成长、多圈联动实现整个区域的经济繁荣。实际上，经过20多年的开放开发，中部及东北地区已基本形成了"中心群带"的点轴发展战略格局和模式。东北地区辽中部和哈长吉大（庆）齐（齐齐哈尔）纵向成群、辽宁沿海"五点一线"横向成带；中部地区长江经济带、黄河或陇海经济带和京广经济带呈现"双十"结构串联在一起，由此形成"中心膨胀、沿线开发、群带互动"的发展格局。中部地区应以贯彻落实《促进中部地区崛起规划》为重点，进一步完善促进中部地区崛起政策体系，积极加强区内外合作，推动中部地区经济又好又快发展。

第一是强化节点城市的极化效应，走"多中心发展"之路。中部地区和东北地区区域经济组合有自己的特色，其内部及外部的经济关联度并没有特别明显差异，有的省份与该地区外的经济关联度远超出与其内部的关联度。南部和北部虽然有京广、京哈经济带联结，但却分属不同的经济区域，受不同的沿海经济中心的吸引。所以，应坚持走多中心发展之路，中部地区重点发展"六大经济中心"——郑州、武汉、长沙、合肥、南昌、太原六大中心城市，东北地区重点发展哈长吉大齐和沈阳、大连、锦西等中心城市，形成竞相发展、竞相崛起之势，特别是应鼓励优势城市群爆发式发展，形成该地区的超级中心城市或强大的经济核心，以带动并加速中部崛起和东北振兴。

第二是实施集群化战略，推动产业带、城市群和经济圈发展。中部地区和东北地区应大力推进集群化发展战略，即经济、产业、企业和城市集群化。大力推进三大制造业（先进制造业、能源原材料工业、强势农业）和三大服务业（物流业、商贸金融和中介服务业、文化旅游业）。中部重点发展"四大城市群"——中原城市群、武汉城市圈、长株潭城市群、沿江城市群，积极发展"三大经济带"——长江经济带、黄河经济带、京广经济带（郑州-武汉-长沙经济带）。东北要重点发展装备制造业产业集群和以哈尔滨、长春、沈阳省会城市为中心的城市经济圈，以及辽宁沿海经济带。要努力推动"多圈联动"，通过多"极"化的发展逐步实现各"极"之间的对接与互动，从而辐射带动中部地区和东北地区的发展。

第三是实施"开放带动"战略，拓展国际国内发展空间。要树立以开放促发展的思想，把中部和东北建成高效竞争的市场、人才辈出的摇篮、资本集聚的中心，使中部和东北成为国内国际产业转移的沃土，发展专业化出口加工密集区。要大力推进"东融西进"战略。中部和东北的经济发展决不能孤立进行，要充分发挥"承东启西、联南贯北"区位优势，充分利用东部的产业转移和西部的资源优势，向东融合，向西进发，全方位开拓中部崛起和东北振兴的市场空间。要积极融入沿海三大经济区，推进中部、东北与东部的一体化进程；应不失时机地实施"西进战略"，使中部地区、东北地区成为西部资源的转换站或加工厂，在东、中、西的互动中实现中部崛起和东北振兴。

三　中部及东北主要经济区的点轴开发

（一）武汉城市圈和长株潭城市群

武汉城市圈目前总体上已进入工业化中期起始阶段，但圈内经济发展很不平衡。武汉已处于工业化中期发展阶段，黄石、鄂州、仙桃处于工业化中期起飞阶段，而孝感、咸宁、黄冈、天门则处于工业化初级阶段。因此，武汉城市圈建设总体上宜实行点轴开发战略，确立中心城市优先发展战略，通过交通轴线建设促进武汉与各城市间的联系互动，发挥辐射带动作用，并在部分城市强化增长极开发，促进区域产业集群构建和结构优化，积极培育区域中心城市，确立圈域内分工协作机制，推进武汉城市圈工业与域外经济的融合。武汉城市圈及周边腹地分为三个圈层，即距武汉中心城区 80 公里以内的核心圈、80～150 公里的紧密圈、150～300 公里的辐射圈，呈现"一核、一脊、两带、两轴、两环、四组团"的区域空间结构。一核——武汉主城区；一脊——由沪渝高速公路和汉丹铁路以及汉十高速公路构成的"Y"字形东西复合发展脊梁；两带——大别山至桐柏山生态带和幕阜山生态带；两轴——京港（澳）高速公路—京广铁路复合主轴和京九铁路—大广高速公路复合发展次轴；两环——武汉绕城高速公路和城市圈快速环线；四组团——黄石鄂州黄冈组团、仙桃潜江天门组团、孝感汉川应城组团和咸宁赤壁嘉鱼组团。2007 年 12 月 26 日，随着武汉阳逻长江大桥的建成通车，连通武汉城市圈的 7 条城市高速出口公路基本建成，武汉与城市圈 8 个城市形成"一小时交通圈"。这对加快武汉城市圈"两型社会"改革试点、促进区域经济社会发展具有重要意义。

长株潭城市群规划建设贯彻实施了点轴开发的理论精髓和战略原则，非常重视核心区的极化带动功能和发展轴线的联系辐射功能，使点、线、面浑然一体，城市化与产业化在互相作用中并行发展。根据规划，长株潭区域需保持和加强以京广铁路、京（武）广客运专线铁路、京珠高速公路、107 国道及湘江生态经济带为主轴线的突出地位，继续促进这条轴线的集聚和辐射作用，以这条轴线为核心和纽带促进三市经济的一体化；积极打造两条次轴线（以 319 国道、320 国道和上瑞高速公路为轴带），作为次级密集发展轴带和主轴线的补充，规划期内较大幅度地推动沿线经济发展水平的提高，促进区域城镇的协调发展和城镇等级结构的改善；同时，以两条辅轴（湘乡—韶山公路和 106 国道）为纽带，联系和辐射广大的三市市域地区。规划最终形成以长沙、株洲、湘潭为核心和中心结点的放射状城镇布局，以三纵两横（一主两次两辅）夹绿心的"冉字形结构"支撑起整个区域的城镇发展空间。长株潭地区城镇将形成"1 个省域中心城市组群（属于长株潭城市群核心地区）—8 个区域次中心城市—47 个重点镇—85 个一般建制镇"四级的城市等级体系结构。

（二）皖江城市带和昌九工业走廊（鄱阳湖生态经济区）

皖江城市带的建设也是典型的点轴开发模式，一条江串起 8 座城市，8 座城市通过日益完善的高速公路网络、铁路网络形成沿江产业带和城市群，并通过 6

座城市拥有沿江港口与长三角经济区紧密相连，成为长江经济带开发的重要增长极。8座城市沿皖江南岸依次分布，相距1个小时的车程，让芜马铜率先在皖江城市带中实现经济一体化有了更现实的可能。安徽省提出要加快发展芜（湖）马（鞍山）铜（陵）沿江产业带，要在长江芜马铜段与沿江高速公路之间1500平方公里的范围内，以长江岸线和高速公路为主轴、以开发区和园区为载体、以产业集聚为核心、以城市群为依托，着力深化泛长三角地区发展分工，创新合作方式，努力打造产业承接平台，增强产业承接能力，促进产业集聚发展和区域联动发展。经过三五年努力，形成加工制造业密集的经济带，使之成为全国重要的加工制造基地、承接国内外产业转移的桥头堡和全省重要的经济增长极。皖江城市带不仅要沿江发展，更将进一步考虑跨江发展。江面上已有芜湖、安庆、铜陵三座长江大桥，安庆望江大桥、芜湖二桥、马鞍山大桥等正在规划建设中。

2007年7月，《江西省昌九工业走廊"十一五"区域规划》出台。规划提出，经过5年努力，把昌九工业走廊建设成为优势产业密集区和城市群落密集区、开放型经济密集区，工业增加值占全省45％以上，城镇化程度达到55％以上，开放型经济对经济增长的贡献达到50％以上，使走廊地区成为江西重要的经济增长板块。根据规划，为充分发挥江西唯一对外港口城市九江市及152公里长江岸线资源的区位优势，南昌和九江两市将整体纳入昌九工业走廊区域范围，从而把交通优势和临江优势有效结合起来，将昌九工业走廊的内涵从沿路开发拓展到沿路和沿江开发并重。经过十多年的建设，如今昌九工业走廊面临着单轴开发模式的转变，由"线"变"块"。随着近年的快速发展，南昌与九江，类似于"广州-深圳、杭州-宁波"的双星型经济增长极模式基本形成，并对走廊内县区形成一定辐射能力。因此，今后在走廊地区将形成中心城市、中小城市和重点镇的城市网络。在未来几年昌九工业走廊区域内高速公路将达到500公里，并修建昌九城际铁路，这都将拉近区域内各城市的距离，有利于形成联系密切的新兴城市群。作为江西崛起强大引擎的昌九工业走廊，必将在产业集群和城市群的建设中迎来又一个"加速度"，成为区域点轴开发模式的成功典范。2009年12月12日，国务院正式批复实施《鄱阳湖生态经济区规划》。这标志着昌九工业走廊将纳入鄱阳湖地区建设的整体战略布局，以促进生态与经济协调发展为主线，以体制创新和科技进步为动力，转变发展方式，创新发展途径，加快发展步伐，努力建设成为全国生态文明与经济社会发展协调统一、人与自然和谐相处的生态经济示范区。

（三）中原城市群和太原经济圈

中原城市群地理位置优越，承东启西，连南贯北，铁路、高速公路均呈网络状，京广线、陇海线呈"十"字形在郑州交会，且有十多条高速公路在建或待建，城市密集度和人口密集度都比较大。但是，从整体来看，中原城市群还远未达到"群"的要求，郑州的辐射带动力仍然较弱，城市之间相互呼应、协同融合缺乏引导和动力，各市分散布局、异向发展的态势没有大的改变，重大基础设施规划建设协调对接不够，城市资源未能共享。需要按照点轴开发原则，着力构建"一极两圈三层"现代城镇体系，即构建以郑州为中心，以客运专线为骨架、城际轨道交通为支撑的"半小时交通圈"和"1小时交通圈"，形成以郑州为中心的都市圈（开封作为郑州都市圈的一个重要功能区）、紧密联系圈（其他7个节点城市）和辐射圈（接受城市群辐射带动作用的周边城市）三大圈层。

太原经济圈在空间布局上，基本上也是典型的点轴开发模式，将打造为省域"大"字形发展格局的"交点"，以进一步强化太原中心城市地位和太原经济圈的龙头作用。拓展圈层要形成"一主四副、两轴一线"的空间结构。其中，"一主"指太原、晋中市区和清徐、阳曲县城组成的太原都市区，"四副"分别是阳泉、忻定原、介孝汾和吕柳中四个副中心。"两轴一线"指省内传统的大运发展轴和新兴的省际石太-太中银发展轴，及太晋拓展线。基本圈层要形成"主次双核、一环两带"的空间结构。"主次双核"指发展太晋清阳和介孝汾两大极核，太晋清阳为主，介孝汾为次，共同带动太原经济圈发展。"一环两带"指建设东部旅游城镇带和西部工业城镇带，以这两条带在盆地内部形成紧密联系的城镇环，是盆地经济发展与城镇建设的核心地带。太原经济圈的建设，近期及规划期间以核心圈层和基本圈层为重点，在相对紧凑的区域有效启动，有利于迅速形成发展的增长级，带动周边区域的发展并产生互动。太原晋中同城化是太原经济圈建设的核心内容。要强化太原—晋中的中心地位，加快推动两市规划同筹、制度同构、市场同体、产业同链、交通同网等"十同"的同城化进程，优化两市资源配置与产业布局。同时，调整各市县主导产业，协调发展轻工旅游与矿产加工，加快技术密集型和特色资源型产业的发展。到2020年，将太原经济圈建设成为国家承东启西的重要枢纽区，巩固和强化以太原—晋中—清徐—阳曲为主体的都市核心区，重点发展介休—孝义—汾阳以形成富有活力的经济圈次核，逐步推进并实现整个经济圈尤其是平川地区的"同城化"，使太原经济圈成为充满活力、适宜人居的环境友好型经济圈。

(四) 沈阳经济区和辽宁沿海经济带

2009年9月7日，沈阳经济区书记市长联席会议在沈阳召开，会议重点讨论《沈阳经济区新型工业化综合配套改革框架方案》（征求意见稿），使之成为指导沈阳经济区未来发展的纲领性文件。框架草案主要贯彻点轴开发思想，确立了构筑"一核、五带、十群"的区域产业空间发展格局，即建设沈阳特大经济核心区，提升沈阳区域中心城市地位，逐步发展成为东北亚国际性中心城市；打造沈抚、沈本、沈铁、沈辽鞍营和沈阜等五条城际连接带，形成若干经济新区，以点连线、以线带面，推进沈抚同城和八城市一体化建设；打造沈西先进装备制造、沈阳浑南电子信息、沈阳航空制造、鞍山达道湾钢铁深加工、营口仙人岛石化、辽阳芳烃及化纤原料、抚顺新型材料、本溪生物制药、铁岭专用车改装和彰武林产品加工等 10 个主业突出、优势明显的重点产业集群。

辽宁沿海区域区位地缘优越、港口基础雄厚、腹地资源丰富、交通网络畅达、产业科技发达、城市功能较强、土地资源丰富，是辽宁省加快建设国家新型产业基地的巨大潜力所在。辽宁"五点一线"若能有效地执行点轴力量构架，点轴贯通，依托港口、滨海公路、铁路，逐步形成临港产业集聚带、资源开发产业带和旅游观光产业带，辽宁就会形成中国经济独一无二的点轴系统，并将取得"海上辽宁"点轴效应的乘数效应。截至 2009 年 9 月，辽宁沿海重点区域固定资产投入 560 余亿元，累计批准入区注册项目 522 个，投资总额 1457 亿元，3 年来吸引外资增幅都在 50% 以上，使辽宁实际利用外资首次位居全国第三。辽宁沿海经济带正在成为辽宁乃至东北地区对外开放的新平台，搭建起东北振兴的新引擎。正在建设的哈大铁路客运专线，使沈阳经济区（辽宁中部城市群）、长春吉林经济带和哈大齐工业走廊与沿海经济带联结更为紧密。

第五章

高级经济区的持续发展路径
——网络开发

第一节　经济区的网络开发模式

一　网络开发模式的内涵

网络开发理论是在点轴开发理论的基础上发展起来的，是点轴开发理论的延伸和继续，也是经济较发达地区实现区域整体均衡发展的有效方法。中国社会科学院魏后凯1988年在《地域研究与开发》（第7卷第1期）上发表的《区域开发理论研究》一文中，基于增长极理论、点轴系统理论，进一步提出了网络开发理论模式。[①] 这里的网络，是指一定区域内结点与结点之间及轴线之间经纬交织而发展成的点、线、面统一体。所谓网络开发模式，是依据空间一体化的一般规律，在增长极和发展轴影响范围不断扩大和区域点轴体系完善后，开发重点应放在点轴与其腹地之间综合网的建设上，以在较大区域内形成商品、资金、技术、信息、劳动力等生产要素的流动网络及交通、通信网，使各级增长极对腹地经济发展的组织起先导作用，逐步实现城乡经济和区域经济一体化。空间一体化中的网络已不完全是交通网络，而是指在点与轴的辐射范围（有时也称"腹地"或"域面"）内由各种线状的基础设施束所构成的网络如交通网、通信网、电网等，及其所承载的各种商品、资金、技术、信息、劳力等生产要素所构成的流。网络开发是区域开发比较完备的一种模式，标志着区域经济走向成熟。

二　网络开发的主要内容

网络开发的关键是，一要明确主要节点之间即主要城市之间的分工协作关系，充分发挥各城市的优势，建立具有特色的产业结构；二要通过强化区域网络的负载能力和延伸已有点轴系统，以提高区域各节点与域面之间生产要素交

流的广度和密度，促进地域经济一体化；三要通过网络的外延，加强与区外其他经济网络的联系，或将区域的经济技术优势向四周区域扩散，在更大范围内将更多的生产要素进行合理调度、组合，促进区域经济全面发展。

我国学者甄峰在专著《信息时代的区域空间结构》中介绍了美国区域规划专家迈克·道格拉斯（Mike Douglas）从城乡关系的角度，提出的与增长极概念相对应的区域网络战略[①]：一是承认区域资源禀赋和已有经济活动的作用，不限制地方发展产业，诱导个体企业从核心区迁移分散出去；二是中心与腹地的关系是多层次的，除了首位中心城市具有腹地，网络的每个节点集聚区都各有其专业化和地方化的腹地关系；三是经济网络覆盖的范围与行政边界虽然常常不一致，但便于统计收集信息数据，可以利用现存的省市或地区边界概念对规划进行协调和整合；四是承认扩展乡村以及城市基础设施的需要，也强调区域内主要中心、乡村和城镇间地方公路和交通的联系（表5.1）。

表 5.1　增长极和区域网络模型比较

成分	增长极/中心模型	区域簇/网络模型
基本部门	基于城市的制造业；一般集中于大规模"推进性"产业和自由生产单位	所有部门，依赖于地方区域禀赋和条件；强调基于区域的中小规模地方企业
城市体系	等级的，围绕单个主导中心，根据人口规模和中心地理论	水平的，由许多中心及其腹地构成，每个都有其自身的专业化和比较优势
乡村关系	向下扩散，从城镇到乡村边缘的等级扩散，乡村是城市滴流效应的被动接受者	复杂的城乡活动，增长动力来自于城乡区域，沿着城乡居住区交通走廊
规划风格	自上而下经由部门规划机构，区域有着经济互动所决定的模糊边界	隐含着分散化规划体制的需要，整合与协调了地方层面的多部门和城乡活动
主要政策	产业分散化动力；税收、工业区、国家交通干线系统	农业多样化、产业化，基于资源的制造业，城市服务业，人力培训，地方住区交通网络

资料来源：邓宏兵.2008.区域经济学.北京：科学出版社.181

三　网络开发的作用机理

交通网络、通信网络以及信息网络等是网络开发模式中的核心部分，它们构成网络开发模式的关键因素。网络开发理论实质上是将经济开发由发展轴线向发展域面的延伸。它旨在进一步延长、拓宽增长极和发展轴，强化"点"、"轴"在经济发展中的辐射功能。通过网络发展，逐步实现区域经济的均衡协调发展。当一个区域的经济活动包括人口、第二产业、第三产业都集中在一个狭小的地域范围内，并且当这种集中的规模达到一定程度以后，必定会产生一种

[①]　甄峰.2004.信息时代的区域空间结构.北京：商务印书馆

集中的规模不景气,如要素资源价格的上涨、房地产价格的上涨等。因而,点轴系统发展达到一定阶段和规模后,必须进行网络开发。其开发任务有以下两个方面:一方面,整治老区,进行再开发。中心环节就是调整其产业结构和空间结构,大力发展高新技术产业和现代都市产业,逐步将一般性的、有一定技术含量的加工制造业向其他地区转移;另一方面,要开发新区、扩展腹地。新区仍应按点轴开发模式选择一些重点路线、重点地区进行开发,这有利于构成一个区域开发的网络,使经济发展实现均衡。[①]

四 网络开发的适用条件

网络开发是空间一体化过程后期区域开发的必然选择。一般而言,一个地区应该在经过较长时间的增长极开发和点轴开发阶段后,在经济社会发展到一定高度的基础上才能适用此开发模式。魏后凯认为,网络开发模式的运用有其具体的前提条件:一是首先要经过前两个阶段的开发,即要经过极点开发和点轴开发两个阶段以后才能运用网络开发;二是一个地区的经济发展已经达到一定阶段,综合经济实力较强,有较好的经济基础;三是这个地区应该进入工业化的中后期阶段。[②] 选择网络开发模式的主要动因是,中心城市的生产成本逐步增加,在利润最大化规律的作用下,生产要素向生产成本相对较低的落后地区扩散和发展更有利可图。同时,当地政府的主动参与,加大了对落后地区的基础设施投入,引导资金流向未开发地区,加快了城乡经济一体化进程。

第二节 高级经济区实行网络开发的理论分析

对于高级经济区,由于布局框架已经形成,点轴系统已比较完善,区域高速交通网络以及信息通信网络发展,区域城市网络化的过程正在不断加速,如长江三角洲区域发展正日益呈现出多层嵌套、多中心的复合空间结构发展模式,进一步发展就可采用网络开发模式,进一步构造现代区域的空间结构,同时,通过网络的外延,加强与区外其他区域经济网络的联系,促进地区经济一体化。

一 理论基础:基于空间趋同的平衡发展战略

纵观一些国家区域经济的发展,既不是毫无波折的均衡增长过程,也不是

①② 张建军,李琳.2006.区域网络开发模式的理论研究与实践探索.西安文理学院学报(社会科学版),9(2):53

绝对的非均衡增长过程。一般来看，它们都呈现出一个"平衡—不平衡—新的平衡"的循环往复过程。它们通常要经历以下几个发展阶段和过程。首先是增长极出现发达地区与落后地区分化阶段。其次是开发大城市或发达地区阶段。当发达地区和落后地区的差别越来越大，二元经济结构也越来越明显时，区域经济发展的主要矛盾开始由发展不够的矛盾转化为结构失衡的矛盾。此时，一方面要保证发达地区的持续高速发展，另一方面要加快落后地区的开发，逐步缩小区域发展差异，促进区域空间趋同，由此完成了一个由"不平衡到相对平衡"的循环。

　　网络开发理论的最大特点在于它有利于缩小地区间发展的差距，推动区域整体均衡发展。增长极开发、点轴开发都以强调重点发展为特征，在一定时期内、一定条件下会扩大地区发展的差距，而网络开发理论则是以均衡分散为特征，将增长极、增长轴的扩散向外推移。它一方面要求改造、更新、扩散和转移已有的传统产业，另一方面又要求全面开发新区和延伸腹地，以平衡经济布局。[①]

二　战略核心：社会经济网络建设

　　经过较长时间的极点开发和点轴发展后，区域经济已具备了较好的基础。随着产业结构的调整，在不断推进新兴产业发展的同时，通过逐步扩散、转移部分传统产业，全面开发新区，这种新旧点轴的不断渐进扩散和经纬交织，逐渐在空间上形成一个经济网络体系，即进入网络开发阶段。网络开发理论注重于推进城乡一体化，加快整个区域经济全面发展，其核心是建设完善点轴与其辐射范围（腹地、域面）之间的综合网络，实现要素的各类流通和网络化传递。

　　网络组织是一个由活性节点组成的网络联结构成的有机组织系统。它不仅仅是信息网络、交通网络、产业网络、组织网络等，而且是由以上网络所承载的各项社会经济活动的网络化。社会经济网络可分为物质及技术网络和组织支撑网络。前者是由信息网络、交通网络、给排水网络、供气和电力网络等技术设施构成的网络结构的重要骨架，协同作用在其中是最重要的。后者则是非物质的组织支撑网络，由政府网络、公司网络、创新网络、文化网络等构成，是整个网络结构得以运转的社会组织保证。这些网络基本上是无形的，但往往以契约、文件或口头协议等形成存在于一个社会制度、组织和人际关系的框架

---

① 张建军，李琳. 2006. 区域网络开发模式的理论研究与实践探索. 西安文理学院学报（社会科学版），9（2）：53

之中。[1]

在社会经济网络中，任何经济主体之间的联系，最终都以要素流转的性质出现，所以，要素流转的量与质及流转内容就成为经济网络优劣的重要标准之一。流量、流向和流速是真正推动经济网络内部结构优化的因素。经济网络内的"流"是物质或非物质要素的一种动态表现形式，其中，流动的物质要素包括自然资源、资本、劳动力、产品等，非物质要素的流动主要包括知识、市场信息的流动和思想观念的传播。在经济网络的发展初级阶段，物质要素成为经济中生产要素流动的主流。随着经济网络的发展，流动要素会不断地从物质形态向非物质形态升级和专业化。要素流均按一定的轨迹进行流动，其流动主要受有效需求即市场网络的作用制约，也受体制、政策、法律和文化的制约。社会经济网络数学模型及度量指标如表 5.2 所示。

表 5.2　社会经济网络数学模型及度量指标

度量指标	数学公式	代表意义
时空资源系统分析模型	经济网络的最优值是时间、空间和特定时空下资源变量的函数：$$\max V = P\{(x, y, z, t), r_1, r_2, \cdots, r_i\}$$	P 为市场与行政的优化手段 (x, y, z) 为特定的区域 t 为特定时间段 r 为特定经济主体的各种资源（如自然资源、人力资源、文化资源等）
图形系统分析的网络度及三指标	网络度 $P = \dfrac{n}{n_{max}}$ $n_{max} = \dfrac{N(N-1)}{2}$ 故　$P = \dfrac{2n}{N(N-1)}$ $n \in (0, n_{max}), P \in (0, 1)$	N 为点的集合 E 为线的集合 n 为在平面 $G(N, E)$ 上的线条数 n_{max} 为在平面 $G(N, E)$ 上的最大线条数 P 越大表明网中的棱越多，直观的网络化程度越高
	β 指数也称线点率，是网络中每一节点的平均连线数目，即 $\beta = \dfrac{m}{n}$ α 指数是指网络中实际的环数与最大可能环数比的百分数 γ 指数是指网络中的边数与最大可能的边数之比，有时被直接称为连通度指数	m 为网络中的连线数目 n 为网络中的节点数目 β、α、γ 指数越大，复杂性增加，网络化的等级和水平越高，反之也成立
要素流系统分析指标	流量，是衡量经济网络的活性 流向，指明了经济网络成长过程中此消彼长的方向 流速，反映流量经济空间摩擦力的大小	三项指标特别是流速，可综合衡量经济网络内部组织和外部邻接是否合理有效、各网络平面内线路的质量和管理水平高低

资料来源：朱国平，梁玲，朱文兴等.2005.经济网络系统组合分析.商场现代化.12（下）：23

---

[1]　邓宏兵.2008.区域经济学.北京：科学出版社.182，183

三　动力机制：区域经济一体化

经济一体化是当代世界经济政治发展的一个新特点和新现象，是指两个或两个以上的国家或地区，在现有生产力发展水平和国际分工的基础上，由政府间通过协商缔结条约，建立多国的经济联盟。在这个多国经济联盟的区域内，商品、资本和劳务能够自由流动，不存在贸易壁垒或者将贸易壁垒减少到最低程度，并拥有一个统一的机构来监督条约和协议的执行，实施共同的政策及措施。而区域经济一体化是地域相邻的国家在经济联系愈加紧密的基础之上，相互实行比区域外国家更开放自由的政策，并在体制框架和调节机制上结成经济联合组织或集团。西方区域经济一体化的理论是在世界范围内区域经济一体化实践基础上逐步形成的，目前已经形成了一整套完善的理论体系。该体系以基础设施和环境保护一体化、要素市场和产品市场一体化、产业结构和产业布局一体化、城市体系和城市布局一体化、经济运行和管理体制一体化、制度构架和政策措施一体化为研究对象。

我们现在的区域经济一体化显然是借鉴了"国际概念"来达到我们发展经济之目的。从本质上讲，只有国与国之间才会存在"经济一体化"的问题，区域经济一体化指的也是地理邻近国家之间的合作。而我们之所以在一国内部引入"区域经济一体化"的药方，根源在于长期的计划经济体制所造成的市场分割、部门垄断和地方保护。虽然我国区域内行政区划界限有所淡化，但区域内政府行政的复杂关系给地区之间的协调带来诸多掣肘因素。其具体表现在：区域内的中心城市和其他城市各自为政，城市发展目标雷同，产业结构类似，生态环境系统欠缺引导和有效控制，从而导致了整个区域资源的浪费和发展水平落后，成为影响区域经济一体化的重要问题；同时，部门利益、地方保护和重复建设等阻碍了经济资源的自由流动和跨地区的经济合作。这些是目前中国"区域经济一体化"所要解决的最大问题，目标是推进区域间要素流动和产业转移，实现资源共享、功能互补、联动发展、利益共享。其关键是在合理分工与充分合作的基础上形成共同利益机制。

中国区域经济一体化的作用在于能带来如下积极的经济和社会效应，能转化为推动区域经济发展的内在动力。一是区域间的经济结合能实现经济上的互补互利，推动彼此经济的持续增长。二是经济一体化导致市场容量扩大，使得企业可以扩大生产规模，节约生产成本，获得规模经济效应。三是通过一体化趋势，贸易和技术转移效应显著，使得各自生产产品的比较优势更加突出，加上规模经济效益的提高，各地产品竞争力日益增强，从而加速经济成长与居民生活水平的提高。四是经济一体化使不同经济体间消除生产要素流动的障碍，使得彼此间可以依赖比较利益的原则实行分工协作，从而使得资源能够重新配置而达到最有效的利用，使各自的产业结构调整进入良性互动发展，即"资源优化效应"。总之，通过一体化带来的各种生产要素有机的、关联的、有序的、合理的流动，达成社会经济资源的优化配置，从而使区域经济得到共同的、协调的、有效率的发展，形成一种区际分工与协作的区域经济发展格局。

四 空间结构：多层次嵌套网络结构

在传统核心边缘结构中，由于边缘区新增长中心的出现而日趋均衡化、网络化，特别是由于信息网络的扩张，点对点的作用可能在超越时空的尺度中进行。这样，最终可能会形成多层次极化的网络结构。它是一个在相对开放的区域网络系统中，由各级极化核心及极化区域构成的一个相互嵌套的空间结构。位于不同层面网络节点的城镇在整个网络体系中既有地域性分工又有互补性协作，并以为城镇体系创造机会、促进中心城镇繁荣为共同目标。一级节点是首位中心城市，是整个区域乃至国际层面的金融、信息、经济和文化中心，吸引跨国公司总部成为其重要的发展动力。次级节点是二级经济中心，因其大量熟练的技术人员和高素质的劳动力成为一级节点的技术创新与生产基地。第三级节点则是广大中小城市，重点发展为与前两级节点功能相配套的制造业和服务业基地。在信息化时代，"整个网络结构将由信息城市、分散化的电子村庄和中小企业的专业化地域构成，这改变了工业化时代所形成的集中的中心地模式"①。

网络结构强调基于网络联系的外部经济性和网络成员间的专业化联系，决定网络成员的地位不再是其规模，而是它在整个网络节点系统中功能的重要性。这就是区域网络化空间结构理论与中心地理论、核心边缘理论的本质差别之处。传统的等级原则强调规则和秩序，而网络则强调活力和竞争，克里斯塔勒关于城市规模与城市功能相联系的理论在一定程度上将不再符合现实情形。由于产业、人口、资金、技术等要素之间围绕信息和知识创新活动形成的相互依赖关系，网络节点之间社会经济活动的高级化与复杂化日益增强，整个空间结构也呈现出趋于强化的黏合度。在网络结构中，单纯的极化与扩散逐渐被网络化的多维互动的空间关系所取代。各个区域核心在功能上更多的是基于错位发展的互补关系，而非不合作博弈导致的恶性竞争。在这个网络关系中，虚拟空间的出现是一个重要的前提条件和支撑。

---

① 甄峰. 2004. 信息时代的区域空间结构. 北京：商务印书馆

第三节　高级经济区网络开发的路径选择

对于布局框架已经形成、点轴系统比较完善、综合经济实力较强的高级经济区，要坚持均衡分散、缩小差距的整体平衡发展战略，强化点轴等级体系与辐射域面之间经济网络的"面化"和"一体化"功能，把极轴的扩散效应向广大域面推进，大力整治老区，积极开发新区、拓展腹地，引导和推动区内城乡统筹化、产业结构高度化、地区分工合理化。要发挥各级增长极对周围地区经济发展的组织与先导作用，以各级轴线为基础，建立起要素的各类流通或传递网络，把各个地区连接在一起，组成一个具有不同层次、功能各异、分工合作的经济系统，并且能吸收区域外的一些资源和要素，促进本区域经济的全面发展。

一　构建多功能高效率的社会经济综合网络

社会经济网络是一个经济、社会、文化的集合体，将区域空间内企业的知识传递、创新活动、企业采购和销售等外部问题内部化，其存在减少了企业之间的交易成本，是一种介于市场和企业组织之外的第三种资源配置方式。网络化空间结构的存在有赖于以下网络基础：高效运转与高度整合的行政组织网络、完善的产业链条及企业组织网络、充满活力的创新网络、健全的市场网络、复杂的社会关系网络、基础设施网络和城镇网络等。要按照"联网、拓面、通畅"的原则，大力推动多层次、多极化的社会经济网络建设。

一要"联网"，要构筑围绕综合枢纽、发展轴线、强力辐射周边城市及经济腹地的综合干线网络。特别要围绕主枢纽、主轴进行渐进式开发，在形成多层次的点轴系统的基础上，通过网络开发构建统一规划、协调运转的交通、邮政、电信、能源等基础设施网络。要建设区域合作综合信息交流平台，加强公共应用基础设施共建共享。

二要"拓面"，要把点轴干线网向广大域面和经济腹地延伸，进行统筹规划布局，干支匹配建设，发挥中小城镇局域网和农村支线网的"毛细血管"作用，进一步扩大综合网络的服务面。特别是信息网络，不仅要有效组织相邻城市之间的空间网络关系，而且要将网络节点和整个网络纳入更高层次乃至全球系统中，使区域经济纳入全球化视野。

三要"通畅"，强化节点联通，加强运行管理和维护，保障要素流动无障碍或障碍最小化，逐步实现网络覆盖全区化、要素流转便捷化、城乡功能一体化。同时，要推进网络相关基础设施的共享共建，最终形成干支相连、内活外畅、覆盖面广，兼具多枢纽互联、区域均衡和开放型特征的现代化综合网络，保证整个区域空间系统的高效网络化运行。

二 建设功能分工明确产业布局合理的都市圈

在点轴系统充分发展的基础上，通过网络开发，使若干个相近并相关的城市之间由交通网、信息网或产业带交织连接起来，形成既竞争又合作的都市圈，再由多个都市群体发展构成更大的城市经济网络。城市经济网络是城市之间从事经济活动时所依托的空间分布与要素组合的框架结构。它可以充分利用城市之间的各种社会经济联系把区域内分散的资源、要素、企业、经济部门及地区组织成一个层次不同、功能各异、分工合作的区域经济协调发展系统。关键是要持续强化各城市之间日益紧密的经济联系，稳步提高人流、物流、信息流、资金流等各种经济要素间的关联程度。都市圈区域性基础设施应以整体发展为目标，以区域轨道交通网、电力通信网、快速交通系统和区域供水为重点，进行综合协调、统筹规划，提高共建共享互通程度。

形成科学合理的城市职能分工体系，深化和发展核心城市间的分工与协作联系，是城市都市圈发展成熟的重要标志。要体现都市圈的整体力量，必须立足于合作型的竞争，而合作是都市圈和中心城市获得竞争优势的关键。都市圈的开发建设，要改变增长极开发和点轴开发导致的"核心-边缘"格局，打破城市等级规模结构带来的主次依附配套关系，要按照网络开发的"多层次、多极化"的空间结构特点，进行城市区域间的产业规划布局，加快城市经济网络一体化进程。首先要在各个城市经济区内，结合各自的特色主导产业，以企业为主、以价值链为中心进行产业布局，促进城市之间产业内部的分工协作，延长产业链和价值链。在城市圈大区域内建立多极化的城市小区域，使同一城市区域内形成一个完整的产业链，使企业在采购、销售、科研、创新等方面形成一个完整的经济网络格局。

在整个都市圈区域的宏观布局上，还要依据各个城市的资源优势，进行整体产业布局，形成一个覆盖上述网络的高层次网络。鼓励和推动城市之间大型优势企业与配套企业建立互相依托的、紧密的利益共同体，以支柱产业拉动配套产业的发展，以配套产业促进支柱产业的升级和优化。通过多极化、多层次的城市经济网络建设，推动网络内企业间的分工协作和支持性的上下游相关企业的发展，从而通过企业内部分工的外部化或社会化，降低企业的交易费用，提高整个都市圈区域的核心竞争力，形成工业化与城市化协调发展的机制。同时，在都市圈内部中心城市与二级城市和卫星城镇之间应建设以轨道交通为主的通勤网络，形成"1小时交通圈"；在各都市圈以及据点城市之间需要构建由高速铁路和高速公路组成的城际快速轨道交通网络，以构建发达的交通通信网络，为都市圈发展奠定坚实的物质基础。

三 深度拓展核心区辐射的经济腹地

经济腹地是借用港口腹地的概念，是指经济区内中心城市（经济中心）的吸收和辐射能力能够达到并能影响其经济发展的地域范围。经济腹地意味着市场需求，意味着物流、人流的供给，也意味着产业结构调整的回旋空间和余地。腹地越宽广，经济越发达，要素就越充足。扩大经济中心的吸引半径，争取更大的腹地是经济区发展的生命力所在。如果没有经济腹地，经济中心也就失去了赖以存在的基础，经济区也就不复存在。新加坡是一个岛国，在国土面积非常狭小、缺乏自然资源、自身市场有限的情况下，实施了扩大腹地战略，把7小时飞行范围内的国家和地区，视为通商及经济发展腹地，与有关国家签订了自由贸易协定，成就了新加坡的经济奇迹。这无疑为我国经济区发展腹地战略提供了借鉴。长三角、珠三角、环渤海等经济区都经历了从小三角（小海湾）到大三角到最后泛三角的演变，正是区域发展中对经济腹地的要求，也是对经济互补性区域的寻求。

中心城市与经济腹地的相互作用取决于双方的经济发展程度、区域合作紧密程度和要素流动的自由度，关键在于通过经济轴线和网络联结的双方产业及经济关联度，这从根本上决定了我国东、中、西部经济区的不同腹地条件和发展水平。珠江三角洲背靠京广、京九、珠江等水陆交通大动脉，南望东南亚等国家，东、西、南、北交通畅达，皆有以水陆交通大动脉为依据的大纵深经济腹地，形成其特有的经济轴线或网络。长江三角洲西依长江，万吨货轮可直达重庆，沿途又有众多可通航的支干流汇入，此外，还有多条铁路公路干线飞跃长江南北，形成以长江为轴线、长江南北交通线为两翼的经济纵深板块。而中西部地区的长株潭城市群、成渝经济区等经济腹地的广度和深度都相对有限。即使是地处沿海的环渤海地区（东北除外），由于南北向出海口比较遥远，沿海或近海城市因受太行山等山系阻挡，西向经济辐射能力弱，多数地区经济腹地浅而窄。要加快经济区的发展步伐，有效实施经济腹地战略，需要从以下几个方面采取措施：

一要通过推进区域一体化进程，形成区域共同市场。区域一体化的合作道路必须使中心城市与经济腹地结成一个利益共同体，通过彼此间一定的约束和激励方式，建立日益紧密的合作关系。政府是推动区域合作的关键力量，要通过健全利益共享机制，把企业层次的联合和协作提高到城市层次上来，形成区域城市层面的联合与协作。首先是加强城市间基础设施建设的协作，在区域内共享基础设施资源，从而加强城市间的经济联系；其次是通过城市间的合作，促进区域共同市场的形成，使其在区域资源配置中发挥基础性作用，并出台促进区域开放的相关措施，实现经济要素在区域内的自由流动和优化配置；最后是通过城市间的合作，促进城市产业结构立足于区域背景进行调整，在区域内形成产业的合理分工和优势互补。

二要大力发展经济轴线网络，推进腹地铁路、公路、内河等交通设施建设。经济轴线是以水陆交通动脉为依托深入经济腹地的经济带。虽然进入网络开发的经济区已迈过轴线发展阶段，但与经济发展需要相比，多少存在经济轴线数量过少、不够发达、深入经济腹地不够深远等问题，甚至部分地区交通发展滞后。因此，必须加快以中心城市为龙头的经济轴线建设，大力修建高速公路，科学改进铁路疏运，积极发展内河运输，形成立体的腹地运输网络。建立相当数量放射状的经济轴线群，不仅会扩大腹地范围，带动沿线经济的发展，而且会带动沿线两翼地区经济的发展，如环渤海经济圈要尽快发展，就应重视以交通运输线为主体的经济轴线建设，并在此基础上谋求环渤海经济圈建设的轴线聚合效应，发挥出源自其深厚经济腹地的巨大发展潜力。

三要大力发展腹地的区域经济，深化中心城市与腹地的协调发展。首先，要促进腹地区域经济协同发展，要加大对腹地建设的支持力度，通过生产协作、技术转让、产业扩散、资金转移等措施促进腹地经济的发展，壮大经济腹地的综合实力。腹地要弱化行政区划边界对区域经济的制约，取消地方保护和市场封锁，真正实现资源和生产要素的自由流动。其次，要调整腹地的产业结构。经济腹地要承接中心城市强大的经济辐射，或发展与中心城市配套的产业，或布局中心城市的外迁企业，或为中心城市富余资金的溢出地，或作为中心城市的居住及相关设施用地。最后，要发挥腹地对中心区经济的"填平补齐"作用。中心经济带在各种因素的作用下所形成的产业结构，并不会"面面俱到"。腹地在发展过程中应不断发掘和形成对中心经济带的补充性产业。这一过程实际上就是不断发现腹地各个城市的区位优势和比较优势的过程。

四 大力发展产业集群转型升级的循环经济

循环经济是以"减量化、再利用、资源化"为原则（简称 3R 原则）组织经济活动的经济发展模式，其特征是低开采、高利用、低排放，所有的物质和能量要在不断进行的"资源—产品—再生资源"经济循环中得到合理和持久的利用，从而尽可能把经济活动对自然环境的影响降至最低。循环经济在我国现阶段是一个产业问题，每一个层次的产业生态系统都构成循环经济的载体，产业集聚系统则更具载体优势。"产业集聚是循环经济的重要实现途径……一个产业或企业的废料完全可以变成另一个产业或企业的'食粮'。循环经济是产业集聚的持续发展动力。针对产业集聚系统不可持续的症结，循环经济'3R'原则的实施为其提供了充足的负熵流输入，推动产业集聚持续发展。"[1]

产业集聚是经济区极化发展的不竭动力，产业集群的培育、发展和转型升级过程也是经济区阶段性成长的过程。改革开放以来，我国东部沿海经济区产业集群发展成绩卓著，中西部内陆经济区产业集群也发展迅速。但总的来看，我国产业集群发展存在着许多不足之处：产业结构层次不高，多处于价值链中低端；产业关联度较弱，产业链延伸不足；集群企业间过度竞争，引发区域品牌危机；资源瓶颈制约突出，环境污染严重。[2] 因此，迫切需要发展基于循环经济的产业集聚，推进经济区产业集群创新与升级。

要促进产业集群的转型与升级，必须突出区域的优势特色，提高专业化协作水平，增强自主创新能力，加强公共服务平台建设，大力实施品牌战略。核心是构建区域创新体系，着力发展创新型集群。拥有强大的自主创新能力是产业集群长期保持竞争优势的重要因素。必须着力改变我国传统制造业集群缺乏内生创新能力的困境，健全以企业为主体、市场为导向、产学研有机结合的技术创新体系，大力推广应用先进制造技术，推进高新技术产业化和传统产业高新技术化，增强集群产业自主创新能力，促进传统集群加快由委托加工向自主设计加工、自主品牌生产转变，着力发展一批具有国际竞争力、在同行业中具有较大影响的创新型集群。同时，大力发展生产性服务业，重点发展现代物流业、科技服务业、金融保险业、信息服务业等，服务集群企业生产。

要积极发展循环经济，着力推进产业集群向生态型发展。要鼓励集群企业对清洁生产和资源循环利用技术的研究开发与推广应用，大力发展节能、降耗、减污的高新技术产业，加快发展具有重大带动作用的电子信息、生物医药、新材料、先进制造业为重点的新技术产业群。要在集群内扶持"循环经济"示范企业，引导龙头企业按循环经济模式组织生产流程，改造工艺技术，加快产品升级。要在产业园区建立"循环经济"示范基地，构建区域产业共生网络，促进园区集群产业链上中下游之间的合理延伸和组合，探索生态型产业集群发展模式，增强集群经济的可持续发展能力。要在产业集群内，以尽可能少的资源消耗和尽可能小的环境代价，获得最大的经济产出和进行最小的废物排放，实现经济、环境和社会效益协调发展格局。目前，黄河三角洲、鄱阳湖等地区正着力建设的生态经济区，就是具有典型生态系统特征的节约集约经济发展模式。在产业类型上，形成由清洁生产企业组成的循环经济产业体系；在产业布局上，

① 冯薇．2008.产业集聚、循环经济与区域经济发展．北京：经济科学出版社．前言5，6
② 易晓波，曾英武．2008."两型社会"建设与我国产业集群发展．中国高校科技与产业化，(6)；

形成由若干生态工业园区组成的生态产业群；在生产工艺上，做到无废或少废，实现生产过程再循环、再利用，最终表现为整个经济体系高效运转，经济、社会、生态协调发展。

五 加快推进城乡一体化进程

经济区内的城市（核心区）与农村（边缘区）是相互联系、相互依赖、相互补充、相互促进的，农村发展离不开城市的辐射和带动，城市发展也离不开农村的促进和支持。因此，必须统筹城乡经济社会发展，从城乡分割、差别发展转向城乡互通、协调发展，对农村发展与城市发展进行统一规划、综合考虑，改变重工轻农的城市偏向，以工农协调发展和城乡一体化为目标，充分发挥城市对农村的带动作用和农村对城市的促进作用，加快推进城乡一体化发展进程，统筹解决城市和农村发展中的各种问题。

城乡一体化的发展趋势，是把城市与农村的经济社会发展看成统一的经济社会系统的建立过程，在生产、流通、消费、社会、文化、居民点分布等方面，把城市与农村紧密地联系在一起，使城市、农村的内部联系以及城市与农村之间的外部联系，逐步让位于城市与农村的各个一体化要素范围内的联系。要把城乡作为整体来谋划，搞好城乡布局和建设规划，着力打造中心城市、中心镇、中心村一体化体系。整合各种资源，加强农村基础设施建设，促进城市基础设施向农村延伸，着力改变农村建设滞后于城市的状况。建立政府主导、市场运作的多元化投资机制，优先发展社会共享型基础设施，让农民也能享受城市基础设施，分享整个社会科技进步的优秀成果。

要加快推进城乡空间一体化，将城市中心与周围乡镇及乡村居民点作为一个整体进行总体规划和专项规划的统一编制，先行规划和建设城乡交通、通信等区域性基础设施，尽快形成内外衔接、城乡互通、方便快捷的交通通信网络；要加快推进城乡市场一体化，废除城乡二元化的市场管理手段，统一乡村市场与城市市场，协同运作，自由流通，消除要素在城乡之间自由流动的各种体制性政策性障碍；要加快推进城乡产业结构一体化，使中心城市重点发展金融、贸易、信息等服务性产业，中小城市充实提高生产性功能，农村以规模化种植的农业生产支撑大中小城市对资源和要素的需求，使城乡之间形成一种相互支撑的经济技术联系；要加快推进城乡经济社会发展一体化，在财政、金融、税收等体制上采取突破性大举措，调整国民收入和利益分配格局，特别是要放开城市户籍管理制度，形成城市与农村之间公平、开放的人口流动制度，同时建立城市建设对农村发展造成损失的利益补偿机制，努力缩小城乡差距、农民与市民的差距。

第四节　东部经济区网络开发实证研究

东部地区包括北京、天津、河北、上海、江苏、浙江、福建、山东、广东和海南 10 省（直辖市）。进入新世纪以后，东部地区继续保持着支撑国民经济增长的战略重心地位，鼓励东部地区率先发展仍然是统筹区域协调发展的重要方面。同时，要求东部地区在体制创新、技术创新、产业结构升级、推进城乡一体化发展等方面走在全国的前列。东部地区的长三角、珠三角和以京津冀为核心的环渤海三大经济圈已成为带动全国经济发展的重要核心区和增长极，成为拉动我国经济持续快速发展的引擎。2009 年上半年，东部 10 省市以约占全国 9.5% 的土地面积、30% 的人口，贡献了占全国 60% 左右的 GDP、80% 以上的外贸出口和超过一半的财政收入。我国东部正成为亚太乃至全球最具发展活力的地区之一。

一　东部开发开放的成就与问题

经过改革开放以来的发展，长三角已经成为中国经济总量规模最大的经济板块、经济实力极为雄厚的经济中心，形成了中国规模最大、实力最强、密度最高的完整城市群。2007 年，长三角 GDP 在全国的比重已突破 20%，提供的中央财政收入在 25% 左右，进出口总额在 30% 左右。珠三角已经成为我国经济总量规模较大、高新产业发展聚集的经济板块，成为开放型经济尤为突出的经济区，已经形成具有较大规模和经济实力的完整城市群。珠三角 GDP 占全国比重的 10% 左右，进出口贸易总额占全国的 1/3 左右，高新技术产品出口占全国的 40% 以上，加工贸易业务量占全国的 50% 以上。京津冀环渤海经济区作为继长三角和珠三角之后中国经济增长的第三大引擎，是我国北方现代化程度较高的城市群和工业密集区。天津滨海新区的开发开放与唐山曹妃甸工业区的建设，成为京津冀发展的新增长极。2007 年，天津滨海新区地区生产总值达到 2364.08 亿元，比上年增长 20.5%，占天津全市经济总量的 47.1%。在东部地区率先发展中，山东积极打造山东半岛城市群、构建济南省会城市圈和建设鲁南经济带，构建蓝色经济区的宏伟蓝图正在大力推进。2007 年，山东省实现 GDP 总量 2.6 万亿元，人均 GDP 2.8 万元。处于长三角与珠三角之间的福建，海峡西岸经济区的建设于 2004 年正式起步，并被写入国家"十一五"规划纲要。2007 年，福建全省 GDP 从 2002 年的 4468 亿元增加到 9075 亿元。

改革开放以来，东部沿海地区实现了率先发展，但并不是所有地区都发展得很快，也不是所有发展都健康，一些地区的发展实际上并不突出。特别是近几年，东部地区不断遭遇发展中的烦恼：地荒、水荒、电荒、煤荒、技工荒纷至沓来；外贸生产无论是加工贸易还是一般贸易，技术研发、市场销售大多被外商掌控，企业利润分配"两头高中间低"，粗放式增长面临困境。从浙江到广东、从长三角到珠三角，粗放式经济增长造成的土地、能源资源、人口、生态环境等"难以为继"，都不同程度地凸显。从 2009 年上半年东部地区发展的情况看，有两项经济发展指标特别引人注目：一是固定资产投资增幅，比全国普遍低四五个百分点，最低的浙江，只有全国平均增幅的一半；二是服务业快速发展，大多数省市服务业增幅超过第二产业。这两个变化，在东部地区的历史上还是第一次出现。这是东部地区转变发展方式的重要拐点、亮点。特别是上海作为全国的经济中心城市，上半年的 GDP 增幅首次低于全国，以 5.6％的增长率落后于全国 7.1％的平均水平。上海的"落伍"，除了外向型经济因素、受世界经济危机影响较深外，更在于上海正在调整产业结构，淘汰了"两高一资"企业。可以说，上海站在了可持续发展和经济转型的关口。

尽管目前东部地区与发达国家相比，在不少领域已具有比较优势，但着眼于增强国际竞争力，东部必须超越比较优势，营造创新优势，解决目前面临的产业结构升级、空间布局优化问题，提高自主创新能力，继续加快改革和开放满足现实需求。东部地区已有 100 多种制造产品的产量成为世界第一，但因缺少核心技术，在国际产业分工中大多处于低端位置。科学发展观所要求的创新，绝不仅仅是企业层面、市场层次的技术创新。以科学发展观对照，用国际竞争形势审视，政府自身的改革创新显得更加紧迫。

二　东部地区率先发展的战略思路和要点

从总体上看，我国经济增长方式还没有实现根本转变，以"高投入、高消费、高排放和低效率"为特征的粗放型经济增长格局依然存在。解决经济社会发展中的深层次矛盾和问题，消除影响科学发展的体制障碍，成为当前东部乃至全国的主要任务。统筹区域经济协调发展，在深入推进西部大开发、振兴东北等老工业基地和促进中部地区崛起的同时，还要继续支持东部地区率先发展，保持东部地区的经济增长优势，带动整个国民经济又好又快发展。为应对日益突出的"成长的烦恼"，浙江、广东提出，加快建设节约型社会，发展循环经济；上海确立了"科教兴市"战略，以突破面临的资源、科技、人才和体制等因素的制约。以新一轮宏观调控为契机，东部地区纷纷利用"倒逼机制"，积极探寻集约发展之路。杨秋宝教授在《我国区域经济协调发展 30 年》一文中提出，支持、鼓励东部地区继续率先发展，应重视以下五个方面。[①]

一是把产业结构升级作为区域结构调整的核心内容。东部地区的抉择是抢抓千载难逢的国际产业转移升级机遇。东部各地正沿着两条路径推动产业升级转型：一个是改变招商引资策略，主动承接发达国家的先进制造和高技术产业转移；另一个是扩大开放，"腾笼换鸟"，集中发展竞争力强的重化工和新材料、新能源、生物工程等新兴产业，实现支柱产业的增量提升。调整产业布局，以增量提升优化存量结构，成为东部地区转变发展方式的理性选择。应加快培植新的主导产业和主导产品系列，保持产业结构的动态化、高度化，促进产业资本和金融资本的融合，逐步形成具有全国意义的高精尖新技术密集型产业带。综观东部，冶金、石化、电子、通信、航空、机械和交通设备行业等技术密集型和资本密集型产业，日渐成为支撑东部经济的脊梁。

二是把推进自主创新作为改变增长方式的根本动力。2009 年初，作为改革开放先锋和经济增长排头兵的深圳，明确提出用"效益深圳"取代"速度深圳"的发展模式，并将此视为深圳经济发展史上的历史性转变。从贴牌到创牌，从制造到创造，不少地方开始把自主创新作为从"速度"向"效益"转轨的动力源，着力提升产业层次，超越大规模、低成本、低价格原有优势，正成为一些率先发展地区的发展新态势。同时，东部地区各级政府自身创新的大幕也已经开启。综合配套改革先行一步的上海浦东新区，重新定位政府职能和内部机构设置及其运行规则。浦东所有街道退出招商引资，主要从事小区管理，服务民生；推进城乡基础设施、社会事业、社会保障、社会管理一体化，实行城乡二元并轨。浦东的创新是一次体制层面的深度创新。一些地方与部门也已先行展开探索，建立符合科学发展观要求的经济社会发展综合评价体系。

三是把强化空间联系作为建设城市群的有效举措。积极推进城市中心区加快向外围地区的产业扩散，提高大城市的经济依托作用和城市服务功能与水平，组成城乡一体化的大城市经济圈，增强城市竞争力；大力扶持核心区的金融、贸易、房地产等第三产业发展，使周围腹地成为生产制造基地，形成若干个分工协作合理有序的都市圈；加快中小城市的特色功能配套和基础设施建设，结合乡镇企业调整升级大力发展小城镇，促进形成大中小城市之间和城乡之间合理分工、设施配套、协调发展的城市现代化新格局。大力鼓励东部沿海地区的资本、技术、管理生产要素向其他省区流动，引导加工贸易向中西部地区梯度转移，推进东、中、西经济互动。这既可以为东部沿海地区的经济发展提供更加宽广的腹地，又将为中西部内陆地区的对外开放打通更加便捷的通道。

---

① 邹东涛. 2008. 发展和改革蓝皮书（No.1）——中国改革开放 30 年（1979～2008）. 北京：社会科学文献出版社

四是进一步加大东部沿海的开发、开放水平。要继续发挥沿海区位和产业优势，改善投资环境，扩大利用外资的市场准入领域，加大服务业开放的步伐，吸引更多的国外投资特别是跨国公司投资，提高利用外资的质量；着力优化对外贸易结构，加大高新技术产品出口比重，实现出口创汇由规模数量型向质量效益型转变，促进区域经济素质的全面提高；积极实施"走出去"战略，鼓励企业管理水平高、对外开拓能力强、"两头"基本在外的企业开拓海外投资市场。同时，要加快培育沿海优势特色产业集群，面向海洋、海岛进行开发，发展港口经济，建立"蓝色"产业聚集带，形成强大的海洋经济体系；以建设宽带高速信息网络为龙头，以开发信息资源为基础，以发展电子商务为先导，加快国民经济信息化、网络化进程。

五是继续率先改革完善社会主义市场经济体制。要从根本上转变区域政府的职能，改进政府对社会特别是对经济活动的调节和管理，才能形成适应社会主义市场经济要求的区域政府管理与调节模式；进一步推进国有经济和国有企业改革，探索乡镇企业和集体企业改革的新路子，促进非公有制经济的发展再上新台阶，全面构筑社会主义市场经济的微观基础；发展和完善市场体系，以市场机制为资源配置的主导力量，发挥市场机制在资源配置中的基础性作用；加快推进多层次社会保障体系的建设，促进城乡社会保障制度的全面完善。

三 东部主要经济区的网络开发

长三角、珠三角、环渤海和海峡西岸等经济区是我国最为发达的集中连片的地域，在东部地区乃至全国的经济发展中都占有举足轻重的地位，因而要进一步发挥这些地区在全国经济增长中的带动和辐射作用。应按照网络开发的战略要求，着力提高节点、域面、网络之间生产要素交流的广度和深度，促进地区经济一体化，特别是城乡一体化，加快促进核心区域的经济技术优势向四周区域扩散，将更多的生产要素进行合理调整组合，使经济区经济发展日趋成熟和完善。

（一）珠江三角洲经济区

改革开放30多年来，珠江三角洲地区充分发挥改革"试验田"的作用，率先在全国推行以市场为取向的改革，较早地建立起社会主义市场经济体制框架，成为全国市场化程度最高、市场体系最完备的地区；依托毗邻港澳的区位优势，抓住国际产业转移和要素重组的历史机遇，率先建立开放型经济体系，成为我国外向度最高的经济区域和对外开放的重要窗口；带动广东省由落后的农业大省转变为我国位列第一的经济大省，形成了一批富有时代气息又具岭南特色的现代化城市，经济总量先后超过亚洲"四小龙"中的新加坡、中国香港和中国台湾,奠定了建立世界制造业基地的雄厚基础,成为推动我国经济社会发展的强大引擎。总体来看,珠三角经济区已经站在了一个新的更高的历史起点上。

珠三角地区经济最重要的特点是外向型,基本途径是从境外引进资金及先进的技术、设备和管理,地区生产总值约一半是通过国际贸易来实现的。但是,珠三角地区自改革开放以来,主要承接了大量的劳动密集型产业,占较大比重的机械电子项目中约半数以上为劳动密集型。而低附加值、劳动密集型的产业结构难以消化日益上升的劳动力成本和相关的生产要素成本,导致珠三角产业的国际竞争力日渐削弱。受国际金融危机影响,珠三角出口增速明显回落并影响到整体经济的增长。同时,大量企业倒闭导致劳动力需求减少,就业压力凸显。

为实现珠三角"十年大跨越"的宏伟目标,珠三角应大力贯彻实施中共中央政治局委员汪洋同志主管广东以来提出的战略思路,按照国际经济和国内市场的需求,率先实现产业结构的转变,尽快实现企业生产经营规模化,产品多样化,市场国际化,逐步向现代工业迈进,并在带动广东全省和中南地区经济发展、启动大西南经济起飞中发挥重要作用。一是从产业结构的合理调整和布局出发,加强区域分工和合作。加强核心层的整合和提升,加快进行产业梯度转移,加大其他省区与珠三角产业的对接力度,实现泛珠三角区域合作的目的。二是建立和强化中心区域与内陆腹地的经济联系。以广东的珠江三角洲地区和香港、澳门组成的大"珠三角"地区为中心地域,以广东其他地区和加入(9+2)合作的八个省区为外围地区,在社会发展、产业合作、环境治理、人员流动、能源供应等多个方面形成固定的联系,实现共赢,缩小差距,树立合作典范。三是贯彻落实《珠江三角洲地区改革发展规划纲要(2008~2020)》精神,打破珠三角地区九市的行政体制障碍,遵循政府推动、市场主导,资源共享、优势互补,协调发展、互利共赢的原则,创新合作机制,优化资源配置,探索建立有利于促进一体化发展的行政管理体制、财政体制和考核奖惩机制,推进基础设施一体化和区域经济一体化建设。

为进一步推动珠三角经济区的开发开放,深化与港澳的区域合作,横琴岛开发被纳入国家区域战略层面。2009年6月24日,国务院常务会议讨论通过《横琴总体发展规划》,决定将横琴岛纳入珠海经济特区范围,对口岸设置和通关制度实行分线管理。横琴岛是珠海市第一大岛,位于珠海市南部,珠江口西侧,毗邻港澳,与澳门隔河相望,处于"一国两制"的交汇点和"内外辐射"的结合部,地理位置极为优越(图5.1)。土地面积86平方公里,岛内人口7585人。1992年被广东省确定为扩大对外开发的四个重点开发区之一。推进横琴开发,有利于推动粤港澳紧密合作、促进澳门经济适度、多元化发展和维护港澳地区长期繁荣稳定。横琴新区将重点发展商务服务、休闲旅游、科教研发和高新技术产业,加强生态环境保护,鼓励金融创新,实行更加开放的产业和信息化政策等，逐步建设成为"一国两制"下探索粤港澳合作新模式的示范区、深化改革开放和科技创新的先行区、促进珠江口西岸地区产业升级的新平台。

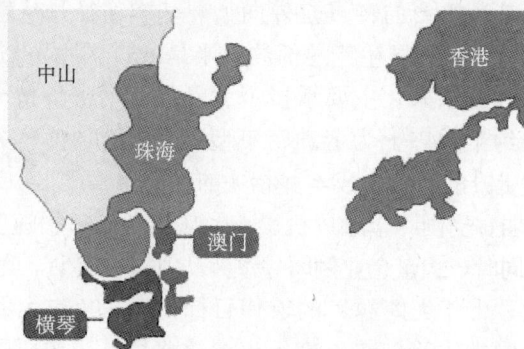

图 5.1　横琴岛区位示意图

资料来源：中国广播网．www.cnr.cn

(二) 长江三角洲经济区

　　长江三角洲是我国对外开放的最大地区，该地区工业基础雄厚、商品经济发达，水陆交通方便，是全国最大的外贸出口基地，也是我国目前经济发展速度最快、经济总量规模最大、最具有发展潜力的经济板块。经济增长速度连续多年高于全国同期增幅3～5个百分点。长三角地区充满活力的大型城市群不断崛起。2010年世博会花落上海，从各方面给上海带来了良机，上海正努力成为"世界城市"。长三角周边城市不约而同地把与上海的联动看做是重要的战略，以路桥交通网络的规划和建设为契机，着力打造长三角"3小时经济圈"。目前，大融合的态势已经发端。苏、浙、沪三地的项目已涉及交通、旅游、会展、人才、科技、信息、商标、信用、质检、环保等多个领域，并正在由浅入深地探讨产业规划、政策法规、金融服务等高层次的合作联动。

　　推进长三角区域一体化进程也面临着一些不容忽视的问题，特别是在重大基础设施建设联建共享、生态环境的共建共保、社会保障体系的一体化推进等方面，行政区的色彩还非常浓厚，有的道路设施、交通设施被行政区划相分割，资源互不利用，许多深层次的矛盾也逐步显现出来。在一些地区，"诸侯经济"、"地方保护"、产业结构雷同、重复投资、重复建设、行政割裂和政绩考核不科学以及财税体制不适应的现象依然存在。近年来，区域间由于经济发展不平衡，限制了外地企业和产品跨区域发展，阻碍了大区域的经济共同发展。经济发展的不平衡、产业的不协调、行政管理体制不同等造成大量的社会资源和生产能力的闲置浪费，区域之间的不合理竞争造成了巨大的损失，使全社会整体经济效益下降。

为此，长三角应加快推进区域一体化，进一步壮大整体经济实力，带动整个长江流域地区经济的新飞跃，并在体制创新、产业升级、扩大开放等方面，发挥其对全国的示范、辐射、带动作用。首先，应逐步淡化行政区域，强化经济发展圈。国家从区域统筹发展的战略高度，加强宏观指导，完善政策体系，积极加快推进长三角区域一体化已成当务之急。要抓紧推进实施《长江三角洲地区区域规划》，明确区域功能定位，统筹基础设施布局与空间布局，按照"一龙头三中心"（上海和南京、杭州、宁波）和"双三角形"（沪宁高速、宁杭高速、杭州湾跨海大桥）的城市群形态框架，来谋划产业布局、统筹基础设施规划建设。建立健全跨区域的合作协调机制，统筹协调解决跨区域的重大基础设施、生态环境保护等重大项目建设问题。其次，应支持长三角跨区域的行业协会、中介组织等发展，充分发挥其在推进市场一体化和产业合理布局中的独特作用。如果把长三角经济区进一步规划好、建设好，则长三角有望成为极具国际竞争力的世界第六大城市群，对全国其他地区的带动作用和服务功能将进一步提升。

为进一步拓展长三角的发展空间，江苏沿海地区开发被提上议事日程。江苏沿海地区处于我国沿海、沿江和沿陇海兰新三大生产力布局主轴线的交汇区域，包括连云港、盐城和南通三市，陆域面积 3.25 万平方公里，海岸线长 954 公里。自北向南建设以连云港港为龙头的北部港口群，以盐城大丰港为龙头的中部港口群，以南通港为龙头的南部港口群。这三大沿海港群串珠成线，串出一个南融长三角、北联渤海湾、沟通中西部的江苏"黄金海岸"。2009 年 6 月 10 日，国务院常务会议审议通过《江苏沿海地区发展规划》，江苏沿海开发正式上升为国家战略。规划强调，要以连云港、盐城、南通三极为中心，以产业和城镇带为依托，以沿海节点为支撑，促进互动并进，形成"三极、一带、多节点"的空间布局框架。由此，长江三角洲经济区成为以上海为中心，长江南北岸、苏南苏北共同发展的大三角。江苏沿海地区开发空间布局如图 5.2 所示。

（三）环渤海经济区

经过 10 多年的开发开放和区域合作，如今环渤海经济区已发展成为中国北方经济发展的"引擎"，被经济学家誉为继珠三角、长三角之后的中国经济第三个"增长极"。环渤海地区拥有 40 多个港口，是我国海运、铁路、公路、航空、通信网络的枢纽地带，交通、通信连片成网，铁路路网密度达 161.4 公里/万平方公里，路网布局趋于完善，形成了以港口为中心、陆海空为一体的立体交通网络，成为沟通东北、西北和华北经济及进入国际市场的重要集散地。环渤海地区工业基础和科技实力雄厚，是中国最大的工业密集区，是中国的重工业和化学工业基地，有资源和市场的比较优势。环渤海地区以京津两个直辖市为中心，大连、青岛、烟台、秦皇岛等沿海开放城市为扇面，以沈阳、太原、石家

图 5.2　江苏沿海开发示意图
资料来源：新华报业网．www.xhby.net

庄、济南、呼和浩特等省会城市为区域支点，构成了中国北方最重要的集政治、经济、文化、国际交往于一体的外向型、多功能的密集的城市群落。但是，环渤海与长三角和珠三角相比，不仅在经济总量，而且在其他许多方面仍然存在着明显差距。

为此，环渤海经济区应进一步强化网络开发，不断提高区域一体化水平，努力建设成为有强辐射和带动功能的、具有都市经济特色和作为北方经济重心的综合经济区，并在地区经济合作、产业分工等方面，为全国提供新经验。一是大力推进体制创新，改善区域经营环境，弱化经济区内行政干预的力量，提高市场配置资源的能力。二是着力优化区域企业结构，积极培育发展外资和民营经济，加大力度扶持中小企业发展建设，推进国有企业的改制重组，降低国有资本经营比重。三是加强区域统一市场建设。打破条块分割严重的局面，不断提高市场化程度，促进资金、人才、技术等要素的畅通流动，更加充分地发挥中心城市的辐射和带动作用，推动以京津冀为核心，以黄三角和山东半岛蓝色经济区，以及辽宁沿海经济带为两翼的"三驾马车"的蓬勃发展，并逐步形成综合一体化效应，实现环渤海经济圈的成熟与发展。

（四）海峡西岸经济区

海峡西岸经济区是台湾海峡两岸人民交流合作先行先试区域，服务中西部发展新的对外开放综合通道，东部沿海地区先进制造业的重要基地，我国重要的自然和文化旅游中心。海峡西岸经济区毗邻台湾地区，外向型经济发达，利用海外资金技术优势显著，在开展对外经济技术合作方面具有特殊的有利条件，应加强基础设施建设，合理调整产业结构，进一步搞好各类开发园区，扩大对内、对外开放程度，努力建设成为发达的外向型经济区和海峡两岸合作的窗口与基地。2009 年 11 月 11 日，"共建海西浙闽边际区域协作组织"在浙江丽水召开的第一届年会上宣告成立，这是自"建设海峡西岸经济区"跃升为国家战略后，长三角与海西间的首个区域合作交流平台。"共建海西浙闽边际区域协作组织"由浙江南部和福建北部互为毗邻的 19 个县（市、区）共同发起组建，这 19 个县将加快区域交通网络建设，实现公路、铁路和水路等重大项目的紧密合作，共同打造浙闽边际旅游线路和旅游品牌。

　　加快建设海峡西岸经济区，应深入贯彻落实温家宝总理考察福建期间作出的重要指示精神，重点做好六个方面的工作：一是努力构筑两岸交流合作的前沿平台，鼓励和支持有条件的企业到台湾投资兴业，推动两岸产业优势互补、经济共同发展，推动两岸交流合作向更广领域、更大规模、更高层次迈进。二是加快建设特色鲜明的现代产业体系，发展产业集群，推进产业升级，大力发展现代农业、先进制造业、现代服务业、海洋产业，形成主导产业、特色产业、高新技术产业协调发展的新局面。三是提高统筹城乡和区域协调发展水平，坚定不移地走中国特色的城镇化道路，加快海峡西岸城市群发展，促进欠发达地区发展，建立以工补农、以城带乡的长效机制，形成城乡经济社会发展一体化新格局。四是推进海峡西岸基础设施和生态建设，加强综合交通运输网络和沿海能源生产设施建设，加强城乡公共设施建设，加快构建和完善适度超前、功能配套、安全高效的现代化基础设施体系。五是加强以改善民生为重点的社会建设，更加注重解决民生问题，更加注重促进社会公平，加大人力资源开发力度，吸引更多人才投身海峡西岸经济区建设。六是全面深化改革开放和加强自主创新，体制机制要争创新优势、对外开放要取得新进展、自主创新要实现新突破，使海峡西岸经济区建设面向港澳台、面向全国、面向世界。

第六章

行政区经济、经济区经济与区域合作协调机制

经济全球化使国家和地区间相互依赖、相互渗透的程度不断加深，也给我国经济的发展带来了前所未有的机遇。应对经济全球化的理性选择首要的是实现国内区域经济一体化。然而，我国目前区域经济的发展却呈现出严重的"行政区经济"态势。在目前市场力量尚不强大的情况下，要实现从"行政区经济"到"经济区经济"的转变，应该建构区域行政和区域治理的协调机制，以区域政府为主导、区域参与主体为辅助来推动其转变，这应是区域经济一体化的内在诉求。

第一节　从"行政区经济"走向"经济区经济"

新中国成立以来，特别是改革开放 30 多年来，我国区域经济合作经历了一个复杂、曲折的求索过程。在"行政区经济"发展初期和中期，地方政府作为独立的利益主体，激活了当地政治、经济、文化资源，大大推动了地方经济的发展。但是，随着我国经济体制改革的不断深入，社会主义市场经济的逐步完善，"行政区经济"的制度刚性所带来的弊端，成为建立在统一大市场基础上的"经济区经济"的桎梏，阻碍了区域经济合作的一体化进程。实现从"行政区经济"向"经济区经济"转变，成为区域经济发展的内在要求和必然趋势。

一 我国区域经济合作历程及特点

在改革开放前近 30 年的计划经济时期，作为唯一经济利益主体的中央实行了一种自上而下、垂直统一的纵向管理模式，区域经济合作主要是以建立完整和独立的国民经济体系为目标、以经济区划分为象征的行政命令主导型的区域合作。尽管计划经济时期以行政区组织经济占据了主导地位，但我国也曾试图按照经济区的模式来组织区域经济的发展，例如，解放初期中央决定在省区之上设置了六大行政区；1958 年又提出了建设七大经济协作区的设想；1961 年又作出了六大经济协作区的划分；1970 年党中央决定以大军区为依托将全国划分为十大经济协作区。这些尝试都是试图通过区域经济协作来打破省级行政区的局限，但受计划经济体制束缚必然不能发挥应有的作用。

　　1978 年确立的改革开放之路，使中国区域经济合作揭开了新的历史篇章。自 1981 年中国第一个区域经济合作组织——华北经济技术协作区（由京、津、冀、晋、蒙组成）成立以来，中国区域经济合作的范围开始扩大，上海经济区、东北经济区、西南五省六方经济协作会、中南五省区二市经济技术协作联席会等也相继成立。从"六五"到"八五"计划，要求有计划、有步骤地开展地区经济协作，加强横向经济联合。在各级政府的推动下，地区、城市与企业之间不同层次、不同规模、不同内容的合作纷纷涌现，1987 年区域经济合作组织发展到 100 多个。纵观 1979～1991 年的中国体制改革和区域经济发展，以经济高速增长为目标的中央政府主导型区域经济合作成为主旋律。

　　以 1991 年党中央提出的区域经济协调发展战略为标志，自 1992 年以后，中国开始全面转向区域经济协调发展战略。各地寻求区域经济合作的内在动力不断增强，市场开始成为促进中国区域经济合作的重要力量。"九五"计划国家明确提出要引导地区经济健康发展，促进全国经济合理布局。各地纷纷将"加强地区经济技术合作"作为重要的地方发展战略，一些省份还编制了经济协作的专项规划。同时，各省份之间或省份内部以地方政府为主要力量相继成立了许多经济协作区和协作网络，合作取得了良好的效果。至此，中央政府主导型的区域经济合作组织开始向地方政府和市场主导型转变，区域整合趋势明显。从 1992 年开始，许多成立于 20 世纪 80 年代的政府主导型的区域经济合作组织开始消亡或者成为"摆设"，成为优胜劣汰的竞争法则在区域经济合作规律中的体现，说明中国区域经济合作步入了规范化时代。

　　经济区发展趋势的增强，是政府、企业和市场及其相互关系等制度基础和体制环境变化的结果。进入 21 世纪，尤其是中国成功加入 WTO 以后，中国的区域经济合作格局发生了显著的变化，企业的主体地位和推动角色日益上升，市场的力量超越政府的力量，成为推动区域经济合作的坚强后盾，全方位、多层次、国际性的区域经济合作开始形成。为了缩小地区差距、走全面协调的区域经济发展之路，2002 年党的十六大分别对西部大开发、中部地区崛起、东部地区发展、东北老工业基地振兴等问题提出了明确要求。20 世纪 90 年代后期以来，以长三角、珠三角和京津冀三大经济圈为代表，特别是长三角、珠三角先发地区区域经济合作发展进程迅速，经济增长速度明显加快，城市经济圈和区域经济带成为促进区域经济合作的主力军，基本形成了区域互动的良性循环。21 世纪初，中国区域经济合作发展逐步走出"诸侯经济"，开始从各自为政的区域行为走向了国家战略层面，区域内外的合作、整合与协调发展成为主流。

二　"行政区经济"阻碍经济区发展的制度性矛盾

　　自 1992 年国家明确建立社会主义市场经济体制的改革目标以来，按照市场经济规律和经济内在联系以及地理自然特点，区域经济合作逐步打破行政区划界限，形成了若干个跨省、区、市的经济区和经济带，并成为带动中国经济发展的"发动机"。但是以行政区划为基础、以地区市场分割为特征的"行政区经济"，日益严重制约经济区域整合进程。早在 20 世纪 90 年代中期，国内就有学者提出了"行政区经济"的概念，指出"行政区经济"是由行政区划对区域经济的制度刚性约束而产生的一种特殊区域经济现象，是在由计划经济体制向市场经济体制转轨过程中出现的一种特殊区域经济类型；省区经济、市域经济、县域经济、乡（镇）经济等地方经济均属于"行政区经济"范畴。[①] 2000 年制定的"十五"规划和 2005 年制定的"十一五"规划都提出，要发挥经济区域在全国经济增长中的带动和辐射作用，行政分割、行政区划的局限，促进生产要素在区域间自由流动，引导产业转移。

审视行政区经济与经济区经济的关系，有以下四个方面值得注意：其一，行政区经济具有自然经济和产品经济的特征，而经济区经济则有市场经济和商品经济的取向。其二，行政区与经济区不是一对一的关系。行政区在很大程度上源于传统的政治统治和行政管理，经济区则以社会化大生产、分工和比较优势为前提，它往往要跨越几个行政区。其三，两者着力点不同。行政区经济实则为地区经济，以地区经济利益为着力点。经济区经济则以更广大的地域甚或整个国家的利益为着力点。其四，行政区经济有自己特定的边界，而且相对稳定，经济区经济则能因辐射扩散能力的提升而突破其边界。行政区经济的一个重要特征是封闭性，这与"经济区经济"的开放性背道而驰。地方政府出于对自身经济利益最大化的追求，经常对经济进行不合理的干预，这样便使行政区成了阻隔经济一体化进程的一堵"无形的墙"。由于行政区经济和经济区经济常处在不一致的状态，两者之间的制度性矛盾和冲突在所难免。

第一，行政区经济导致地区保护，市场分割。行政区经济源于政府对经济的干预，也强化政府对经济的干预。之所以出现地方保护是因为在经济体制转轨过程中地方政府变为独立的利益主体。由于地方政府也是理性"经济人"，于是发展本地经济、追求地方可支配收入最大化就成为地方政府的目标。在供不应求时，地方政府就控制相对紧张的要素和商品流向其他行政区；在供大于求时，则千方百计堵截外地生产要素和商品进入本地市场。这种为了地方利益构筑行政壁垒、人为割断区域经济的内在联系的做法，在客观上加重了地区封锁，造成了严重的市场分割。而"经济区经济"的发展则要求以统一的市场为前提，要素自由流动，不能有地域间的人为阻碍。

第二，行政区经济造成重复建设，产业同构。在"行政区经济"下政府仍

---

① 刘君德，舒庆.1996.中国区域经济的新视角——行政区经济.改革与战略,（5）：1

然是主要的投资主体和决策主体，在追求政绩和上级下达的经济指标的压力下，各地区的"最优发展战略"便是竞相发展附加值高、见效快、利润大的产业，忽视地区比较优势或区域整体利益。地方政府的这种利益博弈行为最终导致整个区域重复建设，产业结构趋同，区域之间在比较优势基础上的分工和协作难以寻觅，经济要素资源配置效率低下，浪费严重。以长三角为例，长三角地区中14个城市排在前4位的支柱产业均是电子信息、汽车、新材料、生物医药工程，趋同率达到70%。

第三，行政区划的细分使城市集聚效益难以发挥。城市是社会经济活动空间聚集的核心，其发展和壮大既依赖于对周边地区人口和经济因素的集聚，也依赖于它对周边地区的辐射和扩张。城市与周边地区的这种相互作用，致使城市在空间上不断跨越行政区的界限，而形成所谓的跨区域的城市经济区。中国城市化的进程，要求经济社会的集约化，追求城市的集聚效应和扩散效应。然而，在行政区经济条件下，行政区划会阻碍区域经济的联系和发展，这便造成与集约化相悖的运作态势。行政区划的过度细分使城镇的集聚效益难以发挥，城市化生活所要求的基础设施难以为继。

总之，行政区有其存在的合理性，其对国家经济的成长也有着不可或缺的功用。然而，从现实情况看，行政区经济有着不容忽视的问题，日益严重地阻碍了全国统一市场的形成和发展，因此需要依托发展经济区进行突破和创新。正如国家发展和改革委员会宏观经济研究院汪阳红所指出的，正确处理行政区与经济区的关系就是要强化"经济区经济"、淡化"行政区经济"，按照市场经济的运行规律，充分发挥行政区和经济区的各自功能，合理分工与定位，促进区域的协调发展。行政区的发展要按照行政管理的要求，为行政区提供基本的公共服务水平，为居民提供良好的生活环境，完善政府职能，理顺各层级政府间的关系，构建服务型的政府，消除影响生产要素流动的行政壁垒。加强经济区的建设和发展，要重点加强经济区内部各行政区间的合作，促进区域的融合发展；要按照经济区功能构建合理的生产力布局构架，完善行政区之间的经济联系和基础设施框架，有效解决区域公共问题，提升经济区域的综合竞争力。[①]

三　区域空间经济转型的内在动力机制

经济区是依靠市场机制而能自行创生、自行演化，自主地从无序走向有序的自组织系统。经济区自组织演化的根本动力是市场。市场自组织指市场的演

---

① 汪阳红.2009.正确处理行政区与经济区的关系.中国发展观察，（2）：26

进过程是一个自发的过程，通过市场机制的自动调节实现资源的最优配置，无须政府的过多干预。经济区就是以市场为主导力量自组织配置要素资源的空间经济系统。"对于空间经济而言，空间的自组织主要体现在区域主体的空间行为彼此产生累积因果的内生动力，这种动力推动着区域经济的形成和演化……在中心—外围模型中，集中体现这种自我累积动力的有三种效应，分别是市场接近效应、生活成本效应和市场拥挤效应，其中前两种效应是空间聚集的向心力，后一种效应是离心力……区域经济就是在这三种效应、两种力的作用下实现自组织的。"① 经济自组织的结果会呈现出不同的空间结构，现代经济从一定意义上说就是不同产业链条纵横交错的网络。一方面，产业链条内部投入产出的垂直联系普遍存在；另一方面，不同产业链条之间存在不同程度的水平联系，这种交错的经济联系构成了经济市场区的空间范围。随着空间经济自组织的不断演进，空间经济的网络联系越来越复杂和广阔，甚至突破既定空间边界的约束，形成跨区域的空间市场网络。这种更大经济市场区的形成淡化了原来区域的界限，客观上要求一个新的与该市场区相吻合的区域出现。区域经济一体化就是在这种市场力量作用下进行的。

当新的市场区范围逐渐形成后，经济空间与原有市场区不一致的矛盾就会尖锐。由于经济区的形成是在分工和专业化的推进下，根据市场区的范围而定的，当分工和专业化水平非常高、产品差异化越来越细时，经济区之间的联系就会高度紧密，这种联系体现为竞争与合作的矛盾，这是区域经济一体化中面临的深层次矛盾。说到底，这些矛盾的根本在于行政区划和经济区的不一致。目前我国区域经济基本上等同于行政区经济，行政区与经济区之间的各种矛盾，使区域内统一的共同市场难以形成，最终导致这个区域的经济增长成本加大、增长速度放缓，严重地阻碍了经济区的进一步发展。在经济全球化和区域经济一体化的新阶段，行政区划制约地区间协调发展的格局不应继续下去，要适时合理调整行政区划，或建立地方政府协调合作的区域政府和区域协调组织，逐步实现从行政区经济向经济区经济的转变。只有这样才能整合经济区内的各种资源，使经济区在全球区域经济竞争中发展成为辐射力更强、更具活力的经济区域，进而提高整个区域乃至国家的竞争力。

在市场经济条件下，对资源配置起基础性作用的不是行政手段，而是市场导向。行政区划不能约束和改变生产要素的流向。不是主张取消行政区划，而是不要画地为牢，互相封锁。在经济活动中，应该按照市场经济的客观规律，弱化"行政区概念"，强化"经济区概念"，打破地域区划的界限，取消有违市场经济规律的封闭政策，扫清体制障碍，完善各项服务体系，以更加开阔的宏

---

① 郝寿义.2007.区域经济学原理.上海：上海人民出版社.242

观视野，探索并形成优势互补、利益共享、多边联动的协作机制，使人流、物流、资金流畅通无阻，提高整体经济发展的水平。

第二节 经济区与区域合作协调机制

一 市场力量、政府替代与经济区整合

经济区是以市场机制为主导的、由政府机制推动的地域空间经济组织。在经济区的发展演化过程中，基于市场机制的产品和要素的跨区域流动是主要动力，产业区域转移和产业分工等是经济发展的重要因素，而制度变革和政府政策的作用能够降低制度成本，是经济区一体化进程的助推器。

经济区的整合发展应以市场经济体制作为制度基础，以市场价格信号、商品和生产要素的自由流动调节区域供求作为推动一体化进程的根本力量。同时，由于市场价格信号只有在市场竞争条件下才能真正发挥作用，因此保护竞争、防止垄断，以及区域公共产品的供给等一系列市场所不能解决的问题，才需要政府管理机构的干预。但政策协调和区域管理的目标并不表现为以"政府之手"直接插手资源配置，政府的作用只是保护市场竞争、防止"市场失败"。因此，经济区的整合发展必须走市场经济推动型的道路，要认识到经济增长的基本动力还是市场力量，"要相信市场力量有能力引领经济整合，突破现行行政区划的樊篱"[①]。20世纪80年代设立的上海经济区无疾而终，充分证明在我国社会主义市场经济体制条件下，完全依靠架设行政机构、依靠行政力量去培育经济区是有局限性的。

当然，政府在经济区整合发展和一体化进程中具有重要地位和作用。在近代市场经济中，政府主导已成为经济区开发的基本途径。各个国家和国家内部的各级政府越来越多地重视地区差异，不断通过资源评价、区域规划、政策导向乃至生产要素投入来发挥本地的资源优势，寻求区域利益的最大化。政府导向在区域经济的发展中起到了十分重要的作用，它大大加速了经济区的形成和发展。我国改革开放过程中各经济特区的迅速崛起，就是政府主导模式的成功典型。在政府主导模式中，政府可以有效地把经济区的共同利益要求纳入政府的工作目标。政府掌握了中央和地方的行政权力机构，运用各种法律、行政、计划、经济政策和经济杠杆等宏观调控手段，可以在履行政府经济职能和行政职能过程中确保区域经济的共同利益，对区域经济发展的方向、速度、结构、

---

① 朱文晖.2003.走向竞合——珠三角与长三角经济发展比较.北京：清华大学出版社.273

特色等各个方面起决定性作用。

总之，经济区的整合发展主要是在市场经济体制基础上运行的，企业仍然是经济活动的主体，政府的替代应当顺应市场经济发展的力量，不可违背市场的规律自行其是，重蹈计划经济的覆辙。社会主义市场经济体制的完善是建立行政区与经济区合理关系的基本保障，要加快消除制约经济区发展的体制束缚。同时，必须认识到政府干预对于区域经济一体化进程是必不可少的，要充分发挥政府的引导和推动作用，通过政府制度的创新与政策设计去完善市场体系、推进市场准入、明确竞争规则，通过区域规划引导区域公共产品的联动和区域重点产业的发展方向，构筑优化区域资源配置的机制，以强化市场配置资源的力量。

二　市场失灵、政府失效与区域合作协调机制

区域经济一体化不会在"行政区经济"下自发形成，需要相应的组织和体制建设来推动和保障。市场机制与政府机制是相互联系、相互补充的，但有时又是相互矛盾、相互制约的，这种矛盾主要是因为市场的力量往往突破行政的边界，造成区域整体利益与地方政府个别利益的不一致。这内在地要求建立区域合作协调机制，通过促进地区协作和调解矛盾冲突，让同一个经济区内的两个或两个以上政府组织，为促进区域发展而协调联动、通力合作，实现对区域公共事务的综合治理。

区域协调问题的实质在于"市场失灵"的存在。市场机制是一种高效率的资源利用和配置形式，但市场机制并不是万能的，公共领域外部性问题使"市场失灵"现象普遍，区域矛盾得不到有效解决，个人追求自身利益最大化的动机和行为并不能自动转化为社会整体效益的最大化，导致个体地区的发展往往难以达成区域的整体协调共进。在区域发展中"市场失灵"集中体现为"各个地区在产业发展、招商引资及土地开发出让等方面的恶性竞争，在大型基础设施建设互不衔接、互为掣肘，在环境保护方面互不合作，造成资源利用的巨大浪费、区域整体经济运行质量的下降和投资环境的恶化"等问题。市场的缺陷是需要政府来弥补的，这是建立区域合作协调机制的根本目的所在。

"政府失效"问题也客观上要求建立健全区域合作协调机制。在现行体制下，地方政府同时承担了行政区主体和经济区主体的双重角色，而这双重性中存在着一些矛盾，导致政府的政策措施不一定与区域共同利益的客观要求相一致。例如，地方政府可能利用社会资源配置上的主动权，夸大本地资源优势，盲目投资，重复建设，结果造成产业结构雷同，地方保护主义盛行；当某一级政府的行政区范围与经济区的范围不一致时，政府往往就比较重视行政区的经济目标，以行政区的利益代替经济区的共同利益，而不会愿意为了促进区域经

济发展而牺牲行政区的局部利益。由于各地方政府为了实现自身利益的最大化目标，彼此间进行激烈竞争，往往出现非合作博弈的竞争行为甚至是恶性竞争，不可避免地陷入博弈的"囚徒困境"（结果往往是低水平均衡，难以实现最优解）①，使区域整体利益受到严重损害。

总之，在市场经济条件下，由于"市场失灵"现象的存在，需要政府通过提供公共物品、实施宏观调控进行弥补。但在行政区经济格局下，地方政府本身却成为区域发展中需要协调的对象，区域宏观调控的职能需要由更高层次的政府承担。但在权力下放过程中，上、下级政府的事权划分往往并不明确，致使许多调控职能缺失或调控不到位，造成区域发展中的众多问题。这就需要构建区别于市场与政府之外的区域主体进行协调解决，减少政府对微观经济运行的干预，改革和完善地方政府和干部政绩考核体系，进一步明确中央与地方政府的事权划分，建立行政区与经济区协调发展管理机制。

三　区域合作协调制度创新与区域治理

在经济区发展过程中，尽管各地区之间竞相压价卖地、减免税费的恶性竞争只可能使外商渔翁得利而自己两败俱伤，尽管区域基础设施的共建共享能给大家都带来好处，尽管在更多领域寻求合作可能达致"双赢"甚至"多赢"的效果，但现实中真正成功的区域合作却难以出现。其根本原因在于实现合作的交易成本太高。交易成本是协调人与人之间利益关系而需要支付的成本，包括决策成本、信息成本、谈判成本和签订契约所需要的法律成本等。缺乏高效完善的区域协调机制，如缺乏信息沟通的平台，缺乏相互信任和交流的渠道和环境，缺乏合作的规则和实施监督机制等，使得达成合作所耗费的谈判成本以及今后履约的监督成本都过于高昂，导致合作难以实现。交易成本高昂的原因在于相关制度安排的缺失，因此，建立区域协调机制的工作目标就是通过一系列有效的制度安排来降低区域合作的交易成本，这包括制定合作的规则、建立权威性组织、设立监督约束机制以及提供充分的信息支持等。

区域治理与区域行政同是为解决市场失灵所导致的空间经济自组织在空间资源配置上的无效率，即空间失灵，所提出的两种区域协调机制。而在区域这一层次上，区域行政的协调机制存在问题，主要是在20世纪60年代后期，大都市区合并、行政区划调整等激进的集权主义的改革理论开始受到人们的攻击。由于行政区边界的稳定与经济区边界的不稳定，行政区划调整的效果受到很大制约。行政区边界的调整无法跟随经济区的边界加以调整。同时，公共选择理

---

① 郝寿义．2007．区域经济学原理．上海：上海人民出版社．317

论以"多中心政治体制"的合理性与效率为地方政府的碎片化现象作出了合理的经济学解释，对高度集权的政府工作效率和经济效益提出了质疑。区域行政的种种问题使人们开始考虑其他的区域协调机制，而区域治理则是与空间经济自组织相适应的自主协调机制，日益受到人们的关注和重视，成为一种实现行政区经济到经济区经济转变的可行路径选择。

"区域治理是基于一定的经济、政治、文化和自然等因素而联系在一起的地域的政府、非政府组织以及社会公众对区域公共事务进行的协调和自主治理的过程。"① 区域治理机制所要解决的难题正是区域公共领域的"市场失灵"和"政府失效"问题，以确保资源配置的效率和社会福利的改进。"治理机制是一种介于市场协调和政府协调之间的协调机制，可以作为这二者的补充……市场协调是通过看不见的手进行产权的交换，所有的个体都参与这种协调过程，而政府协调则是通过一个权威中心在支配着这种交换，因而它们的协调模式是单一的，治理协调则不一样。可以把市场协调和政府协调这两种截然对立的机制视为协调机制的两极，而治理机制就是位于这两极之间的各种协调方式的总和。"② 区域治理是在既有地方政府层级的框架内，根据区域发展、自然生态以及人文建设等方面的需要，形成特定的具有自主协调机制的组织安排。区域治理的主体既涉及政府（公共部门），也包括非政府组织（私人部门）和社会公众；区域治理不是自上而下的管理方式，而是上下互动、权力双向运行的自治过程。

区域治理更多的是通过协商和沟通机制来解决问题，其作用的发挥往往依赖于主要参与者之间形成的坚强和稳定的联合，各个主要参与者在区域治理中的地位是平等的。其中，区域政府只是作为一个重要参与者而不是以往的支配者，与其他参与者共同作出有关区域问题的决策。区域治理的组织形式包括成立专题合作项目组、专业委员会等松散的非政府组织，区域规划委员会和政府联合会等自愿性区域协会，城市和地方政府让渡部分权力的合作联盟等。区域治理的运行过程包括区域政策方案的设计形成，到地方政府间协调机制、区域经济发展论坛或正式会议的提出，再到纳入决策程序后的比较、抉择和确立，最后进入执行实施阶段。③ 区域治理作为一种新型自主协调机制也存在新制度的供给、可信承诺和相互监督、成员自由退出、缺乏财政收入来源等问题，难以形成区域治理的权威和效率，需要中央政府、地方政府和区域治理组织自身从不同方面来共同解决这些问题。

---

① 马海龙. 2007. 区域治理：内涵及理论基础探析. 经济论坛，(19)：15
② 郝寿义. 2007. 区域经济学原理. 上海：上海人民出版社. 293
③ 郝寿义. 2007. 区域经济学原理. 上海：上海人民出版社. 300

第三节　积极构建和创新我国的区域合作协调机制

一　我国区域合作协调机制的构建情况

　　新中国成立后的计划经济时代，我国的经济基础一直比较薄弱，区域经济的发展相对落后也相对平衡，行政区经济的矛盾并不十分突出。在此背景下，我国一直沿用有几千年历史的行政区行政的管理模式。20 世纪 90 年代以来，随着社会主义市场经济体制的逐步建立和发展，经济区经济也获得了较大发展，随之而来的是区域问题也呈现出多样化、复杂性的特点。传统的行政区行政方式已不能满足区域经济发展的要求。在珠三角、长三角、京津冀以及其他城镇密集地区的发展过程中，产业发展缺乏分工合作、基础设施重复建设、环境破坏严重等问题日益突出。针对这些问题，各级政府在加强经济合作、促进协调区域发展方面也开展了大量工作，在建立区域协调机制方面进行了探索和尝试。

　　根据区域合作动力机制和合作主体的不同，我国区域合作战略的实践可以划分为对口帮扶和支援、地方政府的双边合作和区域合作组织三类。构建跨行政区域的经济合作组织和协调机制，以克服行政阻隔对区域一体化的影响是目前各区域所采用的方式。我国区域合作组织建立的高潮出现在 20 世纪 80 年代中后期，到 80 年代末全国大约有 300 多个各式各样的区域合作组织，而这些合作组织大致可以分成省（区）际经济协作区、省毗邻地区经济协作区、省内经济协作区、城市间协作网四种类型。在三大经济区中，建立正式区域合作协调机制的是长三角经济区，早在 20 世纪 80 年代就成立了包括 15 个城市代表参加的"上海经济区规划办公室"，1996 年以后又先后成立了长江三角洲协作委员会、长江三角洲经济协调会以及长江流域研究院等协调机构，此外还有每两年一次的江浙沪省（市）长座谈会。珠三角的区域一体化主要在广东省的协调下进行，已形成比较稳定的磋商协作机制，目前主要体现在合作框架、区域规划上。1994 年，珠江三角洲就成立了由常务副省长为组长的珠江三角洲经济区规划协调领导小组，以解决区域内各市不能自行解决或解决不好的跨地区、跨行业的问题。在其他经济区，也有各种形式的市长联席会议、城市高峰论坛等机构，拓展了区域协调和沟通的渠道。

　　从我国目前的国情来看，区域行政仍是一种行之有效的协调管理方式，行政区划调整成为解决区域协调问题的强力手段。针对区域经济一体化与行政区高度分割的突出矛盾，行政区划调整成为部分地区整合资源、消除行政壁垒的一剂猛药。珠三角、长三角地区近年来都展开了多次大规模的行政区划调整。

一种是兼并，如撤县/市设区以扩大中心城市范围；另一种是相邻两个或几个县市合并。2009年上海浦东海区和天津滨海新区的行政区划调整就是典型做法。在现行体制下，这一做法对于整合发展空间和提高资源利用效率有可能发挥即时而有效的重要作用。但伴随着市场化、信息化、区域化的发展，行政区域内大量社会公共问题日益向毗邻的行政区域渗透延伸，原有单一的行政主体并不能满足区域公共事务日益多样化的要求，必须引入中介组织和社会公众的力量，逐步使它们成为管理区域公共事务的主体。

随着区域协调问题的日益突出，近年来区域规划越来越得到各级政府和部门的高度重视，成为区域协调的重要手段。早在1995年，广东省政府就率先组织编制了珠江三角洲城市群协调发展规划，并首次提出了空间管制政策，在全国引起较大反响。2005年长江三角洲被列为国家"十一五"规划试点，区域合作被提到了国家层面。根据2008年出台的《国务院关于进一步推进长江三角洲地区改革开放和经济社会发展的指导意见》，国家发展和改革委员会牵头编制了《长江三角洲地区区域规划》。目前，该规划已获国务院正式批准实施。2009年，国务院先后批准了海峡西岸经济区、江苏沿海地区、珠海横琴岛、关中-天水经济区、辽宁沿海经济带、中部地区崛起、图们江区域合作开发等10个上升为国家战略的区域发展规划。

2009年年底召开的全国发展改革系统地区经济工作会议暨区域合作座谈会强调（图6.1），地区经济工作要重点围绕五个方面的思路来展开：一是围绕重点地区开发开放，继续组织编制重点地区区域规划和政策文件，使区域空间开发格局更加系统和完善；二是围绕规范区域管理方式，扎实推进区域规划和区域性政策文件的实施工作，着重在狠抓落实上下工夫；三是围绕推进形成主体功能区，研究制定相应的区域政策，不断完善区域政策体系；四是围绕增强区域发展活力，积极开展全方位多层次的区域合作，构建区域协调互动机制；五是围绕完善促进区域协调发展体制机制，积极推进区域开发的立法工作，强化区域开发规范化法制化建设。但是，我们必须认识到，经济规律在区域一体化的形成中起着决定性作用，政府层面的区域合作协调推动起着辅助、推动作用。区域开发应让经济规律起作用，缺乏市场机制下企业、产业的直接联系与合作，区域分工和资源整合就难以取得突破，区域经济一体化中的实际问题仍会悬而不决。

二 现行区域合作协调机制存在的主要问题

区域协调问题由来已久，各级政府不可谓不重视，工作不可谓不努力，但总的来说成效不甚显著，这与现行调控手段存在的问题密切相关。国内有学者

图 6.1 "全国发展改革系统地区经济工作会议暨区域合作座谈会"在福州市召开

资料来源：国家发展和改革委员会地区经济司网站．www.sdpc.gov.cn

从理论和现实两方面阐述了区域协调问题的成因，并分析了当前我国区域协调机制的运行方式和特点，指出缺乏常设的具有权威性的区域协调机构以及相关的法律、资源等保障措施是区域协调不力的重要原因。[①]

首先，缺乏权威的处理区域协调问题的常设机构是根本性问题。尽管各地成立了各种形式的协调机构，但大多数均为临时性组织，不是常设机构，特别是缺乏常设的办事机构，也缺乏明确的调控权限，使得协调工作要么流于形式，要么难以具体落实。目前，各个经济区普遍成立了市长联席会、经济协调会和经济技术协作办公室等区域协调组织，但由于不是常设机构，缺乏固定的议事规则和工作程序，其运作更多地依赖于领导小组召集人对此工作的重视程度和个人权威，随意性比较大，决策成本很高。特别是现行的区域合作是建立在各参与方自愿基础之上，缺乏实施监督机制，对合作方不履行协议没有强制约束力，协议的履行自然就困难重重。例如，根据《长三角旅游城市合作宣言》，长三角各城市旅游业要互为市场，取消区域内旅游地陪制，实际上国家旅游局也有明文规定：跻身全国百强旅行社、并且年入境游的接待人数超过 10 万人次的旅行社，可异地开设分支机构，但事实上，出于地方保护主义等原因，长三角的旅行社在异地设分支机构一直是空谈。[②]

其次，区域发展缺乏法定依据也致使区域协调机制乏力。我国现在并没有直接针对协调区域发展的法律法规，使政府制定政策、行使调控职能都缺少法规依据，特别是在跨省份的区域经济发展方面，协调比较困难。尽管各地都组

① 邹兵，施源．2004．建立和完善我国城镇密集地区协调发展的调控机制．城市规划汇刊，(3)：12

② 曹宏苓．2008．长三角经济一体化的现状、困惑与制度机制的创新．长三角发展研究，(5)：27

织编制了各种类型的区域规划，但规划的落实必然涉及规划的实施主体和对象的界定、权力和责任的划分、程序和规则的设置等多方面的问题，需要从法律上给予保证和支持。我国现行的《城市规划法》对区域规划的法定地位并没有有明确规定，使得规划的实施缺乏法律依据。同时，规划实施和监督的主体缺位，协调功能缺乏资金和技术保障，规划的落实更多地变成纸上谈兵。即使省级政府能够集中力量和资源开展区域协调工作，却也往往面临着无法可依、无据可查的尴尬处境。

最后，行政区划调整难以解决根本问题。合理实施行政区划调整，可以减少管理层级，在一定程度上减少不必要的资源浪费和无谓的区域内消耗，扩大市场运作空间，促进资源要素的合理流动和优化配置。但行政区划调整依然是以行政手段强制性处理问题，只是将部分市与市之间的协调问题变成了市内的协调问题，并没有从根本上消除行政区经济，只是使行政区经济以另一种形式在新的更大地域范围形成。而且，激烈变动的行政区划可能给地方经济发展造成较大波动，区划调整后艰难而缓慢的磨合过程使得增加的收益可能被协调的成本所抵消。因此，行政区划调整只能有限度地解决区域经济发展中的局部性问题，却不能从根本上解决区域的整体协调问题。

总之，我国区域发展的总体战略已基本形成，但在协调区域发展的管理体制机制方面仍存在着一系列重大问题，有学者指出存在五大"短板"：一是区域管理的调控对象尚待明确；二是国家层面上缺乏统一有效的管理；三是跨行政区层面协调机制的有效性亟待提高；四是协调区域发展的法律基础尚待建立；五是政府促进区域协调互动的手段尚待完善。[①] 这些问题从根本上制约和影响了区域经济的协调快速健康发展，需要从国家政策层面进行探索和解决。

三 大力推进我国区域治理的制度创新

中国区域经济的发展是在从计划经济向市场经济转型的过程中形成的，区域的经济一体化受到管理体制及经济运行体制的影响和制约。随着经济的不断发展和城市化进程的加快，区域经济发展中出现的地方保护主义盛行、区域内产业结构雷同、区域公共产品供给不足等治理问题越来越突出，已经影响到了区域经济的持续快速发展。这些问题出现的深层原因是行政管理体制与市场体制的不协调，阻碍了区域市场一体化的进程。区域经济发展中管理体制问题的本质在于经济区边界与行政区边界的不一致。经济区通常跨越多个行政区，市场体制的内在要求是区域经济一体化，而地方政府则有自身的利益，这二者的

---

① 张庆杰 . 2009. 区域管理体制改革在即 . 瞭望，（42）：24

不协调是我国在区域经济发展进程中面临问题的根源。我国应结合国家编制"十二五"规划,进一步加强对区域合作的指导和推动力度。解决中国区域问题需要建立有效的区域治理协调机制,它是解决区域经济发展中市场失灵及政府失效的必然选择。

一是建立权威的区域协调常设机构。正如 L. 芒福德所言:"如果区域发展想做得好,就必须设立有立法资格、有规划和投资权力的区域权威机构。"一方面,要赋予区域协调机构具有较明确的调控权限;另一方面,要提供在重大设施建设引导等方面进行调控的财政和经济手段。通过建立强有力的经济区权威中心,并提供金融、税收和投资政策等保障措施,使经济区形成规划、投资、协调的硬性约束机制,通过建立健全跟踪、反馈和监督机制,强化区域协议的约束力。长三角、珠三角等高级经济区,可以尝试成立一个在中央政府协调下的跨行政区的协调管理机构,并建立以产业、资源和地域为特征的区域协调发展基金,加强区内协调和区外合作与发展。当然,由于我国区域差异较大,区域治理组织应该是多元化的,要鼓励在推进区域协调发展的进程中探索出更多新模式。同时,要建立和完善科学合理的经济区规划体系,适时调整行政区划,加快推进与区域协调发展不相适应的区划制度改革,理顺中心城市与周边区县、小城镇的关系,推动经济区与行政区的协调发展。①

二是鼓励建立各类跨地区的非政府协调组织。通过政府权力自上而下和民间力量自下而上地推动经济区经济协调发展,进而实现区域经济一体化。民间组织的主要职责是研究区域发展战略、推进地区协作,具体形式可有以下几种:第一,针对区域共性问题的专门委员会。可就区域发展中迫切需要解决的问题,成立单项的、小规模跨行政区的专门委员会,如成立区域大气质量管理、交通运输和规划管理组织等。第二,建立以各地经济专家为主体的区域规划或管理的专门咨询机构与协调组织,如"长江三角洲经济协调联合会"等。第三,充分发挥行业组织在区域产业一体化中的积极作用。大力发展区域性的行业协会,推动组成跨地区的行业联盟,共同制定区域行业发展规划、区域共同市场规则,推进区域市场秩序建立。第四,可组建跨地区股份制区域性集团公司。要加快制定研究区域合作组织的相关政策,促使各类区域合作组织发挥应有的作用。

三是推动有利于区域治理的法制建设。区域治理组织的发展需要相应的法律支持,客观上需要有一套紧密的制度性组织机构安排。区域协调开展得较好的国家都十分重视立法的作用,欧盟在一体化的每个阶段都制定相关法律加强内外部的交流与合作,并使一体化不断地向更高的形式发展。中国应重视为区域合作协调提供法律保障,特别要制定对区域规划的基本任务、组织、管理进

---

① 汪阳红.2009.正确处理行政区与经济区的关系.中国发展观察,(2):26

行界定的基本法，并在实施中制定相关的具体法律、法令以及政策，明确各级政府的权利和义务。在区域规划机构的组建和机构人员的确定上，也必须经过立法机构的协商程序，使区域规划机构的法定地位和应具有的权威得到确认，为其在区域事务中有效发挥作用奠定坚实的法律基础。

四是积极开展推动区域合作的体制机制改革。为了进一步推进区域经济合作，应跳出行政区划的框架，从体制上消除限制区域之间要素自由流动的制度根源，取消阻碍要素合理流动的区域壁垒，加大区域的开放程度；应及时制定和实施有关的法规和政策，改革财税制度，重构政府绩效评价体系，推动和规范地方政府间的区域经济合作，保障合作各方的合法权益，使区域之间的合作能够顺利进行下去，实现各展所长，优势互补，共同发展。目前，我国调控区域发展的职能分散在不同部门，有时会造成相关项目和政策的重复和矛盾。针对这些情况，在2008年的政府机构改革中，原国务院西部开发办公室、振兴东北办公室被撤销，设立了相应的国家发展和改革委员会内设司局，中部崛起办公室则与国家发展和改革委员会地区经济司合署办公。实践证明，这些仍不能解决实质性问题，有必要单独设立区域经济管理机构，作为国务院的组成部门或由国家发展和改革委员会代管，将目前由不同部门负责的分散的区域管理职能集中起来，统筹考虑对各地的支持力度和方向。

五是以国家综合配套改革试验区为平台探索区域管理体制创新。自2005年以来，我国已陆续批准了上海浦东新区、天津滨海新区、成渝经济区、武汉城市圈和长株潭城市群等四个综合配套改革试验区。"这是顺应经济全球化与区域经济一体化趋势和完善社会主义市场经济体制的内在要求，国家所建立的以制度创新为主要动力，以全方位改革试点为主要特征，对全国社会经济发展带来深远影响的试验区。"① 综合配套改革试验区的一个重要方面就是探索区域发展的新模式，依靠内生制度变迁成长为增长极，带动区域经济发展。区域管理体制的创新是实现制度变迁的关键，直接关系决定改革试验区的成败。传统的区域管理体制是以政府为核心和层级制的。区域管理体制创新要求树立治理的观念，探索创立由中央政府和地方政府进行职权让渡基础上的区域治理组织，吸收企业、非营利组织和居民等众多主体参与区域治理，支持和推动区域管理制度创新。② 我国在推动相关试验区的建设中，要适时选择部分地区开展有关区域合作工作的试点示范工作。

---

① 郝寿义，高进田.2006.试析国家综合配套改革试验区.开放导报，(2)：26
② 孙兵.2007.区域协调组织与区域治理.上海：上海人民出版社.222，226

第七章

案例分析：长江三角洲经济区一体化实践

长江三角洲是指由长江入海而形成的冲积平原，包括上海市、江苏省南部、浙江省北部以及邻近海域。经济地理意义上的长江三角洲概念即指长江三角洲经济区，可分为狭义和广义两种。狭义上包括江、浙、沪三地的 15 个城市，即上海市和江苏省的南京、苏州、无锡、常州、扬州、镇江、南通和泰州等 8 个城市，以及浙江省的杭州、宁波、嘉兴、湖州、绍兴、舟山等 6 个城市。2003 年 8 月，在长江三角洲城市经济协调会第四次会议上，浙江省台州市正式加入，使"长江三角洲"城市由传统的 15 个扩展为 16 个。目前，比较公认的狭义长三角经济区主要包括上述 16 个城市，整个区域土地面积为 10.97 万平方公里，占全国土地面积的 1.14%；2005 年末人口总数为 8682.73 万，占全国人口的 6.49%；2005 年 GDP 为 33 653.34 亿元，为全国 GDP 的 14.9%；人均 GDP 为 38 758.9 元，为全国平均水平的 2.3 倍。广义的长三角经济区则为上海、江苏、浙江两省一市全境，土地总面积 21.1 万平方公里，2005 年末总人口为 14 151 万，地区生产总值 40 897.8 亿元，经济总量占到全国的 1/4。

第一节　长江三角洲经济区发展演化

上海社会科学院历史研究所经济史专家陈正书曾经说，"长江三角洲经济区"（或者说长江下游经济区）在唐元以前的时期叫秀州，管辖苏州、太仓、松江、杭州、嘉兴、湖州，当时的区域中心在今嘉兴的位置，而现在的上海当时还在水里。随着地理的变迁和经济的发展，上海的概念外延不断扩大，初为浦名、镇名，继为县名，最后成为市名。1927 年设立上海特别市，直属中央政府，1930 年改名上海市，长三角开始分为江苏省、浙江省和上海市三个省级行政区，现代意义上的长三角正式形成。新中国成立后，上海一直是中央直辖市，至 1958 年辖区范围扩大到解放初期的 10 倍，但长三角经济区两省一市的格局未变，并一直延续至今。

一　经济区形成条件

长江三角洲经济区的形成受地理环境、自然资源、历史渊源、人口人文、交通运输、经贸联系等多种因素的影响，是基于区位因素的地域分工和比较优势效应共同作用的结果。市场机制主导下的区域分工协作是长三角经济区形成发展的主导因素，改革开放以来，政府的外力推动和引导实现了经济区的快速发展。长三角地域相连，经济相融，人缘相亲，在共同的吴越文化背景下，各方面联系密切。这种天然的联系从来就没有因为行政的分属而阻隔，江浙资源输入对上海的繁荣起到了非常重要的作用。正是基于这个历史事实的基本结果，法国人戈特曼才有可能客观地指认这一地区是全球"第六大城市群"。

区位优势是长江三角洲经济区形成的基础和前提。长三角区域由于位于亚热带，气候温暖，降雨量充沛，这里大都河湖纵横，土地肥沃，气候宜人，是中国的稻米、丝绸、茶叶、工艺品之乡。隋唐以后，随着大运河水运设施条件的不断完善，一直是当时经济和社会发展的重心之一。长江是世界第三大河，长三角扼长江入东海的出海口，有大陆海岸线近千公里，长江优良岸线600公里，集"千公里海岸"和"千里水道"于一身，上海港、宁波港、舟山港、张家港、南通港等组成中国特色明显的沿海沿江港口群。长江三角洲拥有广阔的流域经济腹地，可通过水陆交通与我国南北相连，海运可与世界各大海港相通，地理区位优势明显。历史上长江河口就是我国海上丝绸之路的重要起点，近代长江三角洲是我国民族工业兴起的重要基地。

历史早期的工业化和区域经贸联系成为以上海为中心的长三角经济区形成的关键因素。历史上的江南地区经济中心并不在上海，而是在江浙境内京杭运河沿线城市。鸦片战争爆发后的1843年上海被迫开埠，并陆续设立了英、法等外国租界。西方技术开始被引入中国，外国在上海投资建厂，随着洋务运动的开始，清政府在上海、南京等地发展军械工业。19世纪末，上海与苏锡常等地的纺织、面粉、机械等工业得到了快速发展。1905年沪杭线、1907年沪宁线、1911年津浦线通车，上海迅速发展成为外国打开中国市场尤其是长江流域的桥头堡，并逐渐发展成为长三角城市群体的核心部分。到20世纪30年代，上海成为远东最活跃的工商城市，江苏、浙江的人才和资本纷纷流向上海。据统计，30年代上海商界名人中宁波籍人士占到1/4，浙江钱庄在上海整个钱庄资本额中占60%～80%，上海、江苏、浙江三地之间自发的经济融合和要素流动，可以说是长三角经济区的雏形。

新中国成立后，特别是改革开放以来，政府的积极作为和大力推动成就了长三角经济区的发展和壮大。改革开放初期，上海经济区的建立，以及当时由中央倡导的"横向经济联合"，对于降低长三角地区要素流动成本起到了重要促进作用，行政的推动对长三角经济区一体化进程是重要的。1990年中共中央、国务院作出了开发浦东新区的战略决策，并给予相应的特殊政策支持。长三角地区的各个城市都开辟了特定的地区，作为招商引资的基地和园区，并制定相应的税收和产业优惠政策，以鼓励和吸引高附加值的产业进驻，带动本地经济加快发展。

二 经济区产业集聚发展

长江三角洲经济区主要以混合型企业占主导，既有一般的制造业，也有高科技企业。产业布局优势明显，位于东部沿海的开放带和长江产业密集带组成的"T"字形产业布局的结合部，轻重工业门类齐全，高新技术产业较发达。长三角经济区拥有中国最大的港口群和城市群，是"总部经济"和跨国公司的主要集中地，明显的特色是跨国企业多。长三角经济区产业结构向高层次优化。最大的中心城市上海向高技术产业和高附加值工业方向转化，而且开始向国际性金融、经济、贸易中心发展。上海、苏锡常等城市第三产业发展速度快于第一、第二产业。一批高新技术园区的建设带动高新技术产业的发展。

长江三角洲经济区经济集聚优势明显，中国经济实力最强的 35 个城市中有10 个在长三角经济区；全国综合实力百强县（市），长三角经济区占了一半；长三角经济区聚集近百个工业产值超过 100 亿元的产业园区，还有数千家大型企业；世界 500 强企业有 400 多家在长三角经济区，合同利用外资总值已超过1500 亿美元。地区间的产业分工体系正在形成，出现了各具特色的产业集群和产业带，比较优势明显。上海建构了四大"产业基地"（东部微电子基地、西部汽车基地、南部化工基地、北部钢铁基地）和九大市级工业园区。浙江省以专业化分工为特点的"块状经济"十分活跃，一乡一品、一县一业的集群成长模式已成为浙江经济的一大特点，其中，较典型的有温州鞋革与服装、绍兴（县）印染和织造、乐清低压电器、萧山化纤、海宁皮革、嵊州领带、永康五金、永嘉纽扣、桐庐制笔、诸暨袜业等。江苏的 100 多个产业集群中，既有纺织、服装、轻工等传统产业集群，也有 IT、金属制品、建材、电器、环保、花木园艺等新兴产业集群，比较典型的有南京石化、苏州和无锡电子信息、常熟服饰、吴江丝绸、东海水晶等。

在长三角城市群现代服务业的发展过程中，产业集聚也已经成为一种趋势。自 2005 年以来，长三角各地如雨后春笋般涌起一批生产性服务业集聚区。2007年 4 月制定的《南京市现代服务业集聚区发展意见》指出，南京将重点发展八类现代服务业集聚区，分别是：中央商务区（CBD）、软件园、创意产业园、现代物流园、科技创业园、商贸暨产品交易市场集聚区、文化服务集聚区和旅游休闲集聚区。目前，南京已经建立了 20 多个现代服务业集聚区，进区企业已经超过 1 万家，从业人员约 20 万人。毫无疑问，现代服务业产业集聚区将吸引国内外越来越多的现代服务企业在产业集聚区内落户，从而为长三角城市群服务业，特别是现代服务业的发展提供强大的后台支持。

三 经济区空间结构演进

改革开放后，随着城市化进程的推进，长三角经济地区城市数量明显增加，城市之间的经济联系不断增强。1982 年该地区有 21 座城市，到 2002 年已拥有由 8 个特大城市、8 个大城市、9 个中等城市、49 个小城市组成的城市体系。近年来，这些城市空间范围明显扩展，其主要形式是建设新区。上海市浦东新区的行政总面积 522 平方公里，超过浦西老市区（324 平方公里）。苏州市在市区两翼规划建设 26.4 平方公里的新区以及苏州工业园，新增用地将超过老城区。长三角经济区在以上海为龙头的城市群带动下，经济错位发展，互补性和关联性不断加强，经济区城市空间结构呈现出"宝塔形"特点。第一层次是国际性港口城市和全国性中心城市上海，是本区城市体系的核心区域和经济文化中心；第二层次包括两个省会城市南京和杭州，分别为江苏和浙江的政治、经济、文化中心；第三层次为苏州、无锡、常州、宁波、扬州等大中城市；第四层次为南通、镇江、湖州、嘉兴等中小城市；第五层次为其他小城市和卫星城市，次级城市群体空间初步形成。

长三角城市发展轴线十分显著。长江三角洲地处江南水乡，地势平坦，居民点大都临河而建。铁路、高速公路出现以后，在总长不超过 60 公里的沪宁、沪杭、杭甬三条铁路线上，密布着 20 座城市，占区内城市总数的 37%，平均每 3 公里一座城市，形成"交通走廊式"的城市分布格局。从现状城市分布空间特征看，沪、宁、杭为三大节点城市，联结这三大节点城市的沪宁、沪杭铁路、高速公路、高速铁路和沿海地带是本区经济发展的主要轴线和城市分布轴线，人口、城市、产业沿轴线集聚。沪宁铁路沿线除东西两端的上海和南京外，中间集中分布无锡、苏州、常州三个大城市，形成我国密度最大的城市带。

长三角城市除轴线分布外，还呈次级圈层分布，形成五个二级城市群。一是上海大都市区，由中心城、6 个卫星城和 33 个县城和县属镇组成。二是以南京为中心的宁镇扬城市群，包括南京、镇江和扬州以及丹阳、高邮、江都等 6 个县级市，南京已形成以主城为核心的都市区。三是苏锡常城市群，包括苏州、无锡、常州三市以及常熟、张家港、昆山等 12 个县级市，形成约 70 公里的连续分布的产业、人口密集带。四是通泰城镇群，以南通、泰州为中心，包括如皋、启东、泰州等县级市及其下属小城镇，是潜在的二级城镇群。五是以杭州为中心的杭州湾城市群，包括位于杭州湾北翼的杭州、嘉兴、湖州和位于宁绍平原的宁波、绍兴及舟山共 6 个地级市，萧山、余杭、建德等 14 个县级市。

第二节　长江三角洲经济区开发历程

长江三角洲地区传统上是一个比较完整的经济区域，内部的经济交流历来十分密切。早在 20 世纪 30 年代，苏、浙、沪三地经济融合和一体化似乎都在自愿、自发状态下进行，这种融合是以逐利性为动力，通过生产要素的自由流动实现，出现了长江三角洲经济发展的"黄金时期"。尽管解放前的战乱和解放后的计划经济体制影响了经济一体化的进程，但自改革开放以来，由于市场经济的蓬勃发展和政府的推动开发，长江三角洲经济区重新获得生机并强劲发展。这个过程大致可以划分为增长极开发、点轴开发和网络开发三个阶段。

一 增长极开发阶段

增长极开发阶段开始于改革开放之初的 1982 年，国家提出"以上海为中心建立长三角经济圈"，在以后将近 10 年的时间内，先后实行了由中央政府协调的"省市长联席会议"制度，成立了由各省、市抽调人员组成的"上海经济区办公室"。经济区成立之初包括上海、苏州、无锡、常州、南通、杭州、嘉兴、湖州、绍兴、宁波等 10 个城市，后来扩大到浙江、江苏、上海、安徽、江西、福建等省市。成立上海经济区的根本目的是解决条块矛盾、探索依靠中心城市发展区域经济的路子；其实践基础是国家兴办经济特区的经验总结；其理论基础是不平衡发展战略指导下的增长极开发模式，战略核心就是依托中心城市的极化和辐射功能带动周边经济发展。但是这种以行政手段实施增长极开发的实践效果并不尽如人意，长三角的发展深受区域行政分治的限制，商品和劳动力地区流动不畅，自然谈不上中心城市的极化和辐射效应的发挥。上海经济区规划办公室以规划为主要使命，难以有效协调"经济区"与"行政区"的矛盾，办公室最终于 1988 年被撤销。

虽然上海经济区的实际运作时间不长，但其增强了区内政府和企业加强协作的意识，在实际运作层面上对当时江浙地区的经济发展起到了积极作用。上海经济区的成立刚好是长三角农村工业化全面兴起、乡镇企业大发展的时期，上海经济区的存在为江浙地区，特别是苏南和浙北、浙东北地区的乡镇企业利用上海的资源提供了制度条件。江苏、浙江的乡镇企业为获得技术、管理、市场、信息上的支撑，纷纷与上海的国有企业挂钩，进行以"横向联合"、"星期天工程师"以及"品牌共享"为载体的经济技术合作和产业转移。上海和江浙地区的产业分工，开始从计划经济时代的垂直分工走向水平分工。这一时期基本形成了以上海、南京、杭州等三地行政中心为经济核心，逐渐向行政边缘区递减的空间结构特点，城市之间的相互作用比较弱。上海的中心城市地位有所衰减，1981～1991年上海GDP平均增长速度为7.4，低于全国9.3的平均水平。但上海作为中心城市的辐射带动作用得到了发挥，以乡镇企业集聚的中小城市得到了快速发展。

二 点轴开发阶段

以邓小平南方讲话以及浦东的开发开放为开端，以1997年"长三角城市经济协调会"成立为标志，长三角合作再度兴起。1992年，中央提出了"以上海浦东开发开放为龙头，带动长江三角洲和整个长江流域地区经济的新飞跃"的重大战略部署，启动了长三角经济区点轴开发的新进程。同年6月，国务院召开长江三角洲及沿江地区规划座谈会，具体明确了长江三角洲的规划范围，即以上海为经济中心，以沪宁杭为主体，北部包括扬州、泰州、南通，南部包括镇江、常州、无锡、苏州、嘉兴、湖州，以及处于杭州湾以东的绍兴、宁波、舟山等15个城市。这一阶段的开发战略，是以上海浦东新区开发和江浙沪通道建设为标志的点轴开发模式，在充实提高中心城市功能的同时，加强区域性的交通等基础设施建设，将城乡之间、城市之间联结成一个经济综合体。

浦东开发开放使得上海一改20世纪80年代的低迷局面而一跃成为经济增长领先地区，除外资大量进入外，越来越多的江苏、浙江民营企业也进入上海发展，区域极化效应得到了快速恢复和充分显现。1991年年底，设在上海浦东新区的外地企业有142家，其中江苏、浙江占到近一半。自浦东开发开放以来，上海成为长三角经济增长的中心。自1992年以来，上海一直保持着两位数的增长速度，在中国经济中的中心城市地位也得到巩固和加强。1992年，贯穿浙江、上海和江苏的高速公路开工，大量外资公司开始在苏南地区设厂。一些邻近地区和民营企业在主动融入浦东开发中取得了快速发展。邻近上海的苏锡常地区利用与上海紧邻的地理位置，将上海作为对外开放的平台，设立经济技术开发区，主动吸引外商投资，加快外向型经济的发展，经济增长明显加速。苏州市的经济实力排序变化较为明显，从一定意义上说，长三角经济区的极化作用显现。上海在区域内的首位性显现出来，首位度由1990年的3.98提高到1995年的4.7，即上海在长三角经济区的极化作用增强。

1996年，在浦东开发开放带动长江三角洲及沿江地区高速发展的背景下，长三角地区成立了15个城市经济协调会，进行了一些政策研讨、政府层面联动和意见沟通等。1997年，长三角地区又建立了定期的市长联席会制度，同时成立了长江流域发展研究所。1996～1998年，沪宁高速公路和沪杭甬高速公路先后开通，以上海为中心，以江浙为两翼，以沪宁线、沪杭线以及杭甬线为轴线展开的"Z"字形"点—轴"发展模式正式成形。长三角经济发展的"领头羊"为"Z"字带上的四个点，即上海、杭州、南京和宁波四座城市，在实力较强的沪宁、沪杭和杭甬线上又发展成了镇江、常州、无锡、苏州、嘉兴、绍兴等城市连绵带。以沪宁、沪杭、杭甬铁路和高速公路沿线众多中心城市为支撑的高新技术产业带，沿长江下游及河口两岸地区集中分布的装备制造业和重化工业产业带，环杭州湾地区正在崛起的临港工业及加工制造产业带等三大巨型产业带在长三角地区逐步形成。在这一阶段，长三角经济区的范围逐渐明确，经济一体化程度不断加强，同时区域的极化效应表现较为明显，大城市迅速发展，而且大城市与其他城市之间的相互作用开始加强，城市化水平日益提高，与其他区域经济板块发展的差距呈拉大趋势。

三　网络开发阶段

进入 21 世纪，尤其是党的十六大召开和上海世博会申办成功后，长三角区域经济一体化被提到了前所未有的高度，以江浙主动接轨上海战略的实施和国际资本、民营资本主导的跨区域分工网络的构建为标志，长三角经济区进入了网络开发阶段。鉴于 20 世纪 90 年代以来长三角地区经济增长的成功经验，江、浙、沪三地加强了联动发展。2003 年初，浙江省作出了"接轨上海，共同推进长三角洲地区经济社会发展"的战略决策，积极推进区域经济合作。江苏省提出，以上海为龙头、苏浙为两翼，共同推进长三角区域经济一体化，构筑整体竞争力强大的长三角经济带板块。在两地政府的推动下，江浙加快了融入长三角经济一体化的步伐。长三角经济合作也被提到关系国家经济发展需要的高度，2005 年长三角被列为国家"十一五"规划试点；2007 年 5 月，在"长江三角洲地区经济社会发展座谈会"上，温家宝总理强调"长江三角洲地区实现率先发展具有全局性意义"。从此，长三角经济合作掀起高潮。

网络开发的关键，一是明确主要城市之间的分工协作关系，充分发挥各城市的优势，建立具有特色的产业结构；二是通过强化区域网络的负载能力和延伸已有点轴系统，提高区域内生产要素交流的广度和密度，促进地域经济一体化；三是通过网络的外延，加强与区外其他经济网络的联系。自进入 21 世纪以来，长三角经济区的一体化进程主要是围绕这几个方面展开。第一，强化综合交通设施一体化建设。经过多年的建设，长江三角洲已初步形成公路、水运、铁路、航空、管道等多种运输方式共同发展的综合运输体系。随着 2008 年 5 月、9 月杭州湾大桥和宁杭高速公路等项目相继建成，长期引领长三角经济区的"Z"形发展带向菱形跨越，长三角城市格局从点轴形态向网络状演变。长三角城际快速轨道交通的规划和建设，将使长三角主要城市成为同城化的"1 小时经济圈"。第二，推动信息一体化建设。2002 年，无锡和上海两地公交公司率先推出一卡两刷；上海金融机构开始大规模向江浙两地的企业发放贷款，并提出了建设长三角金融区的目标。江浙沪正在研究电子政务信息和信用体系信息的共享方案，以尽快建立覆盖整个区域的信息平台。第三，大力构建分工协作基础上的综合社会经济网络。2003 年苏浙沪两省一市共同推出《长三角质量技术监督合作互认宣言》、《长三角农产品标准化互认合作协议》、《长三角中小企业合作与发展协议》、《长三角旅游城市合作宣言》，开始推动硬件整合基础上的政策、规章等软件上的对接。在此背景下，许多跨国公司把经营管理中心放在上海，把生产厂房设在江浙两地，构筑起跨国公司内部的地域分工网络，促进了长三角区域内的经济联系。同时，一些经营多年集聚了相当实力的民营企业，开始大规模向外扩张，投资范围横跨长三角。第四，不断延伸经济网络，扩大经济腹地。受长三角区域魅力的吸引，华东地区越来越多的城市纷纷申请加盟。2003 年 8 月，浙江省台州市在长江三角洲城市经济协调会第四次会议上，被正式接纳为第 16 个城市。2007 年 12 月，三省市联合组办的长三角发展国际论坛开幕。长三角的地理空间范围，由原 16 市调整为二省一市。但安徽马鞍山市和合肥市也提出了加入长三角经济圈的申请。按照经济内在发展需要，长三角经济圈扩容已势在必行，并成为一种发展的趋势。有学者称一个"泛长三角"的经济圈可能会随之出现。

这一阶段是以大城市发展为带动的大、中、小城市共同发展阶段，在该阶段城市之间的相互作用广泛，不仅存在于大城市和其他城市之间，而且中小城市之间的相互作用也不断增强。由于基础设施一体化已初步形成，产业分工体系已初露端倪，区域经济实力显著增强，政策环境也大为有利，长三角经济一体化迈入了新的"黄金时期"，但网络开发阶段将持续为一个漫长的历史征程。

第三节　长江三角洲经济区的区域合作

一　长三角区域合作进程

长三角区域一体化是江浙沪三省市联动发展的一个"自然历史过程"，是商品经济和市场经济发展到一定阶段的必然结果。20 世纪 30 年代，在民间工商业的自发推动下，长江三角洲出现过经济一体化发展的"黄金时期"。尽管解放前的战乱和解放后的计划经济体制影响了经济一体化的进程，但自改革开放以来，在市场与政府的双向推动下，竞争基础上的经济合作深入开展，长江三角洲经济一体化的迹象又开始显露并蓬勃发展。

从 20 世纪 80 年代的"国务院上海经济规划办公室"，到 90 年代后期的"长江三角洲城市经济协调会"，再到后来启动的"二省一市省市长联席会议制度"，经过 20 多年的尝试，长三角各地在地方政府协调方面取得了相当的进展，长三角各城市对接轨上海、建构长三角一体化都市圈已形成共识。从 2001 年开始，长三角二省一市每年召开一次由常务副省（市）长参加的、以共谋发展为主题的"沪苏浙经济发展座谈会"。2003 年春，江浙沪三省市高层领导进行了闪电般的互访，签订了进一步推进经济合作与发展的一揽子协议，并提出共同建设以上海为主导的"区域经济一体化试验区"。长三角区域经济一体化由论坛、酝酿开始走向实质性的发展阶段，江、浙、沪三地企业纷纷到异地投资、跨域发展。据不完全统计，从 2003 年到 2006 年底，沪、苏两地在浙江投资的协议金额达到 920 亿元，签订合作项目 2629 个。据有关资料载，至 2008 年底，在江苏投资的浙江籍客商有 50 万人，注册资金已达 2400 多亿元，在江苏成立的浙江籍商会已超过 60 家。

近年来，长三角经济合作被提到关系国家经济发展需要的高度，2005 年长三角被列为国家"十一五"规划试点，2007 年 5 月，在"长江三角洲地区经济社会发展座谈会"上，温家宝总理强调"长江三角洲地区实现率先发展具有全局性意义"。从此，长三角经济合作掀起高潮。2006 年和 2007 年底由苏浙沪 16 个城市政府先后签署的《泰州协议》和《常州协议》，将港口合作、旅游标志规范设置、交通卡互通、协调会建设、统一大市场、世博主题体验之旅、环境保护等七个专题列为 2008 年度长三角区域合作的重点。在 2010 年 5 月国务院批准实施的《长江三角洲地区区域规划》中，长三角被正式定位为亚太地区重要国际门户、全球重要的现代服务业和先进的制造业中心、具有较强国际竞争力的世界级城市群的地区。

二　长三角区域合作成效

在政府和企业及社会各界的共同努力下，长三角一体化进程正由务虚转向务实，各项合作事项得到了有序推进，众所瞩目的长三角区域规划的编制工作顺利推进。2009 年 3 月在上海举行的第六次沪苏浙经济合作与发展座谈会，总结了长三角在区域交通体系建设、区域生态环境治理、共同推进自主创新、区域能源大平台建设、区域诚信体系建设以及区域人力资源合作等领域取得的阶段性成果。

一是区域交通网络合作取得显著成果。近年来以高速公路、轨道交通为核心的快速网络体系在建设、管理和技术上取得一连串突破。上海与无锡、常熟等地已实行交通一卡通，苏嘉杭高速公路江苏与浙江交界处的收费站实行合并管理，杭州湾跨海大桥通车，京沪高速铁路项目开工，高速路网、高等级航道网逐渐成形。三地正协同推动长三角高等级航道网和上海国际航运中心的建设，重点推进浦东国际机场、无锡硕放机场、杭州萧山机场等项目扩建工程等。

二是区域信息化合作取得长足进步。区域信息资源共享方面，开展了专项规划的对接和交流；深入推进三省市地理空间信息资源共享，逐步建立定期基础地理数据采集、更新机制；继续做好区域信息资源数据库建设，初步建立了汇集各类产业信息的"长三角产业信息网"并已试运行。启动区域物流通关一体化合作，对进出口货物实施"选择申报，多点放行，统一平台，区域联动"的一体化新模式。同时，依托浙江省企业信用发布查询中心，开通运行区域信用信息共享平台，着力打造"信用长三角"。

三是区域人力资源合作全面展开。三省市共同完成了《长三角"十一五"人才发展思路研究报告》，提出长三角未来人才发展的战略构想、主要途径和对策建议。由长三角15个城市人才中心共同参与的长三角网上人才市场建设已纳入人才共享体系。沪、宁、杭、甬、苏、锡等6个城市签署了"长江三角洲紧缺人才培训服务中心"协议，上海和宁波实施"统一的职业资格认证考试"及"异地人才服务合作"等。同时，加强人事争议仲裁协助工作，逐步缩小仲裁实体依据的差异；开展区域间人才合作，加大人才资源交流，多层次、多渠道开展内容丰富的合作项目。

四是联合攻关推进科技创新。三省市共同推进自主创新方面，明确了共同编制区域创新规划、推进长三角科技资源共享、推进科技成果转化、联合攻关和政策研究等工作；继续推进科技创新资源共享平台建设。目前，三省市科技交流、大学科技成果推介与转化、区域科技信息资源共享、自主创新工作信息沟通和任务督察等方面都有良好进展；"2006长三角中俄科技与创新活动周"、"长三角民营企业科技创新论坛"等活动的举办，推动了三省市自主创新合作的深入开展。

五是旅游业的合作也已开始起步。苏浙沪共同提出了旅游城市合作宣言，建立旅游资源信息平台，以构建沪苏浙旅游经济圈为目标，推进区域旅游规划编制和资源整合。在旅游交易会上共同推出"同游江浙沪休闲好去处"的主题，强化三地旅游市场在国际国内宣传促销方面的合作；建立长三角诚信旅游沟通机制、工作联动机制和完善三地旅游管理工作联席会议制度，在建设长三角无障碍旅游区的基础上，努力构建长三角诚信旅游区。

六是区域生态环境治理合作有所突破。三省市共同抓好太湖水污染防治"十一五"规划编制工作，合力保护太湖水环境；合力开展长江口及毗邻海域生态调查，着手编制长江口及毗邻海域碧海行动计划；抓紧实施环境平台建设，继续深化跨界污染联防机制，联合开展环保专项行动，逐步建立和完善跨界污染应急预案；进一步完善了海洋灾害共同防御体系，组成东海大型浮标监测系统，形成赤潮监测及海产品安全保障网络，合作开展海洋环境监测体系建设，监测数据实现资源共享。

总之，近年来长三角区域经济一体化得到了积极推进，经济要素的相互融合开始明显加速，区域优势特征和城际功能差异进一步显现，产业分工和以产业链为特征的经济合作进一步深化。但是，长三角"行政区经济"封闭特征依然存在，阻碍经济区一体化发展的问题日益突出，主要表现在：行政分割导致各自为政现象普遍，行为扭曲导致过度竞争行为不断，重复投资导致产业同构情况依然突出，缺乏分工导致城市功能不明和缺少认同导致发展政策差异，以及港口等基础设施建设重复和环境治理缺乏合力等。地区行政分治决定的地方利益差别是造成上述问题的主要因素。建立稳定良好的利益协调机制，成为长三角区域经济一体化的当务之急。

三 大力推动长三角区域合作创新

今天的长三角区域合作的强化和经济一体化的加速，是市场力量主导机制和政府力量推动机制双重作用的结果。市场的整合力量要比政府的整合力量更为有效。昔日上海经济区的无疾而终，充分说明了在现有行政体制下完全依靠架设行政机构来形成推动力量是有局限性的。政府的力量对市场配置资源的力量可以起到推动或抵消的双向作用，能否达到双赢或多赢的目的关键取决于政府能否找到区域利益的平衡点。但是，政府的力量对长三角经济一体化发展的协调作用也是非常重要的，长三角经济一体化发展所面临的"瓶颈"，需要各级政府有所作为，通过强化区域合作和协调行动，着力解决区域一体化进程中存在的体制机制问题。

长三角现行的区域合作是建筑在各参与城市自愿基础之上的。目前，长三角除了江浙沪两省一市主要领导人的互访制度，每年举行的长三角主要城市市长会议（长三角16城市），在某种程度上成为长三角区域经济一体化的组织架构，通过磋商达成共识、宣言和协议，承担了制度组织协调的功能。但所有的区域一体化协议只有目标，而无具体实施方式和步骤，协议的实施主要是依靠各参与城市的单边行动计划，或协同合作的双边行动计划，区域整体行动计划也是在各方意愿参与的前提下才能进行。而区域对合作方不履行协议是没有强制约束力的，于是协议的履行就困难重重。例如，虽然早在2003年《长三角质量技术监督合作互认宣言》就已签署了，但实际上在江苏免检的产品到了外省市还要再检，甚至在同一省内，这个城市的免检商品进入其他城市还要再从上到下"跑一趟"。长三角区域协议缺乏约束力是一个不争的事实，提高区域协议的约束力必须依靠制度创新。根据国家的区域发展政策和长三角地区的实际，可以考虑将强制性的区域行政和非强制性的区域治理两种协调机制综合起来，坚持以市场为基础、企业为主体、政府引导、多方参与，进一步完善合作机制，积极探索新形势下管理区域经济的新模式，推进长三角区域经济一体化发展。

一是建立包括中央政府和地方政府在内的制度化议事和决策机制。要在现行的行政管理体制上有所创新，完善江、浙、沪三省市主要领导联席会议制度，建立由三省市高层领导组成的长江三角洲城市联合组织，如城市联合委员会或城市同盟等，下设办公室，共商长江三角洲发展大计，协调三省市之间的重大矛盾问题。当务之急是制定长江三角洲统一的区域规划和经济社会发展规划，构建一套区域发展的约束性和指导性目标体系，合理布置生产力，实现区域内经济、社会和环境效益的统一。目前，长三角区域规划已获国务院批准实施，三省市要做好规划实施的组织领导工作，共同做好相关规划对于长三角区域规划的衔接工作。

二是组建功能完整的协调管理机构和投资发展机制。长三角经济区除了应设置负责日常联络和组织工作的办事处外，还应设立各种具有一定管理、协调、研究分析和组织职能的专业委员会，包括设立长三角区域规划委员会、长三角环境保护与治理委员会等专业或综合职能管理机关；同时，要建立合理的投资管理机制和区域共同发展基金制度，可组建区域性开发银行或投资发展有限公司，参与国家投资项目的"拼盘开发"融资，或对区域性公共基础设施进行投资开发；在此基础上，应建立区域共同发展基金，使协调机构具有相当的经济调控能力和投资管理能力，以促进区域合作与发展。

三是建立各类政府、企业、学者共同参与的区域治理组织和机制。长三角经济区应鼓励建立各类半官方及民间的跨地区合作组织，包括在政府指导下的长江三角洲城市联合商会和行业协会、大企业联合会和经济联合体、全区域联合会计和律师事务所等；建立各种专家咨询委员会，为解决区内各种合作问题提供科学论证方案；建立全区性的合作与发展论坛，为区域一体化进行舆论和思想上的宣传，为各种重大合作问题达成共识奠定理论基础。

四是构建长三角一体化的立法协调机构和协调机制。长三角地区的地方性法规和地方政府规章存在着不同程度的地方保护主义倾向，所以有必要成立"长三角一体化立法协调委员会"，在现行的立法权限划分体制前提下，尽可能使各地方性法规和地方政府规章的价值目标、基本原则及具体规范趋于一致，从而有利于区域一体化的根本目标。该委员会的职能主要是发现立法冲突和通报信息，并对有悖于区域一体化发展目标的内容提出修改建议。各地方立法草案在提请各自人民代表大会正式表决前，都应该经过该委员会的论证和检验，确认是否符合区域一体化发展目标后再行表决。

结论与展望

　　经济区是以专业化地区经济为基础、以中心城市为核心、以经济网络为纽带、以经济腹地为依托，具有一定结构的空间经济组织。经济区与经济区域是存在着本质区别的两个概念，差别的根本在于是否以区位因素为基础，是否包含地理上的经济利益差别。经济区的形成是由自然条件、资源禀赋、人文环境等区位因素的地域分工和比较优势效应共同作用的结果。经济集聚是经济区形成、演化的核心机理，聚集作用与扩散作用是两大基本动力机制，政府干预对其作用效果会产生重要影响，培育形成经济功能区是经济集聚的关键环节。经济区的形成发展是区域经济由点状、条带到域面的一体化连续动态过程，也是从单中心的初级阶段到多中心的中级阶段，再到中心-外围趋向均衡的高级阶段的经济区演进过程。

　　经济区是在市场经济主导和政府政策引导共同推动形成的地域经济集聚体。在遵循市场经济规律的基础上，政府和企业有必要对经济区的发展壮大进行综合开发，通过中心城市建设、联系通道构筑、社会经济综合网络完善等举措，以缩短经济区自然演化的缓慢进程。从经济区的空间结构转换出发，可沿着三条路径推动经济区持续发展：一是基于增长极开发模式的初级经济区"点化"或"极化"战略；二是基于点轴开发模式的中级经济区的"线化"或"带化"战略；三是基于网络开发模式的高级经济区的"面化"或"一体化"战略，实现经济区空间结构的拓展、优化和整合。同时，基于"行政区经济"阻碍经济区发展的制度性矛盾，要以市场力量为主导、政府调控为引导对经济区进行整合，通过区域行政和区域治理的制度创新建立健全区域协调机制，克服市场失灵和政府失效带来的"空间失灵"问题，积极推动区域从行政区经济走向经济区经济。

　　三种开发模式是一个连续动态演化的过程，不是相互隔离、孤立存在的，而是相互联系、密切相关的，后者是前者发展的结果，前者是后者发展的前提和条件。只是后者包含前者的发展内容，但又具有明显不同于前者的内容和特点。经济区空间结构总是遵循由"点"到"轴"再到"面"的进化过程。线必须以点为基础，面必须以点、线为基础，线包含点，面也包含点和线。因此，国内外学者在三种开发模式的理论研究中都提出了明确的观点。如陆大道院士在提出点轴系统理论和点轴渐进式扩散模式时明确强调，点轴开发是增长极开发的延伸，适用于若干经济增长极形成发展过程，是以增长极充分发展为前提的。中国社会科学院魏后凯在 1988 年提出网络开发理论模式时也明确强调，网络开发模式的运用首先要经过前两个阶段即极点开发和点轴开发后才能运用。另外要强调，经济区的三个开发阶段，每一个阶段并不截然否定前一阶段的内容，如点轴开发并不否认点的极化开发，而是要增加轴的带化开发；网络开发也不否认点的极化和轴的带化开发，而是要增加面的网络化和一体化内容。

在我国区域发展格局中，长三角、珠三角、环渤海和海峡西岸等经济区已成为地区发展的"引擎"和"发动机"，也是全国经济发展的主力军。我国区域发展已形成了以产业集聚为基础、以经济区发展为核心的新的战略格局。党的十七大报告明确提出："要继续实施区域发展总体战略，深入推进西部大开发，全面振兴东北地区等老工业基地，大力促进中部地区崛起，积极支持东部地区率先发展。加强国土规划，按照形成主体功能区的要求，完善区域政策，调整经济布局。遵循市场经济规律，突破行政区划界限，形成若干带动力强、联系紧密的经济圈和经济带……走中国特色城镇化道路，按照统筹城乡、布局合理、节约土地、功能完善、以大带小的原则，促进大中小城市和小城镇协调发展。"国家"十一五"规划纲要强调坚持实施"区域发展总体战略，健全区域协调互动机制，形成合理的区域发展格局"。为此，结合研究结论，本书提出以下建议：

第一，把经济区作为中观经济组织纳入区域发展总体战略。区域政策要实行分类指导，从各个地方的实际出发，根据资源禀赋、地理区位、经济基础等各方面差异来制定有特色、有区别的政策措施，指导地方发展。但是，自改革开放以来划分的东、中、西部及东北地区的四大区域范围仍然很大，国家政策"一刀切"和重点不突出问题仍然突出，严重困扰区域政策的规划和实施。经济区作为中观经济范畴是国家宏观经济调控的最微观层次。要把经济区作为落实区域政策的抓手，结合主体功能区的定位，有选择地培育发展经济区，作为推动区域整体发展的引擎和发动机。

第二，根据现有经济区的不同发展阶段进行区域发展规划。对经济区进行规划布局，要坚持分类指导、分步开发，根据经济区总体所处发展阶段，相应采取增长极开发、点轴开发或网络开发的不同模式，实行侧重点不同的政策措施，以发挥各自的不同特点和优势。对西部经济区特别是二级经济区实行"极化"战略，重点培育发展极核，强化中心城市的聚集扩散功能，大力发展工农加工业和开发园区经济；对中部经济区实行"带化"战略，重点构建联系通道，强化中心城市与二三级城市间的连锁互动功能，大力发展装备制造业和通道经济；对东部经济区实行"一体化"战略，重点完善经济网络，强化城市群的错位互补功能，大力发展服务业和生态循环经济。

第三，把促进经济集聚作为推动区域经济发展的重要手段。不仅要"健全市场机制，打破行政区划的局限，促进生产要素在区域间自由流动，引导产业转移"，更要在此基础上按照不同阶段经济区发展园区经济、通道经济或循环经济的目标，培育发展要素集聚形成的企业集群、产业集群和城市群，实现"工业向园区集中、人口向城镇集中、土地向规模经营者集中"，形成不同类型的经济功能区，通过工业区、农业区、市场区等的配套建设和完善，以产业链、要素流等市场经济内在机制来强化区域经济技术协作，推动经济区（包括经济圈、经济带、城市群）的形成和发展。

第四，把城镇化规划建设纳入经济区规划发展的总体框架。城镇是经济区作为极核的中心和节点，经济区的发展演化进程实质是城镇化逐步推进的过程。工业化是城市化的根本动力，城市化又是工业化的空间支撑，两者的互动发展必然带来人口与资本等要素向城市的聚集。因此，不能脱离工业和产业发展来孤立地谈论城镇化建设，而必须遵循产业结构与空间结构互动转换的空间经济规律，以经济区的总体规划布局来引导和推动城镇化的建设发展，使特大城市和大城市充分发挥经济中心功能，使中小城市作为经济网络节点密切联系中心城市与广大腹地，使各城市形成分工协作和优势互补的有机整体。

第五，把区域协调互动机制建立在经济区合作的基础上。区域合作必须以市场力量为主导、以政府调控为辅助。以政府替代市场推动区域合作必然重蹈计划经济的覆辙，难逃失败的命运。经济区本质上就是以市场机制为基础，以地域分工、优势互补为前提的经济合作空间组织，经济区的发展必然以聚集机制和扩散机制相互作用推动要素流动和产业转移，突破行政区划带来的市场分割。长三角、珠三角、京津冀、成渝以及武汉城市圈、长株潭城市群等经济合作组织和协调机制的发展就是明证。因此，国家应把构建完善经济区合作协调机制，作为健全区域协调互动机制的突破口，从国家层面加强指导和推动，以发挥其带动和示范作用。

经济区在我国是一个老话题，又是一个新事物。之所以老，是因为新中国成立以后的计划经济时代就把经济区划与产业布局提到了国家战略层面上；之所以新，是因为真正意义上的经济区是我国改革开放特别是社会主义市场经济体制下的产物。虽然经济区的建设发展主要是 20 世纪 90 年代以来的事情，但短短几十年的蓬勃发展，仅"两江一海"经济区地区生产总值已占全国一半以上，经济总量和生产效率都远远超过全国平均水平，显示出经济区作为市场经济体制下本地化区域经济组织的强大生命力。对此，国家已日益重视经济区的地位和作用。相信在不久的将来，经济区动态演化理论也将成为学术界的热门话题和研究焦点，区域经济学也将因此而更加繁荣和昌盛。

参考文献

阿尔弗雷德·韦伯.1997.工业区位论.李刚剑等译.北京：商务印书馆

埃德加·胡佛，弗兰克·杰莱塔尼.1992.区域经济学导论.郭万清译.上海：上海远东出版社

安虎森.2008.关于区域经济学基本理论的一些思考.区域发展创新论.北京：经济科学出版社

保罗·克鲁格曼.2000.地理和贸易.张兆杰译.北京：北京大学出版社

保罗·克鲁格曼.2000.发展、地理学与经济理论.蔡荣译.北京：北京大学出版社

曹宏玲.2008.长三角经济一体化的现状、困惑与制度机制的创新——对国际区域经济一体化经验的借鉴.长三角发展研究，(5)：25～29

曹茉莉.2007.北部湾地区经济发展的新思考：通道经济的视角.开放导报，130 (1)：74～76

长三角联合研究中心.2008.长三角研究.第2辑.上海：上海社会科学院出版社

陈建军.2005.长三角：从点轴发展走向网络发展——兼论杭宁发展带的建设.浙江社会科学，(4)：43～48

陈建军.2008.长三角区域经济一体化的历史进程与动力结构.学术月刊，(8)：79～85

陈军亚.2008.西方区域经济一体化理论的起源及发展.华中师范大学学报（人文社会科学版），47 (6)：57～63

陈修颖.2003.区域空间结构重组：理论基础、动力机制及其实现.经济地理，(4)：65～69

陈迅等.2009.持续推进西部开发的理论与实践.北京：科学出版社

陈彦光，刘继生.2007.城市形态分维测算和分析的若干问题.人文地理，(3)：98～103

丁任重.1988.经济区的理论与实践.西安：陕西人民出版社

丁仕堂，张晓华.2008.关于中心城市推动区域经济一体化发展的分析.山西建筑，34 (6)：71，72

杜丽菲，徐长乐，郭小兰等.2008.长三角地区区域空间结构发展模式分析.山西师范大学学报（自然科学版），22 (1)：113～116

冯薇.2008.产业集聚、循环经济与区域经济发展.北京：经济科学出版社

高国力.2008.区域经济不平衡发展论.北京：经济科学出版社

高新才.2008.中国经济改革30年·区域经济卷.重庆：重庆大学出版社

顾朝林.1991.城市经济区理论与应用.长春：吉林科学技术出版社

顾海良.2005.马克思经济思想的当代视野.北京：经济科学出版社

顾强.2005～2008.中国产业集群.第3～7辑.北京：机械工业出版社

官卫华.2008.欠发达地区城市化发展战略研究——以江苏省淮安市为例.经济研究导刊，(8)：140～145

郭宝华，李丽萍.2007.区域中心城市机理解析.重庆工商大学学报（西部论坛），17 (2)：37，38

郝寿义.2007.区域经济学原理.上海：上海人民出版社

胡序威.1993.中国经济区类型与组织.地理学报,(3):193~203

胡序威,周一星,顾朝林等.2000.中国沿海城镇密集地区空间集聚与扩散研究.北京:科学出版社

金相郁.2004.20世纪区位理论的五个发展阶段及其评述.经济地理,(3):4~7

李皓,杨海燕.2008.区域空间结构演进机制再认识.区域发展创新论.北京:经济科学出版社

李继东,胡靖.2004.广州在泛珠三角经济区城市的定位与经济腹地拓展研究.华南师范大学学报(社会科学版),(5):43~49

李宪生.2004.武汉城市经济圈建设问题研究.咨询与决策,(3):38~43

李忠民,张子珍.2007.全球经济失衡下的中国经济区域重构.山西财经大学学报,(5):38~43

梁琦,刘厚俊.2002.空间经济学的渊源与发展.江苏社会科学,(6):61~66

廖元和.2008.经济区与区域经济成长阶段论.区域发展创新论.北京:经济科学出版社

刘朝明.2002.新空间经济学:21世纪空间经济学研究主题.中国软科学,(3):104~108

刘继生,陈彦光.1999.城镇体系空间结构的分形维数及其测算方法.地理研究,18(2):175

刘君德.2000.长江三角洲地区空间经济的制度性矛盾与整合研究——中国"行政区经济"的案例分析.杭州师范学院学报,(1):15~18

刘志迎.2007.现代产业经济学教程.北京:科学出版社

陆大道.1988.区位论及区域研究方法.北京:科学出版社

陆军.2002.论京津冀城市经济区域的空间扩散运动.经济地理,22(5):574~578

马海龙.2007.区域治理:内涵及理论基础探析.经济论坛,(19):15

马建会.2007.产业集群成长机理研究.北京:中国社会科学出版社

迈克尔·波特.2002.国家竞争优势.李明轩,邱如美译.北京:华夏出版社

彭正波.2008.长三角区域政府合作:现状、困境与路径选择.经济与社会发展,6(9):25~30

戚本超,景体华.2008.中国区域经济发展报告(2007~2008).北京:社会科学文献出版社

石正方,邓利娟.2005.海峡经济区的空间演进:结构、特征与问题.厦门大学学报(哲学社会科学版),(5):77~83

孙兵.2007.区域协调组织与区域治理.上海:上海人民出版社

孙继琼.2006.成渝经济区城市体系规模结构实证.经济地理,26(6):957~960

孙久文,叶裕民.2003.区域经济学教程.北京:中国人民大学出版社

覃柳琴,赵禹骅.2007.广西临海大通道经济建设的思考.桂海论丛,24(4):63~66

唐苏南.2001.论三峡经济区的区域主体.重庆三峡学院学报,17(2):19~24

唐燚,王恕立.2008.核心边缘——点轴系统转化的理论与实证分析.当代经济,(5):154,155

藤田昌久,保罗·克鲁格曼,安东尼·J.维纳布尔斯.2005.空间经济学——城市、区域与国际贸易.梁琦主译.北京:中国人民大学出版社

汪阳红.2009.正确处理行政区与经济区的关系.中国发展观察,(2):24~26

王缉慈.2001.创新的空间：企业集群与区域发展.北京：北京大学出版社

王良健,周克刚,许抄军等.2005.基于分形理论的长株潭城市群空间结构特征研究.地理与地理信息科学,21(6)：74～77

王晓玲.2008.辽宁沿海与腹地协调发展推进机制研究.城市,(11)：74～78

王义高,罗劲松,王赟等.2008.“两型社会”的理论与实践.长沙：湖南人民出版社

王瑛.2004.发展通道经济的理论探讨.改革与战略,(10)：45～47

王于渐,陆雄文,陶志刚等.2007.重返经济舞台中心——长三角区域经济的融合转型.上海：上海人民出版社

王忠宏.2007.长三角区域经济一体化的演变及其发展趋势.国务院发展研究中心调查研究报告,(261)：1～21

王子龙,谭清美,许箫迪.2005.区域经济系统演化的自组织机制研究.财贸研究,(6)：5～9

沃尔特·艾萨德.1990.区域科学导论.陈宗兴等译.北京：高等教育出版社

沃尔特·克里斯塔勒.1998.德国南部中心地原理.常正文译.北京：商务印书馆

吴传清,孙智君,许军.2007.点轴系统理论及其拓展与应用：一个文献述评.贵州财经学院学报,(2)：33～34

伍新木,高鑫.2006.区域经济发展“双倒U型”假说.理论学刊,(4)：63～66

谢文蕙,邓卫.2008.城市经济学.第二版.北京：清华大学出版社

颜鹏飞,邵秋芬.2001.经济增长极理论研究.财经理论与实践,22(2)：2～6

杨景欣,杨立新,崔世杰.2005.环渤海地区经济发展应侧重经济轴线建设.经济与社会发展,3(4)：45～47

杨树珍.1990.中国经济区划研究.北京：中国展望出版社

杨吾扬,梁进社.1992.中国的十大经济区探讨.经济地理,(3)：14～20

杨扬.2006.都市圈点轴开发系统研究——以徐州都市圈为例.江苏商论,(10)：124～126

杨友孝.1993.约翰·弗里德曼空间极化发展的一般理论评价.经济学动态,(7)：69～73

叶飞.2008.海峡经济区：中国经济新增长极战略构想.北京：北京大学出版社

叶开祥.2005.长江三角洲港口群的经济腹地战略.集装箱化,(2)：18～20

约翰·冯·杜能.1996.孤立国同农业和国民经济的关系.吴衡康译.北京：商务印书馆

曾菊新.1997.空间经济：系统与结构.武汉：武汉出版社

张本祥.2001.经济网络系统及其发展趋势.系统辩证学学报,9(4)：73～77

张颢瀚等.2007.长江三角洲一体化进程研究：发展现状、障碍与趋势.北京：社会科学文献出版社

张虎,朱传耿,陈潇潇.2008.淮海经济区城市体系的空间分形研究及优化举措.徐州师范大学学报（自然科学版）,26(1)：58

张建军,李琳.2006.区域网络开发模式的理论研究与实践探索.西安文理学院学报（社会科学版）,9(2)：50～53

张劲松.2008.区域政府：从行政区经济到经济区经济转变的路径选择.河南大学学报（社会科学版）,(3)：141～146

张劲松,陈婷婷.2008.论适应区域经济一体化需求的区域政府建设.燕山大学学报（哲学社

会科学版），9（2）：56～60

张可云．2003．空间经济学新论．区域开发理论与方法，（2）：23～28

张莉．2001．中国经济区研究述评．地理学与国土研究，（2）：39～44

张明龙．2000．经济区的内涵与划分原则．贵州社会科学，（4）：27～30

张晓平．2007．我国中部地区都市经济区空间组织体系研究．地理科学进展，26（6）：57～67

张协奎，张小富．2007．基于分形理论的北部湾（广西）经济区城市群空间体系分析．广西大
  学学报（哲学社会科学版），29（4）：31～33

张秀生，卫鹏鹏．2005．区域经济理论．武汉：武汉大学出版社

张毓峰，胡雯．2009．体制改革、空间组织转换与中国经济增长．财经科学，（8）：36～42

甄峰．2004．信息时代的区域空间结构．北京：商务印书馆

钟华，韩伯棠，周治平．2004．经济集聚机制研究几个新领域探索．中国管理科学，12（10）：
  555～558

周天勇，刘玲玲．2005．从区位理论到新空间经济学的发展．生产力研究，（10）：5，6

周一星，张莉．2003．改革开放条件下的中国城市经济区．地理学报，58（2）：271～284

朱惠宏．2007．经济系统的复杂性研究．系统科学学报，15（4）：55～58

朱舜，高丽娜，张春梅等．2007．泛长三角经济区空间结构研究．云南：西南财经大学出版社

朱文晖．2003．走向竞合——珠三角与长三角经济发展比较．北京：清华大学出版社

邹兵，施源．2004．建立和完善我国城镇密集地区协调发展的调控机制．城市规划汇刊，（3）：
  9～15

邹东涛．2008．发展和改革蓝皮书（No.1）——中国改革开放30年（1979～2008）．北京：
  社会科学文献出版社

国务院关于进一步推进长江三角洲地区
改革开放和经济社会发展的指导意见

国发〔2008〕30 号

各省、自治区、直辖市人民政府，国务院各部委、各直属机构：

长江三角洲地区是我国综合实力最强的区域，在社会主义现代化建设全局中具有重要的战略地位和带动作用。改革开放特别是推进上海浦东开发开放以来，长江三角洲地区经济社会发展取得巨大成就，对服务全国大局，带动周边发展做出了重要贡献，积累了丰富经验。在当前国际经济环境发生重大变化、国内各项改革深入推进的新形势下，为进一步推进长江三角洲地区改革开放和经济社会发展，现提出以下意见。

一、进一步推进长江三角洲地区改革开放和经济社会发展的重要意义、总体要求、主要原则和发展目标

（一）重要意义。长江三角洲地区包括上海市、江苏省和浙江省。进一步推进长江三角洲地区改革开放和经济社会发展，有利于推进区域经济一体化，提高自主创新能力和整体经济素质；有利于增强对中西部地区的辐射带动作用，推动全国区域协调发展；有利于提高开放型经济水平，增强我国国际竞争力和抗风险能力；有利于推进体制创新，促进建立健全充满活力、富有效率、更加开放的体制机制。

（二）总体要求。高举中国特色社会主义伟大旗帜，以邓小平理论和"三个代表"重要思想为指导，深入贯彻落实科学发展观，进一步解放思想、与时俱进，进一步深化改革、扩大开放，着力推进经济结构战略性调整，着力增强自主创新能力，着力促进城乡区域协调发展，着力提高资源节约和环境保护水平，着力促进社会和谐与精神文明建设，实现科学发展、和谐发展、率先发展、一体化发展，把长江三角洲地区建设成为亚太地区重要的国际门户、全球重要的先进制造业基地、具有较强国际竞争力的世界级城市群，为我国全面建设小康社会和实现现代化做出更大贡献。

（三）主要原则。坚持科学发展，努力提高自主创新能力，切实加强资源节约和环境保护，推进经济发展方式的转变；坚持和谐发展，着力保障和改善民生，加强社会主义民主法制建设，维护社会公平正义；坚持率先发展，加强与周边地区和长江中上游地区的联合与协作，强化服务和辐射功能，带动中西部地区发展；坚持一体化发展，统筹区域内基础设施建设，形成统一开放的市场体系，促进生产要素合理流动和优化配置；坚持改革开放，继续在体制创新上先行先试，率先在重要领域和关键环节取得突破，为又好又快发展提供制度保障。

（四）发展目标。到 2012 年，产业结构进一步优化，服务业比重明显提高；创新能力显著增强，科技进步对经济增长的贡献率大幅提升；区域分工和产业布局趋于合理，对外开放的质量和水平明显提升；单位地区生产总值能耗低于全国平均水平，重点地区生态环境恶化的趋势得到遏制；社会保障体系覆盖城乡，公共服务能力进一步增强，基本实现全面建设小康社会的目标。

到 2020 年，形成以服务业为主的产业结构，三次产业协调发展；在重要领域科技创新接近或达到世界先进水平，对经济发展的引领和支撑作用明显增强；区域内部发展更加协调，形成分工合理、各具特色的空间格局；主要污染物排放总量得到有效控制，单位地区生产总值能耗接近或达到世界先进水平，形成人与自然和谐相处的生态环境；社会保障水平进一步提高，实现基本公共服务均等化。再用更长一段时间，率先基本实现现代化。

二、加快发展现代服务业，努力形成以服务业为主的产业结构

（五）优先发展面向生产的服务业。加快以上海国际航运中心和国际金融中心为主的现代服务业发展。进一步整合港口资源，加强港口基础设施、集疏运体系建设，加快发展现代航运服务体系，努力提高管理水平和综合服务能力，尽快建成以上海为中心、以江苏和浙江港口为两翼的上海国际航运中心。依托区域综合交通网络，大力推进现代物流业发展。积极探索金融机构、金融产品

和服务方式等多种金融创新，健全多层次金融市场体系，引进和培育高层次金融人才，大力改善金融业发展环境，提高金融服务业发展水平。扶持和培育技术创新型第三方服务企业，大力发展科技服务业。运用信息技术和现代经营方式改造提升传统商贸业，加快现代商贸业发展步伐。整合建立区域内综合性的软件服务公共技术平台和公共信息应用平台，培育创新型特色化的软件服务和信息服务企业，积极发展增值电信业务、软件服务、计算机信息系统集成和互联网产业。

（六）积极发展面向民生的服务业。大力发展旅游业，进一步拓展市场、整合资源，建设世界一流水平的旅游目的地体系。加快发展广播影视、新闻出版、邮政、电信、文化、体育和休闲娱乐等服务业。积极扶持电子书刊、网络出版、数字图书馆、网络游戏、电影特技制作、数字艺术设计、数字媒体、虚拟展示等新兴数字创意产业发展。

（七）大力改善服务业发展环境。加快建设区域服务业联动机制，开展多方面的交流与协作。研究建立区域现代服务业标准规范体系，加强面向现代服务业技术、产品与服务的认证机制建设。加快建立市场化运作的企业和个人信用服务体系，制定行业标准，完善监管制度。大力开展现代服务业人才培训与职业教育，多层次培养现代服务业复合型人才。

三、全面推进工业结构优化升级，努力建设国际先进制造业基地

（八）做大做强高技术产业和优势支柱产业。继续巩固和提高实体经济发展水平，集中力量积极发展电子信息、生物、新材料、新能源等战略性高技术产业，培育更多新的增长点。进一步做大做强石化、钢铁、汽车、船舶及先进装备制造等优势支柱产业，加快形成核心关键技术和提升规模水平。大力发展总部经济和研发、设计、营销中心，促进产业链条向高端延伸。加快淘汰落后生产能力，积极推动传统产业的升级改造和梯度转移。大力培育建设与全球先进制造业基地相适应的优秀经营管理人才和高级技工队伍。

（九）进一步优化空间布局。以沪宁、沪杭甬沿线为重点发展具有先导效应、发展潜力大的电子信息、生物、新材料和先进装备制造等产业；在沿江、沿海、杭州湾沿线优化发展产业链长、带动性强的石化、钢铁、汽车、船舶等产业。促进企业向产业带集中、向园区集聚，引导关联企业集聚发展。加快连云港、温州等发展潜力较大地区的发展，形成新的经济增长点，带动江苏沿海、东陇海沿线、浙江温台沿海、金衢丽高速公路沿线发展。

（十）进一步提升企业竞争力。鼓励和支持优质资本、优势企业跨行政区并购和重组。在电子信息、石化、钢铁、汽车、船舶、装备制造、轻纺、商贸、

旅游等重点领域和优势行业，加快培育形成一批拥有自主知识产权的世界级品牌、具有国际竞争力的大企业，形成以大企业为龙头，中小企业专业化配套的协作体系，提升产业整体素质，增强竞争能力。

四、统筹城乡发展，扎实推进社会主义新农村建设

（十一）大力发展现代农业。着力发展高附加值的特色农业、设施农业、生态农业、观光农业、都市农业和现代养殖业。支持创建名优品牌。充分发挥江苏沿海等地区滩涂资源丰富的优势，建立现代农业示范区，积极发展规模化高效农业。稳定发展粮食生产，积极推进大型优质商品粮基地建设。依托沿江靠海的优势，发展现代渔业。积极改造和提升传统农业，大力提高农业机械化水平和土地集约利用水平。加强优势农产品产业带和规模化养殖基地建设。大力支持农业产业化经营和标准化生产，培育一批带动能力强的龙头企业。鼓励扩大农产品出口，进一步做大做强外向型农业。

（十二）加快完善农业生产、经营、流通等服务体系。加快培育生产性的专业服务组织，构建新型农业服务体系。大力发展农村现代物流，在农村培育一批大型流通企业。积极培育、发展农民专业合作社和农业行业协会、学会等各类组织，加快农业信息服务网络建设。改善农村金融服务，发展农村信用担保和农村小额贷款，加快建立农业保险体系。

（十三）全面深化农村改革。坚持农村基本经营制度，稳定和完善土地承包关系，按照依法、自愿、有偿的原则，健全土地承包经营权流转市场，有条件的地方可以适度发展多种形式的规模经营。深化集体林权制度改革。探索集体经济有效实现形式。加快农村投融资体制改革，合理划分各级政府的财政投入职责，加大政府对农业和农村的投入，引导各类资本进入农业社会化服务体系和合理开发未利用农业资源。建立健全多层次、广覆盖、可持续的农村金融体系，不断完善对"三农"的金融服务。扎实推进农村综合改革，强化乡镇政府的社会管理和公共服务职能，逐步建立起精干高效的农村基层行政管理体制。建立健全村民自治机制，完善村民一事一议制度，积极推进奖补措施，推广民主恳谈会、村民议事会等有效的民主形式。

（十四）稳步推进城乡一体化进程。统筹城乡基础设施建设，推动城市基础设施、公共服务和现代文明向农村延伸。进一步做好村庄规划，节约农村建设用地。加强城市饮用水安全保障工作，加快实施农村饮水安全工程建设和中小河流及湖泊河网水环境整治，推进农村节能减排，加强城乡绿化美化一体化建设。统筹城乡社会事业发展，逐步实现城乡基本公共服务均等化。全面落实被征地农民基本生活保障制度，确保做到即征即保，探索建立农村养老保险制度，

积极做好城乡社会保障制度的统筹衔接。提高农村最低生活保障水平，逐步实行城乡统一的低保制度。统筹城乡劳动就业，逐步建立城乡统一的人力资源市场和公平竞争的就业制度。

五、大力推进自主创新，加速建成创新型区域

（十五）构建具有国际竞争力的区域创新体系。抓紧编制自主创新规划，加快构建技术创新体系。引导创新要素向企业集聚，支持有条件的企业建立技术研发机构和创办海外研发机构，鼓励有条件的企业与高校、科研院所建立技术创新战略联盟。整合自主研发力量，建设一批一流的研究型大学、科研机构和创新型企业，加强国家重点实验室、工程技术（研究）中心、国家重大科学工程的建设，建设开放共享的科技基础条件平台和产业共性技术研发试验平台。构建区域创新网络，建立和完善技术转移转化的公共服务平台和中介服务机构，重点办好若干区域性重点科技园区。实行科技资质互认制度。

（十六）实现关键领域和核心技术的创新突破。重点推进电子信息、生物、先进制造、新能源、新材料、航天航空等领域的自主创新，加强区域联合协作，共同攻克产业核心技术、共性关键技术，组织开展新技术开发和推广示范。充分发挥高新技术产业园区在产业集聚和创新载体方面的作用，协同推进原始创新、集成创新和引进消化吸收再创新。支持区域联合承担国家重大科技专项。

（十七）营造鼓励自主创新的政策环境。加大财政对竞争前技术和共性技术研发、引进技术消化吸收再创新、初创型科技中小企业的引导性投入。抓好企业研发费用税前抵扣和高新技术企业优惠政策的贯彻落实。进一步改善创新创业投融资环境，鼓励发展创业风险投资和私募股权投资，支持区域内国家级开发区中高新技术企业进入股权代办转让系统，鼓励发展金融租赁业，积极发展小企业信用担保体系。推动形成市场化、专业化的创新服务体系。加大知识产权保护力度，加强知识产权的集成、运营和管理。

（十八）加强创新型人才的培养和引进。调整完善高等教育的学科布局和专业设置。鼓励企业依托高等院校、职业院校和科研机构，建立区域高新技术和高层次应用型人才、高技能人才培养基地。加强国际合作交流，发展和完善多种形式的科技创新人才国际化培养模式。加大人才引进力度，重点引进高层次人才、高科技人才以及经济社会发展需要的紧缺人才。

六、走新型城市化道路，培育具有较强国际竞争力的世界级城市群

（十九）构建完备的城镇体系。加快建设以特大城市和大城市为主体，中小

城市和小城镇合理发展的网络化城镇体系。发展基础较好、已初步形成城市带的各个城市，要进一步密切相互间的经济、技术、文化联系，促进要素流动和功能整合，发挥同城效应。苏北、浙西南等开发强度相对不高、发展潜力较大的地区，要大力引导产业、人口有序集聚，形成新的城镇发展带。

（二十）完善和提升各类城市功能。继续发挥上海的龙头作用，加快建成国际经济、金融、贸易和航运中心，进一步增强创新能力和高端服务功能，率先形成以服务业为主的经济结构，成为具有国际影响力和竞争力的世界城市。进一步提升南京、杭州等特大城市的综合承载能力和服务功能，扩大辐射半径。其他大城市要按照自身优势，形成特色，提升功能。中小城市和小城镇要进一步增强实力，完善服务功能。

（二十一）提高城乡规划和建设管理水平。合理规划城市规模，优化城镇建设布局。严格控制新增建设用地规模，促进城镇集约紧凑发展。统筹规划建设城镇供排水、供电、通信、垃圾处理和覆盖城乡的区域性防洪排涝、供水、治污工程等重大基础设施。加强城镇防灾减灾和应急管理能力建设。统筹新区开发与旧城保护，切实维护城镇历史文化风貌。

七、积极推进重大基础设施一体化建设，增强区域发展的支撑能力

（二十二）完善综合交通运输体系。铁路要以客运专线和城际轨道交通建设为重点，加快区域对外通道、区域内省际通道、城际快速通道以及跨长江通道、重要枢纽客运设施等建设，优化路网结构，提高路网质量。公路要以加强关键工程和断头路段建设为重点，加快国家高速公路网建设，加强区域对外通道、区域内省际通道、重要的城际快速通道、跨海湾和跨长江通道及重要疏港高速公路建设。抓紧编制实施沿海港口发展总体规划，加强港口群协调发展。提高长江"黄金水道"、京杭运河等高等级航道通航标准，完善集装箱运输系统、外贸大宗散货海进江中转运输系统、江海物资转运系统和客运系统。积极推进空域管理和使用方式改革，科学利用空域资源，加强航空枢纽与配套支线机场建设。

（二十三）构建区域能源安全体系。进一步优化能源结构，鼓励发展可再生能源和清洁能源。加快石油、天然气基础设施建设，共同推进石油和液化天然气码头建设，完善油气输送管道网络，加强油气战略储备，加快建设区域石油流通枢纽和交易中心，研究建立区域天然气交易中心。改善煤炭运输条件，研究规划建设大型储煤基地。优化电力基础设施建设与布局，重点在沿海、沿江地带布置电源点，加快西电东送、北电南送和皖电东送输变电线路等的规划和建设，建设过江电缆通道。加快核电的规划和建设，进一步做好江苏沿海等地

区的风电项目规划建设。

（二十四）改善水利基础设施。按照水资源和水环境承载能力，统筹协调区域水利基础设施建设，构筑防洪减灾体系、水资源合理配置和高效利用体系、饮用水安全保障体系以及水生态环境保护体系。加快实施太湖流域第二轮治理、长江口综合整治、淮河治理和沿海防浪堤及防护林等重点工程建设，加强城市防洪排涝能力建设，继续实施病险水库除险加固，加强蓄滞洪区建设和管理，加强低洼易涝地区和山洪灾害易发区综合治理。加快水源工程等水资源调蓄和配置工程建设，继续加强重点地区、重点城市河湖治理和水生态修复工程建设。加快水文、水资源和水环境实时监控系统建设。加强水资源统一管理，完善流域综合管理体制。

（二十五）改进和健全信息基础设施。统筹规划，加快推进区域信息一体化，统一数据标准，完善信息资源共建共享机制。完善信息网络基础设施，不断提高网络性能和技术水平，务实推进"三网"（电信网、广播电视网、计算机网）融合，组织推进光纤接入等高速接入技术的试点，促进传统电信网向宽带综合信息服务网络发展，强化网络信息安全与应急保障基础设施建设。加快区域空间信息基础设施建设，提高地理空间信息社会化应用与共享程度。推进综合性网络应用工程、公益性信息服务工程、企业信息化等重点应用项目建设。促进高速公路电子收费系统、交通信息联网、危急抢险信息联网建设。

八、推进资源节约型和环境友好型社会建设，全面提高可持续发展能力

（二十六）提高土地节约和集约利用水平。坚决实行最严格的土地管理制度，严格执行土地利用总体规划和土地利用年度计划，切实保护耕地和基本农田，加强土地资源需求调控，实行更严格的区域土地供应政策和市场准入标准，制定并实行合理的新建项目土地使用率标准，严格控制新增建设用地。加强对存量建设用地的调整和改造，加大对闲置土地行为的处罚力度，积极盘活闲置和空闲土地。积极开展土地复垦，大力加强农村土地整理，适度开发宜耕后备资源。加强围海造地的管理和调控，合理有序开发利用滩涂资源。

（二十七）全面推进节能降耗。加强区域产业政策和环保政策的衔接，完善节能减排地方性法规。对新建、改建、扩建等涉及新增能力的项目，率先实行国际先进水平的能耗、物耗、水耗等标准。突出抓好高耗能行业和重点耗能企业的节能降耗工作，全面实施节能降耗重点工程，着力推进节能降耗科技进步。到2010年全部淘汰国家产业政策明令禁止的落后生产能力。着力抓好高耗水行业的节水改造和水的循环利用，加强工业、农业和城市节水，全面推进节水型社会建设。大力推动发展节能省地环保型建筑，推进政

府办公建筑及大型公共建筑节能运行与改造，新建筑严格实施节能强制性标准。大力发展资源再生和环保产业。大力发展循环经济，实现清洁发展。落实节能降耗目标责任制。

（二十八）强化环境保护和生态建设。加强区域生态环境的共同建设、共同保护和共同治理。落实《太湖流域水环境综合治理总体方案》和《淮河流域水污染防治规划》，加强杭州湾、长江沿岸、长江口和近海海域污染综合治理和生态保护。实行更严格的环境保护标准。完善区域污染联防机制，推进区域环境保护基础设施共建、信息共享和污染综合整治。加快规划和建设城乡污水处理和生活垃圾处理设施，强化对已建成污染治理设施的运行监管。治理农村面源污染，加大畜禽养殖污染防治力度。加大江河湖库饮用水源地建设，加强饮用水水源地保护，确保饮用水安全。坚决关停达不到污染物排放标准的企业，治理工业污染，大幅减少燃煤电厂二氧化硫和汽车尾气排放，控制高架源氮氧化物的排放。加大水土流失综合防治力度，加强水土保持清洁型、生态型小流域综合治理。严格执行开发建设项目"三同时"（建设项目环保设施与主体工程同时设计、同时施工、同时投产使用）和水土保持方案报告制度。加强林业生态建设，增强涵养水源等能力。强化地下水资源保护，遏制地下水超采，建立区域联动机制，防治地面沉降，保护地质环境。建立海洋重大污染事件通报和海区关闭制度。健全环境违法行为联合惩处机制，加强联合执法检查，完善跨界污染防治的协调和处理机制。披露环境信息，建立健全社会公众参与和监督机制。落实污染减排考核和责任追究制度，实行环境保护一票否决和问责制。研究推进排污权交易和建立生态环境补偿机制。

九、加强文化建设和社会事业建设，促进经济社会协调发展

（二十九）切实加强社会文化建设。运用生动活泼、寓教于乐的形式，广泛开展社会主义核心价值体系宣传普及活动，大力弘扬爱国主义、集体主义、社会主义思想，为和谐社会建设注入精神动力。切实加强社会公德、职业道德、家庭美德和个人品德建设，形成文明健康的社会风尚。建立区域文化联动发展协作机制，制定区域文化发展规划。不断深化文化体制改革，着力推进文化创新，加快文化产业基地和区域性特色文化产业群建设。建立完善覆盖城乡的公共文化服务体系，重视城乡区域文化协调发展，着力丰富农村、相对落后地区和进城务工人员的精神文化生活。加强网络文化建设与管理，营造良好的网络环境。加强中华优秀文化传统教育，认真做好文物和非物质文化遗产保护，不断扩大对外文化交流。

（三十）着力推进社会事业发展。整合区域社会事业资源，强化教育、卫

生、体育等领域的合作与交流。推进义务教育实现"双高普九"，率先基本实现教育现代化，基本普及包括学前教育、义务教育和高中阶段教育在内的 15 年教育，全面提高高等教育质量，显著提升高校科技创新与服务能力。大力发展职业教育，加快建立完善的区域职业教育培训体系。建立更加完善的现代国民教育体系和终身教育体系，加快学习型社会建设。着力构建覆盖城乡的公共卫生服务体系、医疗服务体系、医疗保障体系、药品供应保障体系。建立健全区域内疾病预防控制、卫生监督、突发公共卫生事件应急处理协调机制和联防联控网络。积极发展体育产业，加快构建全民健身服务体系。

（三十一）加快完善就业和社会保障体系。制定统一规范的劳动用工制度，完善转移就业的政策制度，建立区域人力资源市场。逐步完善就业服务、社会保障服务、信息服务和劳动维权等人力资源市场管理体系。鼓励自谋职业和自主创业。加快建立覆盖城乡居民的社会保障体系，继续完善城镇企业职工基本养老保险制度，加快实现省级统筹，积极推行农村养老保险制度，切实做好被征地农民就业培训和社会保障工作。完善城镇职工基本医疗保险制度，推进城镇居民基本医疗保险制度试点和新型农村合作医疗制度建设。完善失业保险制度，扩大工伤和生育保险覆盖面。鼓励发展补充性保险。加快社会保障服务中心建设，随着经济发展适当提高社会保障标准。规范灾民救助制度和农村五保供养制度，健全教育救助、医疗救助、住房救助、司法救助等专项救助制度，率先建立较为完善、覆盖城乡的社会救助体系。发展适度普惠型社会福利事业，扩大社会福利覆盖范围。大力培育各类慈善组织。率先建立更加科学合理的收入分配调节机制和宏观监测机制，努力缩小城乡、地区和居民间的收入差距。

（三十二）加强外来人口服务和管理。改革区域户籍制度，逐步实行以居住证为主的属地化管理制度。保障外来务工人员子女的同等受教育机会。完善和落实国家有关农民工的政策，切实维护农民工的合法权益。在国家统一规划指导下，建立社会保险关系跨统筹区转移制度和信息网络，完善参保人员社会保险关系转移、衔接的政策措施。建立健全区域内流动人口管理与服务协调机制。健全流浪乞讨人员救助管理制度。

十、着力推进改革攻坚，率先建立完善的社会主义市场经济体制

（三十三）大力推进行政管理体制改革。切实转变政府职能，全面实现政企分开、政资分开、政事分开以及政府与中介组织分开，进一步强化社会管理和公共服务职能，加快构建责任政府和服务政府。创新政府管理模式，减少和规范行政审批，积极利用市场机制和法律法规进行管理，必不可少的行政审批尽

可能采取核准和备案方式。深化机构改革，优化政府管理层次，加强社会管理机构，完善经济调节机构，合并职能相同或相近的政府部门，规范各种类型的办事机构，减少行政层级，提高运行效率。

（三十四）继续推进非公有制经济发展和国有企业改革。推进公平准入，改善融资条件，优化政策环境，促进非公有制经济发展，支持有条件的中小企业做大做强。开展相关试点工作，探索、引导和推动个体、私营企业制度创新，优化产业结构，提高自主创新能力，实现科学发展。加强和改进对非公有制企业的服务和监管，切实维护企业和职工合法权益。加快国有大型企业和国有垄断企业公司制股份制改革和战略并购重组，鼓励发展具有国际竞争力的大企业集团。运用多种有效方式，推动国有资本、民营资本和外资经济的融合，积极发展混合所有制经济。平等保护各类产权，推动形成各种所有制经济平等竞争、相互促进的新格局。

（三十五）加快市场化进程。建立统一开放的产品、技术、产权、资本、人力资源等各类市场，实现生产要素合理流动和资源优化配置。进一步整顿和规范市场秩序，以信贷、纳税、合同履约等信用记录为重点，建立区域社会信用平台与体系，构建经济、金融信息共享平台。实施统一的准入标准和技术标准，建立区域市场准入和质量互认制度。抓紧清理和修订阻碍要素合理流动的法规和政策，逐步统一企业创业和经营的地方性法规。完善财税管理体制。建立科技、人力资源共享和联动机制以及人力资源的合理流动机制，建立信息资源的开放共享机制，建立知识产权的协调保护机制。

（三十六）着力构建规范透明的法制环境。进一步清理、修订、完善现有政策和各类法规，建立稳定、规范和可预见的政策环境以及与国际通行做法相适应的法制环境，加快建立与国际接轨的法律规则。大力推进依法行政，加强政府法制建设。加快推进政务公开，建立公开、透明的行政体制和问责机制，实行投诉制、评估制、公示制和监察制，建立完善的监管制度。加强区域立法工作的合作与协调，形成区域相对统一的法制环境。

（三十七）继续推进重大改革试验。深化上海浦东综合配套改革试点，推广相对成熟、行之有效的改革政策。对具备一定人口规模和经济实力的中心镇赋予必要的城市管理权限。在国家批准的范围内，实行城镇建设用地增加和农村建设用地减少挂钩的改革试点，在严格执行土地用途管制的基础上，促进农村集体建设用地依法流转。积极探索互利共赢的财政政策，有序推动异地联合兴办开发区。深化金融改革，扩大金融改革试点。推动外汇管理改革创新，优化企业跨区域外汇业务规程，支持中外资金融机构提供多样化的外汇服务。推进地方中小金融机构和农村金融机构改制、重组和上市。

十一、健全开放型经济体系，全面提升对外开放水平

（三十八）加快转变外贸增长方式。进一步优化进出口结构，鼓励高附加值产品、服务产品出口，大力支持自主品牌和自主知识产权产品出口。鼓励能源、原材料、先进技术装备、关键零部件进口。率先实现加工贸易转型升级，严格执行加工贸易禁止类和限制类产品目录，推动加工贸易由代加工逐步向代设计、自主品牌转变，推动加工贸易梯度转移。率先推行符合国际惯例的质量、安全、环保、技术、劳工等标准，强化企业社会责任。加快推进海关特殊监管区域整合，推进大通关建设。

（三十九）着力提高利用外资质量。统筹协调对外开放政策，完善涉外经济管理体制。继续积极有效利用外资，更加注重引进先进技术、管理经验和智力资源。创新外商投资管理方式，试行对外商投资企业合同、章程的格式化审批。进一步优化外资结构，引导外资投向高新技术产业、基础设施领域和高端制造环节。大力承接国际服务外包。积极拓展利用外资方式，规范和引导外国投资者以多种方式参与国有企业改组改造以及向上市公司战略投资。在有条件的地方，扩大离岸金融试点。规范招商引资行为，实行相对统一的土地、税收政策，营造公平、开放的投资环境。

（四十）加快企业"走出去"步伐。鼓励各类有条件的企业开展对外投资与合作，在海外建立生产加工基地、营销网络和研发中心，在境外投资、海关通关、人员出入境、税收等方面予以支持。加大对企业境外重点开发项目的支持力度。鼓励对外工程承包，简化境外工程承包相关物资出口的退税审批手续，简化对境外工程承包相关设备出境的外汇管理。鼓励国内商业银行进一步扩展海外网点和业务，为企业境外并购融资。选择有条件的企业开展国际贸易人民币结算试点。

十二、加强组织协调，全面落实各项任务

（四十一）加强统筹协调。推进长江三角洲地区改革开放和经济社会发展是一项系统工程，各有关方面要认真贯彻落实本指导意见提出的各项目标和任务。两省一市要根据本指导意见的要求，研究制订切实可行的实施方案，落实各项工作任务；要深入实际调查研究，及时总结经验，扎实推进，重大问题要及时向国务院报告。由国家发展和改革委员会牵头，抓紧编制《长江三角洲地区区域规划》，并做好与相关规划的衔接协调、组织实施和各项政策措施落实的督促检查工作。国务院各有关部门要加快职能转变，增强服务意识，根据本指导意

见研究提出本部门支持和推进长江三角洲地区改革开放和经济社会发展的具体措施。

（四十二）完善合作机制。要积极探索新形势下管理区域经济的新模式，坚持政府引导、多方参与，以市场为基础、以企业为主体，进一步完善合作机制，着力加强基础设施建设、产业分工与布局、生态建设与环境保护等方面的联合与协作。积极推进泛长江三角洲区域合作，要进一步加强与中西部地区经济协作和技术、人才合作，带动和帮助中西部地区发展。积极推进与港澳台的经济联系与合作。

实现长江三角洲地区又好又快发展，事关国家改革开放和现代化建设大局。两省一市和国务院各有关部门要加强合作，团结奋斗，真抓实干，创造性地开展工作，努力促进长江三角洲地区在高起点上争创新优势、实现新跨越。

国务院

二〇〇八年九月七日

国务院关于支持福建省加快建设
海峡西岸经济区的若干意见

国发〔2009〕24 号

各省、自治区、直辖市人民政府，国务院各部委，各直属机构：

为贯彻落实党的十七大精神、国民经济和社会发展"十一五"规划纲要的部署，支持和推动福建省加快建设海峡西岸经济区，促进该地区又好又快发展，现提出以下意见。

一、充分认识支持福建省加快建设海峡西岸经济区的战略意义，明确总体要求和发展目标

（一）重大意义。海峡西岸经济区东与台湾地区一水相隔，北承长江三角洲，南接珠江三角洲，是我国沿海经济带的重要组成部分，在全国区域经济发展布局中处于重要位置。福建省在海峡西岸经济区中居主体地位，与台湾地区地缘相近、血缘相亲、文缘相承、商缘相连、法缘相循，具有对台交往的独特优势。近年来，福建省大力推进海峡西岸经济区建设，综合实力不断增强，为进一步加快发展奠定了坚实基础。当前，两岸关系出现重大的积极变化，为海峡西岸经济区加快发展和开展与台湾地区合作提供了重要机遇。支持福建省加快海峡西岸经济区建设，是进一步发挥福建省比较优势，实现又好又快发展的

迫切需要；是完善沿海地区经济布局，推动海峡西岸其他地区和台商投资相对集中地区发展的重大举措；也是加强两岸交流合作，推进祖国和平统一大业的战略部署，具有重大的经济意义和政治意义。

（二）总体要求。高举中国特色社会主义伟大旗帜，坚持以邓小平理论和"三个代表"重要思想为指导，深入贯彻落实科学发展观，从维护中华民族核心利益、促进祖国统一的大局出发，牢牢把握两岸关系和平发展的主题，着力推进两岸交流合作，促进两岸互利共赢；着力转变经济发展方式和增强自主创新能力，提高经济发展质量和水平；着力统筹城乡和区域发展，提高经济社会发展的协调性；着力深化改革开放，增强发展的动力和活力；着力改善民生，推进社会主义和谐社会建设；着力加强生态文明建设，提高可持续发展能力，将海峡西岸经济区建设成为经济持续发展、文化更加繁荣、综合竞争力不断增强、人民群众安居乐业的和谐区域，为全局做出更大贡献。

（三）战略定位

——两岸人民交流合作先行先试区域。发挥海峡西岸经济区独特的对台优势和工作基础，努力构筑两岸交流合作的前沿平台，实施先行先试政策，加强海峡西岸经济区与台湾地区经济的全面对接，推动两岸交流合作向更广范围、更大规模、更高层次迈进。

——服务周边地区发展新的对外开放综合通道。从服务、引导和促进区域经济协调发展出发，大力加强基础设施建设，构建以铁路、高速公路、海空港为主骨架主枢纽的海峡西岸现代化综合交通网络，使之成为服务周边地区发展、拓展两岸交流合作的综合通道。

——东部沿海地区先进制造业的重要基地。立足现有制造业基础，加强两岸产业合作，积极对接台湾制造业，大力发展电子信息、装备制造等产业，加快形成科技含量高、经济效益好、资源消耗低、环境污染少、人力资源优势得到充分发挥的在全国具有竞争力的先进制造业基地和两岸产业合作基地。

——我国重要的自然和文化旅游中心。充分发挥海峡西岸经济区的自然和文化资源优势，增强武夷山、闽西南土楼、鼓浪屿等景区对两岸游客的吸引力，拓展闽南文化、客家文化、妈祖文化等两岸共同文化内涵，突出"海峡旅游"主题，使之成为国际知名的旅游目的地和富有特色的自然文化旅游中心。

（四）发展目标

——到2012年，在优化结构、提高效益、降低消耗、保护环境的基础上，人均地区生产总值接近或达到东部地区平均水平，着力科学发展先行，力争在一些领域走在全国前列；城乡居民收入显著提高，基本公共服务水平明显改善；地方财政收入较大幅度增长；单位生产总值能耗持续下降；生态环境继续改善；服务两岸直接"三通"的主要通道基本形成并不断完善，两岸人民交流合作的前沿平台功能更加凸显。

——到 2020 年，率先建立充满活力、富有效率、更加开放、有利于科学发展的体制机制。统筹协调能力明显提高，社会就业更加充分，社会保障体系健全，人民生活更加富足，社会更加和谐。资源利用效率明显提高，生态环境优美，可持续发展能力增强，生态文明建设位居全国前列，科学发展达到新的水平，实现全面建设小康社会的目标。闽台经济融合不断加强，促进形成两岸共同发展的新格局。

二、发挥独特的对台优势，努力构筑两岸交流合作的前沿平台

（五）建设两岸经贸合作的紧密区域。按照同等优先、适当放宽的原则，以信息、石化、机械、船舶、冶金等产业为重点，提升台商投资区和国家级经济技术开发区的载体作用，密切与台湾相关行业协会、企业的联系，促进两岸产业深度对接，形成以厦门湾、闽江口、湄洲湾等区域为主的产业对接集中区。发挥海峡两岸农业合作试验区、现代林业合作实验区的窗口、示范和辐射作用，促进对台农业资金、技术、良种、设备等生产要素的引进与合作。推动对台离岸金融业务，拓展台湾金融资本进入海峡西岸经济区的渠道和形式，建立两岸区域性金融服务中心，推动金融合作迈出实质性步伐。建立海峡两岸旅游合作机制，共推双向旅游线路，培育"海峡旅游"品牌。加强与台湾现代服务业合作，建设海峡西岸物流中心。实行更加开放的对台贸易政策，扩大对台贸易。健全涉台法律法规，依法保护台胞的正当权益，为台胞投资兴业、交往交流提供便利条件和优质服务。制定相关政策措施，鼓励和支持有条件的企业到台湾投资兴业，推动建立两岸产业优势互补的合作机制，促进两岸经济共同发展。

（六）建设两岸文化交流的重要基地。全方位、多层次开展与台湾地区的交往，推动文化交流、人员互动。加快推进闽南文化生态保护实验区建设，提升闽台缘博物馆的交流功能。深入开展两岸文化对口互动活动，深化两岸科技、教育、卫生、体育等方面合作。加强祖地文化、民间文化交流，进一步增强闽南文化、客家文化、妈祖文化连接两岸同胞感情的文化纽带作用。

（七）建设两岸直接往来的综合枢纽。加快完善两岸直接"三通"基础条件，提升对台开放合作整体功能。规划建设对台交通通道，推进对台直接航运。进一步扩大口岸开放，加强口岸基础设施和大通关机制建设，实现福建电子口岸互联互通和信息共享。健全两岸人流、物流往来的便捷有效管理机制，促进海峡西岸经济区与台湾地区直接往来。增设直接往来货运口岸，推动空中直航，把该地区建设成为两岸交流交往、直接"三通"的主要通道和平台。

三、加快现代化基础设施建设，强化发展保障

（八）加强综合交通运输网络与对外通道建设。按照促进海峡西岸经济区发展和两岸直接"三通"的要求，大力推进交通基础设施建设，形成内地到福建的便捷交通走廊。整合港湾资源，形成以厦门港、福州港为主，布局合理的东南沿海地区港口发展格局。集中力量加快海峡西岸经济区高速公路网建设，尽快打通省际间的断头路，加强纵深推进、南北拓展的高速公路建设，加快建设北京至福州高速公路，尽快形成高速公路网络。将海峡西岸经济区铁路发展项目纳入国家中长期铁路网调整规划，加快建设温福、福厦、厦深、龙厦、向莆铁路，规划建设北京至福州、昆明至厦门高速铁路以及城际铁路和一批港口铁路支线，形成连接海峡西岸经济区与长三角、珠三角以及中西部地区的大运力快捷铁路运输通道。完善厦门、福州等机场两岸空中直航的设施条件，合理布局支线机场，开辟国内外新航线，形成以福州、厦门国际机场为主的干支线机场相结合的空港布局。

（九）加强沿海能源基础设施建设。充分利用优良港口条件，积极利用国际国内两种资源，强化能源保障，优化能源结构。结合沿海煤运港口的建设，合理布局沿海大型煤电，适时推进超临界、超超临界火电建设。进一步完善核电厂址前期工作，加快推进宁德、福清核电等项目建设。积极发展风力、潮汐等新能源。进一步完善电网建设，加强与华东电网的联网，加快开展与南方电网联网的前期工作。布局建设石油储备基地和煤炭中转基地。加强台湾海峡油气资源的合作勘探和联合开发。结合液化天然气接收站的布局，加快输气管网建设，逐步提高民用燃气覆盖率。

（十）加强城乡公共设施建设。改善城市间道路交通条件，加强对外交通与内部道路的衔接。完善城市内道路路网结构，提高路网密度。推进福州、厦门、泉州等城市轨道交通发展，提高城市道路标准。进一步健全城市道路桥梁、供水、供气、防洪、污水和垃圾处理等市政基础设施功能，提高人口承载能力。努力改善乡村交通、饮水安全、人居环境等条件。加强水源与供水工程建设，适时开工建设一批具有防洪、灌溉、供水等功能的综合水利枢纽。合理规划和建设跨区域、跨流域水资源配置工程，确保城乡供水安全。切实解决沿海岛屿供水问题，适时推进向金门、马祖等地供水、供电及铺设海底通信缆线工程建设。

四、增强自主创新能力，推进产业结构升级

（十一）加强海峡西岸区域创新体系建设。采取更加有效的政策措施，大力推进集成创新和引进、消化、吸收再创新，努力打造特色鲜明的区域创新体系。

健全多元化科技投入体系，建立稳定的各级财政科技投入增长机制。整合科技资源，推动跨部门、跨区域的科技合作。支持信息、医药、生物、新材料、新能源、海洋等领域应用基础研究，加强高技术和产业关键共性技术开发，造就一批竞争力强的优势企业和知名品牌。鼓励、支持台商投资高新技术园区，吸引台湾科研机构和科技人员共同创建创新平台。建设海峡西岸高新技术产业带，使之成为承接台湾高新技术产业与技术转移的载体。加强国家重点实验室、工程技术（研究）中心和公共服务平台建设。加快科技成果转化与应用，提高科技对经济增长的贡献率。

（十二）大力发展现代农业。按照高产、优质、高效、生态、安全的要求，加快转变农业发展方式，促进农业结构优化升级，构建现代农业产业体系。加快农业科技创新，加强农业新品种、新技术、新肥料、新农药、新机具的推广应用。加强对农业的支持和保护。稳定发展粮食生产，努力保持粮食自给能力不降低。大力发展畜牧业、园艺业、林竹产业、水产业等优势产业，积极培育水产品、蔬菜、水果、食用菌、茶叶、花卉等特色农产品。大力发展品牌农业，支持培育一批农产品加工示范园区、示范企业和示范项目，扶持壮大农业产业化龙头企业。加强闽台农业合作，推进农产品出口加工基地建设，扩大特色优势农产品出口。加强农业基础设施建设，提高土地产出率、资源利用率。加快农产品质量安全体系建设，建立健全新型农业社会化服务体系。

（十三）建设海峡西岸先进制造业基地。坚持走新型工业化道路，加快转变经济发展方式，提升产业发展水平。着力发展先进制造业，重点发展电子信息、装备制造、石油化工等产业。加快发展集成电路设计和软件、光电、消费电子、生物医药、精密仪器、环保、新材料等高新技术产业，着力应用高新技术和先进适用技术改造提升建材、冶金、纺织、食品等传统优势产业。实施品牌带动战略，扶持重点骨干企业发展，培育一批拥有自主知识产权、主业突出、竞争力强的大企业、大集团。鼓励建立与台湾产业配套的以及大陆台资企业所需的零部件、原辅材料中心。加快培育特色优势产业，着力培育产业集群，形成具有较强竞争力的现代产业体系。

（十四）加快发展现代服务业。积极承接台湾现代服务业转移，依托中心城市、产业集聚区、货物集散地、交通枢纽和港口资源，建设福州、厦门、泉州等物流节点和一批现代物流中心。依托临港工业和台资企业集中区，合作建设物流配送或专业配送中心。依托保税港区、保税物流园区，建设联结海峡两岸的现代物流中心。依托福州、厦门软件园，发展软件服务外包、动漫游戏产业，培育承接服务外包业务的专业企业，吸引台湾企业乃至世界跨国公司服务外包转移。积极发展信息服务业。大力吸引台湾企业到海峡西岸经济区设立地区总部、配套基地、采购中心、物流中心、营运中心和研发中心。积极发展面向台湾及海外的会展业。以滨海旅游、生态旅游、红色旅游和文化旅游为重点，进一步整合旅游资源，加强旅游景点及配套设施建设，办好各类旅游节庆活动，丰富旅游产品，开拓旅游市场，培育一批有特色、有影响、有效益的旅游精品。

（十五）建设现代化海洋产业开发基地。充分利用海洋资源优势，推进临港工业、海洋渔业、海洋新兴产业等加快发展。坚持高起点规划、高标准建设，将沿海港口作为大型装备制造业项目布局的备选基地，合理布局发展临港工业。以厦门湾、湄洲湾等为依托，建设以石化、船舶修造等为重点的临港工业集中区，成为带动区域经济发展的新增长点。推广名优新品种和生态养殖模式，建设生态型海水养殖和海水产品加工基地。加快渔港建设。加强海上通航和救援合作，推动建立海上救援协作机制，完善台湾海峡防灾减灾体系。加强海洋科技中试基地及研发平台建设，加快培育海洋药品、保健食品、海水综合利用等新兴产业，形成若干以港湾为依托具有较强竞争力的临港经济密集区。

五、统筹区域内协调发展，促进互动融合

（十六）推进形成科学合理的主体功能区。发挥发展基础较好、环境资源承载能力较强等有利条件，把海峡西岸沿海具备条件的地区作为全国主体功能区的重点开发区域，推进新型工业化和城镇化，进一步提高人口与经济聚集程度。在山区贯彻以保护为主、开发为辅的原则，最大限度地保护山川秀美的生态环境。按照贯彻落实科学发展观的要求，做好主体功能区规划编制，科学划分主体功能区域，完善区域发展政策，创新管理体制，强化陆海统筹、山海联动，优化基础设施和产业布局，促进经济社会发展和资源环境相协调。

（十七）统筹城乡协调发展。加强海峡西岸城市群发展的规划协调，提高城市建设与管理水平，增强产业和人口承载能力、辐射带动能力，逐步形成以区域中心城市为骨干、中小城市和小城镇为基础的城镇体系。统筹好土地利用总体规划、城乡规划、基础设施建设、就业、社会保障等的发展，加快建立城乡基础设施共同发展机制、城乡公共服务均等供给制度、城乡衔接的社会保障体系，促进基础设施向农村延伸、公共服务向农村拓展、社会保障向农村覆盖。各大中城市要切实履行市带县、市帮县的责任，加大城市人才、智力、资金等对农村的支持，加快社会主义新农村建设，实现以城带乡，统筹发展，加快形成城乡经济社会一体化发展新格局。

（十八）促进欠发达地区发展。加快海峡西岸经济区的革命老区、原中央苏区县、少数民族地区、海岛、水库库区等欠发达地区的发展，加大财政转移支付力度，增加对这些地区在教育、医疗、社会保障、基础设施等方面的投入，

不断改善生产生活条件，逐步实现基本公共服务均等化。立足资源优势和市场需求，大力扶持特色产业发展，提高农产品和特色资源深加工水平，推进农村扶贫开发。加大劳动力就业技能培训，合理有序推进农村劳动力转移。进一步完善和落实沿海对山区对口帮扶工作机制。积极推动包括台资企业在内的符合环保要求的沿海地区劳动密集型产业向福建山区转移，促进这些地区加快发展。

（十九）推动跨省区域合作。加强海峡西岸经济区与长三角、珠三角的经济联系与合作，促进优势互补、良性互动、协调发展，进一步完善沿海地区经济布局。发挥闽浙赣、闽粤赣等跨省区域协作组织的作用，加强福建与浙江的温州、丽水、衢州，广东的汕头、梅州、潮州、揭阳，江西的上饶、鹰潭、抚州、赣州等地区的合作，建立更加紧密的区域合作机制。加强重大项目建设的协调，推进跨省铁路、高速公路、港口等重大基础设施项目统筹规划布局和协同建设，畅通海峡西岸经济区港口与腹地的通道。加强电子、机械、旅游、物流等产业的对接，推动产业集群发展和合理布局，形成产业对接走廊。加强市场开发，建设区域共同市场，促进人流、物流、资金流、信息流的无障碍流动。统筹协调区域内对台交流合作的功能分工，提升海峡西岸经济区与台湾地区的对接能力。

六、全面深化改革开放，增强经济社会发展动力活力

（二十）增创体制机制新优势。进一步发挥厦门经济特区在体制机制创新方面的试验区作用。从海峡西岸经济区的实际出发，围绕建立有利于科学发展的体制机制和扩大两岸交流合作的需要，先行试验一些重大改革措施。继续深化农村综合改革，推进城乡统筹综合配套改革试验，建立以工促农、以城带乡的长效机制。在严格执行土地用途管制的基础上，促进农村集体建设用地依法流转，逐步建立城乡统一的建设用地市场。深化金融改革与创新，扩大金融改革试点，在多种所有制金融企业、离岸金融业务等方面进行改革试验，完善创业风险投资机制。深化行政管理体制改革，着力转变政府职能，提高行政效能。加强法制建设，大力推进依法行政，着力构建规范透明的法制环境。进一步改善民营经济发展环境，激发民营经济发展活力。大力推进外贸、港口、社会管理等领域改革，探索建立有利于扩大两岸交流合作的新机制。

（二十一）积极合理有效利用外资。提高利用外资水平，更加注重引进先进技术、管理经验和智力资源。创新外商投资管理方式，简化审批程序。进一步优化外资结构，引导外资投向主导产业、高新技术产业、现代服务业和节能环保等领域。积极研究海峡西岸经济区范围内的国家级开发区扩区、调整区位和省级开发区升级，拓展开发区的功能，提高土地利用率。加强海关特殊监管区域建设，积极推进各类海关特殊监管区域的整合。支持在台商投资区和台资企

业密集地区开展海关保税物流中心试点。规范招商引资行为，实行统一的土地、税收政策，营造公平、开放的投资环境。

（二十二）加快转变外贸增长方式。进一步优化进出口结构，鼓励高技术含量高附加值产品、服务产品和农产品出口，大力支持自主知识产权、自主品牌产品出口，严格限制高耗能、高污染、资源性产品出口。积极扩大对台进出口贸易。鼓励经济发展急需的先进技术、关键设备和重要资源进口。加快加工贸易转型升级，引导加工贸易向产业链高端发展。鼓励优势企业参与海外资源开发，建立境外生产、营销和服务网络，带动商品出口和劳务输出。积极推进保税加工、保税物流业发展，大力发展国际中转、配送、采购、转口贸易和加工制造等业务。

（二十三）深化与港澳侨合作。充分利用内地与港澳更紧密经贸关系安排的机制，进一步提升闽港澳经济合作的层次和水平。加强与港澳在服务业领域的合作，引入港澳资金、先进技术和管理经验，加快发展现代服务业。吸引更多的港澳金融机构到福建设立分支机构或投资参股，支持符合条件的福建企业到香港上市融资。利用香港的融资渠道和营销网络，积极开展联合招商，推动福建企业到香港设立营销中心、运营中心，扩大对港贸易和转口贸易。加强福建与港澳的物流业合作，建立跨境物流网络。加强闽港澳旅游合作，推动旅游线路对接延伸。充分发挥福建海外华侨华人众多、爱国爱乡的优势，充分利用各种有效平台作用，积极引进侨智，大力吸引海外侨胞来闽投资，引导更多的华侨华人支持和参与海峡西岸经济区建设。

七、加快社会事业发展，促进社会和谐

（二十四）大力推进人力资源建设。以人才资源能力建设为核心，着力培养学术技术带头人、科技领军人才和一线创新人才，抓紧培养先进制造业和现代服务业所需的高技能应用型人才，为海峡西岸经济区建设提供坚强的人才保证和智力支持。加强人的能力素质建设，支持发展职业教育，培养高素质劳动者和实用性、技能型人才。调整高校学科设置，加快培养经济建设紧缺急需的人才，建立起与两岸产业对接相适应的人才培养结构，提升高等教育质量和水平。进一步拓展两岸职业教育合作，支持开展两岸校际合作、职业培训、资格考试和认证、职称评定、人才引进和人力资源开发等试点工作。健全人才政策体系，鼓励台湾科技、教育等领域人才到海峡西岸经济区创业，形成广纳群贤、充满活力的吸引人才和使用人才的良好风尚。

（二十五）加强文化基础设施建设和文化产业发展。大力推进文化基础设施建设，加快建立覆盖城乡的公共文化服务体系，建立健全运行保障机制。加大

投入力度，加强图书馆、博物馆、文化馆、文化站等文化设施建设，积极推进文化信息资源共享、广播电视"村村通"和农村电影放映等文化工程建设，进一步完善城乡公共文化服务网络。加强网络文化建设和管理，营造良好网络环境。整合文化资源，打造一批地域特色明显、展现海峡西岸风貌、在国内外具有影响力的文化品牌，重点保护发展闽南文化、客家文化、妈祖文化、红土地文化、船政文化、畲族文化、朱子文化等特色文化。加强文物、非物质文化遗产保护，完善历史文化名城等基础设施，妥善保护历史文化街区。推动文化与经济融合，大力发展文化创意产业，建立海峡两岸文化产业合作中心，着力培育专、精、特、新文化企业，努力使海峡西岸经济区成为全国重要的文化产业基地。

（二十六）着力改善民生。巩固提高九年义务教育，把义务教育重点放在农村，调整农村义务教育布局结构，完善义务教育经费保障机制。实施积极的就业政策，改革劳动和就业管理体制，完善公共就业服务体系，建立城乡统一、区域协调的人力资源市场和平等的就业制度。加强城市社区、农村卫生服务体系建设，全面推行城镇居民基本医疗保险和新型农村合作医疗。大力推进各项社会救助制度建设，特别要关注对困难台胞台属的救助，加快完善覆盖城乡居民的社会保障体系。健全社会保障性住房制度，切实解决城市低收入家庭住房困难。加强和完善社会管理，维护社会安定团结，保障人民安居乐业。

八、加快生态文明建设，实现经济社会可持续发展

（二十七）全面推进节能减排。落实节能减排目标责任制。强化固定资产投资项目节能评估和审查，对新上项目严把产业政策关、资源消耗关、环境保护关。大力实施重点节能工程，突出抓好高耗能行业和重点耗能企业的节能减排工作。引进台湾先进节能环保技术，积极推进和支持重点台资企业的节能减排。积极发展循环经济，开展国家循环经济试点。建立和完善再生资源回收体系，促进重点行业废弃物再利用和城市生活垃圾资源化利用，提高工业用水循环利用率。建立淘汰补偿机制，加快淘汰落后生产能力。

（二十八）加强生态建设和保护。积极推进集体林权制度改革，提高林地保护和管理能力，加强森林资源的抚育更新，保持森林覆盖率居全国前列；优化森林资源结构，提高森林资源质量，强化森林资源的生态功能。加强水资源管理，完善取水许可和水资源有偿使用制度，加强水资源总量控制和定额管理，健全流域管理和区域管理相结合的管理体制。完善闽江、九龙江等流域上下游生态补偿办法，推动龙岩、汕头、潮州建立汀江（韩江）流域治理补偿机制，

推进生态环境跨流域、跨行政区域的协同保护。

（二十九）强化环境综合整治。从源头上控制环境污染，加强污染治理、监测和监管。继续推进自然保护区和生态示范区、生态农业示范县、生态示范区、可持续发展实验区建设。加强台湾海峡海域、重要流域水环境综合治理、重点流域沿岸乡镇垃圾集中处理和规模化畜禽养殖场污染治理，提高流域水环境质量。推进主要江河水源地、严重水土流失区和生态脆弱区的综合治理与生态重建。加强沿海防护林体系工程建设，切实保护近岸海域生态系统。实施对重要生态功能区的抢救性保护、重点资源开发区生态环境强制性保护、生态环境良好区和农村生态环境积极性保护、风景名胜资源严格保护，维护生态平衡，保障生态安全。

九、加强组织领导，落实保障措施

（三十）加强统筹协调。支持海峡西岸经济区加快发展是中央确定的重要工作方针，国务院各有关部门要明确责任，从自身职能出发，抓紧制定细化方案和具体措施，将政策措施落到实处。

加强规划指导。由发展和改革委会同福建省及相关地区，商有关部门抓紧编制《海峡西岸经济区发展规划》，以指导和促进海峡西岸经济区充分发挥后发优势，在更高的起点上实现又好又快发展。在规划编制过程中，要注重与其他规划和相关政策的衔接。

加大资金投入和项目支持。中央财政转移支付、中央预算内专项资金和中央预算内投资，以及其他中央专项资金，都要加大对海峡西岸经济区的扶持力度，特别要加大对原中央苏区县、革命老区、少数民族地区的扶持力度。安排中央预算内投资等资金时，福建革命老区、少数民族地区等参照执行中部地区政策，福建原中央苏区县参照执行西部地区政策。适当降低中央投资项目地方投资比例，支持发展特色产业和重大项目建设，对海峡西岸经济区的基础设施建设给予专项补助。对具有全国或区际意义、有助于形成海峡西岸经济区整体竞争力的项目，在项目布点与审批、土地利用等方面给予重点支持。

（三十一）赋予对台先行先试政策。建设海峡西岸经济区，符合两岸人民的根本利益。要以中央对台工作总体方针政策为指导，在两岸综合性经济合作框架下，按照建立两岸人民交流合作先行区的要求，允许在对台经贸、航运、旅游、邮政、文化、教育等方面交流与合作中，采取更加灵活开放的政策，先行先试，取得经验。

支持扩大两岸经贸合作。按照同等优先、适当放宽的原则，鼓励承接台湾产业转移，允许国家禁止之外、不涉及国家安全的各类台商投资项目在海峡西岸经济区落地，加快台商投资项目审批。积极推动海峡两岸双向投资，对赴台投资项目简化审批程序，加快审批和核准节奏。在两岸建立长期、稳定的经贸合作机制过程中，允许海峡西岸经济区在促进两岸贸易投资便利化、台湾服务业市场准入等方面先行试验，适当增加对台合作的用地指标。设立对台农产品出口加工基地和台湾农业技术、新品种推广中心，增设台湾农民创业园。扩大"区港联动"政策覆盖范围，在现有海关特殊监管区域政策的基础上，进一步探索在福建沿海有条件的岛屿设立两岸合作的海关特殊监管区域，实施更加优惠的政策。探索进行两岸区域合作试点。积极推动建立两岸金融业监管合作机制，在此机制下，优先批准台资银行、保险、证券等金融机构在福建设立分支机构或参股福建金融企业，支持设立两岸合资的海峡投资基金，进一步扩大两岸货币双向兑换范围，逐步建立两岸货币清算机制。

支持两岸交流交往。把福建沿海机场、港口等作为两岸直接"三通"的首选地。适时增加福建沿海港口为对台海上货运直航口岸。推动福建机场与台湾实现空中直航，增加航班、航线。支持福建作为对台邮件总包交换中心。支持开拓对台旅游市场，适时扩大大陆居民从福建口岸赴台湾旅游。支持福建试行便利两岸人员往来的管理办法，包括为台湾本岛居民办理来往大陆通行证和大陆居民赴台旅游证件等。进一步发挥福建作为两岸事务重要协商地的作用。

支持平台载体建设。适时推进厦门、福州台商投资区扩区和新设立泉州台商投资区。支持继续办好涉台重大经贸文化活动。推动妈祖文化申报世界非物质文化遗产。设立海峡两岸文化产业园，建设一批对台文化交流与合作基地。

（三十二）强化组织实施。福建省要加强领导，周密部署，进一步解放思想，创新机制，明确工作责任，确保各项任务和政策措施落到实处。对与两岸经济交流比较密切的浙南、粤东、赣东南地区以及其他台商投资相对集中地区，也要予以积极支持。各地区各部门要认真学习贯彻党的十七大精神，深入贯彻落实科学发展观，积极支持配合本意见的实施，同心协力，扎实工作，努力把海峡西岸经济区经济社会发展推向新的阶段，在促进祖国和平统一大业和全国发展大局中发挥更大作用。

国务院
二〇〇九年五月六日

后 记 ....▶

在本书即将付梓之际，我心中充满了无限的欣喜、感慨与感激。欣喜的是，多年来在紧张忙碌的工作之余坚持挑灯夜战的艰辛与疲惫，终于换来了这部由我独立完成的学术著作，并能够呈现在读者面前，付出的心血与汗水总算有了回报。感慨的是，光阴荏苒，岁月如梭。从浙江钱江源出生，到武汉珞珈山求学，再到首都中南海工作，一路走来竟已度过 37 个春秋；从科技部调研室的"写作"，到国务院办公厅秘书局信息处的"编辑"和会议处的"跑办"，再到国务院应急办写、编、跑的"综合"，12 年职业生涯似乎完成了一个螺旋式的人生轮回。感激的是，各位师长、同事、家人和朋友，对我学业、工作和生活上一直以来的鼓励、爱护和支持，特别是国务院办公厅人事司和国务院应急办领导以及河北省任丘市党政班子的关心和培养，使我能够在挂职期间集中撰写完成本书。

本书的完成和出版，既凝聚着武汉大学经济与管理学院顾海良教授的心血，也得益于伍新木教授的指导和帮助，还汇聚着颜鹏飞教授等许多人的培养和关怀。首先感谢我的导师顾海良教授，为本书的研究创作指明了目标和方向。导师作为武汉大学校长，在我攻读经济学博士学位期间，对我的学习研究进行了精心指导和严格要求，为我创作此书奠定了坚实的理论基础。本书的撰写与修改，还得到了伍新木教授的悉心指导和热忱鼓励。伍老师待人处事的随和、治学态度的严谨和一丝不苟的务实作风，给我留下了深刻的印象。同时，还要感谢颜鹏飞教授、张秀生教授、严清华教授、曾国安教授，感谢曾给予我指导和帮助的母校其他教师。

本书在撰写过程中，参阅了大量的国内外研究资料、有关论著以及众多网站资料，吸收了关于区域经济问题的众多研究成果，特别是从张秀生、卫鹏鹏主编的《区域经济学理论》中充分吸取了区域经济学的系统理论知识，从邓宏兵主编的《区域经济学》中把握了空间经济学的最新研究成果，从郝寿义的《区域经济学原理》中领悟了区域经济新的分析框架和大量原创性理论亮点，为创作本书提供了有效的资料准备和思想启迪。在此，对这些作者和网站资料提供者表示衷心的感谢。

我要特别感谢国家行政学院常务副院长魏礼群教授、国务院研究室副主任宁吉喆教授、湖北社会科学院夏振坤教授、华中师范大学曹阳教授和曾菊新教授，他们对本书提出了中肯的评价和宝贵的修改意见，对本书的完善、出版起到了重要作用。感谢国家发展和改革委员会地区经济司司长范恒山教授在繁忙的工作中拨冗为本书作序。

我还要感谢科技部调研室刘琦岩博士、科技战略研究院常玉峰老师和科学出版社科学人文出版中心胡升华博士，他们对本书的修改、完善、评审以及出版资助等方面提供了力所能及的支持。最后，感谢我的妻子孙薇和岳父、岳母，是他们承担了抚育我年幼儿子的重任，解除了我的后顾之忧。没有她们的关爱、理解、支持和奉献，本书难以顺利完成。

经济区既是一个老话题，也是一个新课题。关于经济区问题的理论探索具有重要的学术价值和现实意义。正如范恒山教授所指出的，经济全球化和市场一体化的深入发展以及经济区规划建设的蓬勃展开，给经济区理论的大发展、大突破提供了难得机遇和生动素材。本书仅是在这一大好背景下，结合丰富经济区实践对经济区动态演化理论进行的初步探讨，由于水平所限及同类研究资料的不足，许多观点必然存在不妥之处，敬请各位读者不吝赐教和指正。同时，也很希望此书能起到抛砖引玉的作用，激起更多专家学者对经济区理论探索的关注和重视，对经济区的性质与特征等进行更充分的阐释和完善，对理顺经济区与行政区、推进一体化与实现合理分工、行政推动与市场主导、开放发展与合理约束等的关系方面进行深入研究与探索，推动经济区理论超越并引领经济区建设实践，使区域经济理论取得新的突破和发展。

陈金祥

2010 年 3 月 22 日

"中国软科学研究丛书"已出版书目